Sachsen

Chemie heute

Klasse 10

Schroedel

Chemie heute Klasse 10

Sachsen

Herausgegeben von
Wolfgang Asselborn, Manfred Jäckel, Dr. Karl T. Risch

Bearbeitet von
Rosemarie Förster
Dieter Matthé
Jens Rickers
Claas Riedel

Dieses Werk ist in Teilen eine Bearbeitung von
Chemie heute SI, ISBN 978-3-507-86060-5,
978-3-507-86063-6, 978-3-507-86016-2,
978-3-507-86093-3, 978-3-507-86095-7,
978-3-507-86105-3.

© 2007 Bildungshaus Schulbuchverlage
Westermann Schroedel Diesterweg
Schöningh Winklers GmbH, Braunschweig
www.schroedel.de

Druck A [3] / Jahr 2012
Alle Drucke der Serie A sind im Unterricht parallel
verwendbar.

Redaktion: Dr. Yvonne Ritzka
Fotos: Hans Tegen
Grafik: Peter Langner, Liselotte Lüddecke, Karin Mall,
Dr. Winfried Zemann
Satz: MOREMEDIA GmbH, Dortmund
Druck und Bindung: westermann druck GmbH,
                        Braunschweig

ISBN 978-3-507-**86108**-4

Hinweise zum Aufbau des Chemiebuchs

Die Hauptkapitel beginnen mit „Zentralen Fragen", die das
neue Lerngebiet erschließen. Auf den folgenden Informa-
tionsseiten werden die neuen Themen behandelt. Merk-
sätze am Ende der Lerneinheiten fassen die wichtigsten
Inhalte zusammen. Es schließen sich Aufgaben aus verschiedenen Kategorien an: „Rote Aufgaben" dienen zur
Wiederholung der neuen Inhalte. „Schwarze Aufgaben"
verknüpfen neues Wissen mit früher Erlerntem und „blaue
Aufgaben" verbinden die Chemie mit dem Alltag.

Im Rechenbeispiel werden typische
Aufgaben in nachvollziehbaren
Schritten vorgerechnet.

Rechenbeispiel

Exkurse vermitteln einen Eindruck
von den vielfältigen Bezügen der
Chemie zu Alltag und Technik.

Exkurs

Systematische Zusammenhänge
lassen sich am besten durch über-
sichtliche Darstellungen erfassen.

Übersicht

Hier werden theoretische Grundlagen beschrieben, die helfen, kom-
plexe Inhalte besser zu verstehen.

Theorie

Steckbriefe stellen die wichtigsten
Informationen zu einem Stoff oder
einer Stoffgruppe zusammen.

Steckbrief

Auf diesen Seiten werden Zusatz-
informationen, Bilder und Aufgaben
zum behandelten Thema angeboten.

Chemie-Recherc

Im Praktikum üben Schülerinnen
und Schüler das experimentelle
Arbeiten in der Chemie.

Praktikum

Projektaufträge werden in Gruppen
bearbeitet. Jede Gruppe stellt am
Ende ihre Ergebnisse vor.

Projekt

Methodenseiten geben praktische
Hilfestellungen für die Bearbeitung
von Materialien.

Methode

Diese Aufgabenseite dient zur Wiederholung und Vertiefung und führt
die „Wichtigsten Begriffe" auf.

Prüfe dein Wisse

Am Ende jeden Kapitels werden die
neuen Inhalte in kurzer und über-
sichtlicher Form dargestellt.

Basiswissen

Inhaltsverzeichnis

Anhang

Das Periodensystem der Elemente

Sofern nicht anderes angegeben beziehen sich alle
Angaben im Buch auf 20 °C und normalen Luftdruck.

Chemische Bindung und zwischenmolekulare Wechselwirkungen

Atome können sich durch **chemische Bindungen** miteinander vereinigen. Je nach Art der chemischen Bindung unterscheidet man zwischen Metallbindung, Ionenbindung und Elektronenpaarbindung.

Metallbindung. In Metallkristallen werden die Metallatome untereinander durch *Metallbindungen* zusammengehalten. Dabei besetzen positiv geladene Atomrümpfe die Plätze des Metallgitters. Die negativ geladenen Valenzelektronen sind zwischen den Atomrümpfen mehr oder weniger frei beweglich und bilden ein *Elektronengas*.

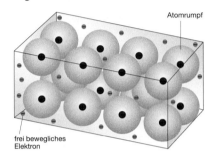

Atomrumpf

frei bewegliches Elektron

Ionenbindung. Die chemische Bindung zwischen den Ionen in einem Salz bezeichnet man als *Ionenbindung*. Die Anziehungskräfte zwischen den positiv geladenen Kationen und den negativ geladenen Anionen halten das Ionengitter zusammen.

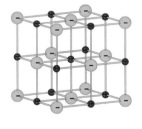

Elektronenpaarbindung. Nichtmetall-Atome verbinden sich untereinander durch gemeinsame *bindende Elektronenpaare* zu Molekülen. Die Bindungselektronen gehören zu beiden an der Bindung beteiligten Atomen. Meistens erhalten die Atome dadurch eine Edelgaskonfiguration.

$$\text{H–H}$$
$$\langle\text{O=C=O}\rangle$$
$$\text{H–}\overline{\underset{|}{\underset{\text{H}}{\text{O}}}}\text{I}$$

Viele Molekülverbindungen sind bei Raumtemperatur flüssig oder fest. Bei den Anziehungskräften handelt es sich um **zwischenmoleklare Wechselwirkungen**. Diese sind immer um ein Vielfaches schwächer als chemische Bindungen.

VAN-DER-WAALS-Wechselwirkung. Unpolare Moleküle können über kurzzeitig auftretende Dipole miteinander in Wechselwirkung treten. Diese zwischenmolekularen Wechselwirkungen sind relativ schwach und sehr abhängig von der Kontaktoberfläche zwischen den Molekülen. Je größer die Kontaktoberfläche ist, desto stärker sind die *VAN-DER-WAALS-Wechselwirkungen*.

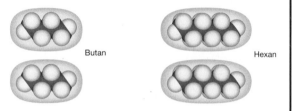

Butan

Hexan

Wasserstoffbrücke. Enthält ein Molekül Fluor-Atome, Sauerstoff-Atome oder Stickstoff-Atome, an die ein oder mehrere Wasserstoff-Atome direkt gebunden sind, so bildet sich die stärkste Form der zwischenmolekularen Wechselwirkungen aus, die *Wasserstoffbrücke*.
In einer Wasserstoffbrücke ziehen die freien Elektronenpaare der stark elektronegativen Fluor-, Sauerstoff- oder Stickstoff-Atome ein polar gebundenes Wasserstoff-Atom eines weiteren Moleküls an. Die starken Wechselwirkungen bewirken, dass solche Stoffe verhältnismäßig hohe Siedetemperaturen und Schmelztemperaturen haben. Beispiele sind Wasser und Fluorwasserstoff.

$$\overset{\delta^+}{\text{H}}\text{–}\overset{\delta^-}{\underset{|}{\underset{\text{H}}{\text{O}}}}\text{---}\overset{\delta^+}{\text{H}}\text{–}\overset{\delta^-}{\underset{|}{\underset{\text{H}}{\text{O}}}}\text{I} \qquad \text{I}\overset{\delta^-}{\underline{\text{F}}}\text{–}\overset{\delta^+}{\text{H}}\text{–}\underline{\text{F}}\text{I}$$

Dipol/Dipol- und Dipol/Ionen-Wechselwirkung. Moleküle mit permanentem Dipolmoment bilden untereinander Wechselwirkungen aus, die aufgrund der Dipole etwas stärker sind als VAN-DER-WAALS-Wechselwirkungen. Polare Moleküle können auch mit Ionen wechselwirken.

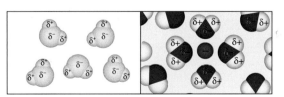

Gefahrensymbole. Von vielen Stoffen, die im Chemieunterricht verwendet werden, gehen Gefahren aus. Die Gefahrensymbole geben Hinweise auf diese Gefahren.

 Stoffe, die beim Verschlucken oder Einatmen oder bei Aufnahme durch die Haut schwere Gesundheitsschäden oder gar den Tod bewirken können.

T: Giftig
T+: Sehr giftig

 Stoffe, die beim Verschlucken oder Einatmen oder bei Aufnahme durch die Haut beschränkte Gesundheitsschäden hervorrufen können.

Xn: Gesundheitsschädlich

 Stoffe, die das Hautgewebe an der betroffenen Stelle innerhalb weniger Minuten vollständig zerstören können.

C: Ätzend

 Stoffe, die auf der Haut nach mehrstündiger Einwirkung deutliche Entzündungen hervorrufen können.

Xi: Reizend

 Stoffe, die brennbare Materialien entzünden können oder mit diesen explosive Gemische ergeben.

O: Brandfördernd

 Stoffe, die schon durch kurzzeitige Einwirkung einer Zündquelle entzündet werden können oder sich an der Luft von alleine entzünden.

F: Leichtentzündlich
F+: Hochentzündlich

 Stoffe, die explodieren können.

E: Explosionsgefährlich

 Stoffe, die selbst oder in Form ihrer Umwandlungsprodukte geeignet sind, sofort oder später Gefahren für die Umwelt herbeizuführen.

N: Umweltgefährlich

Sicherheitshinweise. Wegen der besonderen Gefahren sind im Chemieunterricht besondere Sicherheitshinweise zu beachten:

1. Schülerinnen und Schüler dürfen Geräte und Chemikalien nicht ohne Genehmigung berühren. Die Anlagen für elektrische Energie, Gas und Wasser dürfen nur nach Aufforderung eingeschaltet werden.
2. In Experimentierräumen darf weder gegessen noch getrunken werden.
3. Versuchsvorschriften und Hinweise müssen genau befolgt werden. Die Geräte müssen in sicherem Abstand von der Tischkante standfest aufgebaut werden. Der Versuch darf erst dann durchgeführt werden, wenn dazu aufgefordert wurde.
4. Werden Schutzbrillen oder Schutzhandschuhe ausgehändigt, so müssen sie beim Experimentieren getragen werden.
5. Geschmacks- und Geruchsproben dürfen nur dann vorgenommen werden, wenn die Lehrerin oder der Lehrer dazu auffordert. Chemikalien sollen nicht mit den Händen berührt werden.
6. Pipettieren mit dem Mund ist verboten.
7. Chemikalien dürfen nicht in Gefäße umgefüllt werden, die nicht eindeutig und dauerhaft beschriftet sind. Auf keinen Fall dürfen Gefäße benutzt werden, die üblicherweise zur Aufnahme von Speisen und Getränken bestimmt sind.
8. Die Haare sind so zu tragen, dass sie nicht in die Brennerflamme geraten können.
9. Der Arbeitsplatz muss stets sauber gehalten werden. Nach Beendigung des Versuchs sind die Geräte zu reinigen.
10. Chemikalienreste müssen vorschriftsmäßig entsorgt werden.

Sicherheitsleiste. Die im Buch beschriebenen Praktikumsversuche sind mit einer Sicherheitsleiste versehen, die mit Hilfe von acht Symbolkästchen Hinweise zu den Gefahren und zur Entsorgung gibt.

Die drei zuerst angegebenen Symbole enthalten die Gefahrensymbole der verwendeten Stoffe. Die Kästchen 4 und 5 geben Hinweise auf Sicherheitsvorkehrungen beim Experimentieren: Das Symbol „Abzug" bedeutet, dass der Versuch unter dem Abzug durchgeführt werden muss. Man erkennt außerdem, ob Schutzbrillen zu tragen sind. Die letzten drei Kästchen beschreiben die korrekte Entsorgung.
Die genaue Zuordnung der Symbole zu bestimmten Stoffen lässt sich der Stoffliste im Anhang entnehmen.

Richtig entsorgen

Wir wissen alle, dass man Chemikalienreste nicht ohne weiteres in den Abfluss oder den Abfalleimer geben darf. Gefährliche Stoffe müssen vielmehr ordnungsgemäß entsorgt werden. Das gilt besonders für Stoffe, die bei chemischen Experimenten anfallen. Um möglichst wenig Sorgen mit solchen Stoffen zu haben, sollte man folgende Regeln beachten:

Gefährliche Abfälle vermeiden. Zu den wichtigsten Regeln für einen verantwortungsbewussten Umgang mit Stoffen gehört es, *die Entstehung von unnötigen Abfällen oder unnötig großen Mengen an Abfällen zu vermeiden.* Die Anwendung dieser Regel setzt eine sorgfältige Planung der experimentellen Arbeit im Hinblick auf Art und Menge der verwendeten Stoffe voraus.

Gefährliche Abfälle umwandeln. Nicht vermeidbare gefährliche Abfallstoffe sollen in weniger gefährliche Stoffe umgewandelt werden: Säuren und Basen werden neutralisiert. Lösliche Stoffe können zu schwer löslichen umgesetzt werden.
Es ist zweckmäßig, Säuren und Laugen in einem gemeinsamen Behälter zu sammeln. Sie brauchen dann nicht portionsweise neutralisiert zu werden. Dies entspricht der ersten Regel, denn auf diese Weise bleiben die Abfallmengen klein.

Gefährliche Abfälle sammeln. Abfälle, die nicht an Ort und Stelle in ungefährliche Produkte umgewandelt werden können, sind zu sammeln. Von Zeit zu Zeit werden die Abfallbehälter dann durch ein *Entsorgungsunternehmen* abgeholt. Durch das Sammeln in getrennten Behältern wird zum einen die endgültige Beseitigung erleichtert und zum anderen eine Wiederaufbereitung ermöglicht.
Der Fachhandel bietet für das Sammeln gefährlicher Abfälle geeignete Behälter an; es können auch entsprechend beschriftete leere Chemikalienflaschen verwendet werden.

Entsorgungskonzept. Abfallchemikalien müssen nach Stoffklassen getrennt gesammelt werden, damit die ordnungsgemäße endgültige Entsorgung vereinfacht wird. Der folgende Sortiervorschlag ist einfach und übersichtlich und er garantiert eine angemessene endgültige Entsorgung:

Behälter 1 (B1): Säuren und Laugen

Behälter 2 (B2): giftige anorganische Stoffe

Behälter 3 (B3): halogenfreie organische Stoffe

Behälter 4 (B4): halogenhaltige organische Stoffe

Im **Behälter 1** werden saure und alkalische Lösungen gesammelt. Der Inhalt von Behälter 1 sollte neutralisiert werden, bevor der Behälter ganz gefüllt ist. Der neutralisierte Inhalt kann dann in den Ausguss geschüttet werden. Deshalb dürfen giftige Verbindungen wie saure oder alkalische Chromat-Lösungen nicht in diese Behälter gegeben werden.

Im **Behälter 2** werden giftige anorganische Stoffe wie Schwermetallsalze und Chromate gesammelt.
Die endgültige Entsorgung erfolgt hier durch ein Entsorgungsunternehmen.

Im **Behälter 3** werden wasserunlösliche und wasserlösliche halogenfreie organische Stoffe gesammelt. Das gemeinsame Sammeln wasserunlöslicher und wasserlöslicher Stoffe erspart ein weiteres Sammelgefäß und vereinfacht damit das Entsorgungskonzept. Damit sich kein zu großes Volumen an leicht entzündlichen Flüssigkeiten ansammelt, ist durchaus zu erwägen, *geringe Mengen* nicht giftiger wasserlöslicher organischer Abfälle wie Ethanol oder Aceton in den Ausguss zu geben.

Behälter 3 muss von einem Entsorgungsunternehmen ordnungsgemäß entsorgt werden.

In den **Behälter 4** gehören alle Halogenkohlenwasserstoffe, alle sonstigen halogenhaltigen organischen Stoffe sowie die Abfälle aus Halogenierungsreaktionen organischer Stoffe.

Behälter 4 muss von einem Entsorgungsunternehmen ordnungsgemäß entsorgt werden.

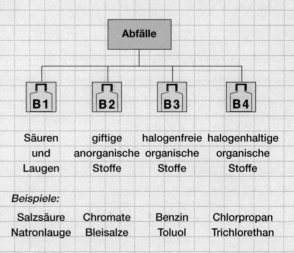

Abfälle			
B1	**B2**	**B3**	**B4**
Säuren und Laugen	giftige anorganische Stoffe	halogenfreie organische Stoffe	halogenhaltige organische Stoffe

Beispiele:

Salzsäure	Chromate	Benzin	Chlorpropan
Natronlauge	Bleisalze	Toluol	Trichlorethan

1 Von der Essigsäure zum Ester

Schon seit dem Altertum ist Essig ein wichtiges Hilfsmittel zur Konservierung von Lebensmitteln und eine wichtige Zutat für unsere Speisen.
Traditionell geht man bei der Herstellung von Essig von Wein aus, der mithilfe von Essigsäurebakterien vergoren wird.

Die Essigsäure ist ein Vertreter der organischen Säuren. Diese Stoffklasse umfasst eine große Anzahl von verschiedenen Säuren, zu denen auch Fruchtsäuren und Fettsäuren gehören.

Organische Säuren reagieren mit Alkoholen zu Estern.
Ester mit einer niedrigen Molekülmasse sind leicht flüchtig. Aufgrund dieser Eigenschaft und wegen ihres typischen Geruchs werden viele Ester im Alltag als Duft- und Aromastoffe verwendet.
Ester sind gute Lösungsmittel für viele organische Stoffe. Wegen ihrer Flüchtigkeit verwendet man sie als Lösungsmittel in Farben und in Klebstoffen.

Zentrale Fragen:
- Welche Eigenschaften besitzt Essigsäure?
- Wie reagieren Carbonsäuren?
- Wie bilden sich Ester?
- Welche Eigenschaften haben Ester?
- Wozu werden Ester verwendet?
- Was versteht man unter der Stoffmengenkonzentration?
- Woran erkennt man das chemische Gleichgewicht?

Kohlenwasserstoffe

Definition und Einteilung von Kohlenwasserstoffen

- bestehen nur aus den Elementen Kohlenstoff und Wasserstoff
- werden nach der Anordnung der Atome in kettenförmige und ringförmige Kohlenwasserstoffe eingeteilt
- nach Bildungsverhältnissen unterscheidet man gesättigte und ungesättigte Kohlenwasserstoffe

Alkane (gesättigt)

allgemeine Molekülformel:
C_nH_{2n+2}
Beispiel:
C_3H_8, Propan

$$H-\overset{\overset{\displaystyle H}{|}}{\underset{\underset{\displaystyle H}{|}}{C}}-\overset{\overset{\displaystyle H}{|}}{\underset{\underset{\displaystyle H}{|}}{C}}-\overset{\overset{\displaystyle H}{|}}{\underset{\underset{\displaystyle H}{|}}{C}}-H$$

Strukturmerkmal:
C–C-Einfachbindung
Reaktionsarten:
Substitution, Eliminierung

Alkene (ungesättigt)

allgemeine Molekülformel:
C_nH_{2n}
Beispiel:
C_3H_6, Propen

$$H-C=C-\overset{\overset{\displaystyle H}{|}}{\underset{\underset{\displaystyle H}{|}}{C}}-H$$

Strukturmerkmal:
C=C-Zweifachbindung
Reaktionsarten:
Addition, Eliminierung

Alkine (ungesättigt)

allgemeine Molekülformel:
C_nH_{2n-2}
Beispiel:
C_3H_4, Propin

$$H-C\equiv C-\overset{\overset{\displaystyle H}{|}}{\underset{\underset{\displaystyle H}{|}}{C}}-H$$

Strukturmerkmal:
C≡C-Dreifachbindung
Reaktionsarten:
Addition

Reaktionen von Kohlenwasserstoffen

Substitution

Reaktion, bei der in einem Molekül ein Atom oder eine Atomgruppe durch ein anderes Atom oder eine andere Atomgruppe ersetzt wird.

Beispiel:
Ethan + Chlor →
   Chlorethan + Chlorwasserstoff

$CH_3–CH_3$ (g) + Cl_2 (g) →
   $CH_2Cl–CH_3$ (g) + HCl (g)

Eliminierung

Reaktion, bei der ein kleines Molekül aus einem größeren Molekül abgespalten wird. Dabei bildet sich eine C/C-Mehrfachbindung aus.

Beispiel:
Ethan → Ethen + Wasserstoff

$CH_3–CH_3$ (g) →
   $CH_2=CH_2$ (g) + H_2 (g)

Addition

Reaktion, bei der ein Molekül an ein ungesättigtes Molekül angelagert wird. Dabei entsteht aus einer Zweifachbindung eine Einfachbindung.

Beispiel:
Ethen + Brom →
   1,2-Dibromethan

$CH_2=CH_2$ (g) + Br_2 (g) →
   $CH_2Br–CH_2Br$ (l)

---

1 Gib die vereinfachte Strukturformel für je zwei Alkane, Alkene und Alkine mit fünf Kohlenstoff-Atomen an und benenne diese Verbindungen.

2 Gib die Strukturformeln in LEWIS-Schreibweise für folgende Verbindungen an: 3-Ethylheptan, 2,2-Dimethylnonan, 4,4,7,7-Tetraethyl-2,2-dimethyldecan, 2-Brom-2-chlor-1,1,1-trifluorethan.

3 Formuliere die Reaktionsgleichung für folgende Reaktionen und benenne die Reaktionsart:
a) Brom reagiert mit Hept-1-en,
b) Dehydrierung von Octan,
c) Chlorierung von Butan,
d) Chlorwasserstoff reagiert mit Propen,
e) Ethen-Moleküle bilden Polyethylen.

Wenn der Wein sauer wird

Schon im Altertum war bekannt, dass Wein in offenen Gefäßen nach einiger Zeit *sauer* wird und nach Essig riecht. An der Oberfläche bildet sich eine Schicht aus *Essigbakterien*. Ihre Enzyme katalysieren die Umwandlung des im Wein enthaltenen Alkohols in Essigsäure. Dabei reagiert Ethanol mit dem Sauerstoff der Luft zu Ethanal (Acetaldehyd), das weiter zu Essigsäure oxidiert wird. Der gesamte Vorgang wird als Essigsäuregärung bezeichnet. Im Gegensatz zur alkoholischen Gärung wird für die Essigsäuregärung Sauerstoff benötigt.

Verwendung. Essig wird schon seit mehr als 6000 Jahren zum Würzen von Speisen und zum Konservieren von Lebensmitteln genutzt. In Essig eingelegte Lebensmittel wie Gewürzgurken oder Bratheringe sind haltbar, weil Keime oder Bakterien in der sauren Lösung nicht lebensfähig sind.

Biotechnische Herstellung von Essigsäure. Moderne Anlagen bestehen aus großen Reaktionsgefäßen, in denen Luft in feinsten Bläschen in eine Lösung eingepresst wird, die etwa 5 % Alkohol enthält. Dabei löst sich Sauerstoff in der Flüssigkeit und kann so von den Essigbakterien für eine rasche Oxidation des Ethanols genutzt werden:

$$CH_3-CH_2-OH + O_2 \xrightarrow{\text{Essigsäuregärung}} CH_3-COOH + H_2O$$
$$\text{Ethanol} \qquad\qquad\qquad \text{Essigsäure}$$

Durch die Lagerung in Holzfässern erhält der Essig dann oft eine gelbliche bis braune Färbung.

Handelsformen. *Haushaltsessig* ist eine wässerige Lösung von Essigsäure mit einem Massenanteil von etwa 5 %. In der „Verordnung über den Verkehr mit Essig und Essigsäure" ist festgelegt, dass bei Gärungsessig die Ausgangsprodukte und die Rohstoffe angegeben werden müssen: *Weinessig* wird aus Wein hergestellt, *Obstessig* meist aus Apfelwein. *Branntweinessig* gewinnt man aus Agraralkohol, der durch alkoholische Gärung von landwirtschaftlichen Produkten wie Getreide, Kartoffeln und Rückständen der Zuckerproduktion erzeugt wird. Durch Zusatz von Kräutern oder Kräuterauszügen erhält man *Kräuteressig*.
Synthetische Essigsäure kann man aus Ethanal (CH_3CHO) sowie aus Methanol (CH_3OH) und Kohlenstoffmonooxid herstellen. Sie wird als *Syntheseessig* oder in konzentrierter Form als Essigessenz angeboten. Essigessenz hat einen Essigsäuregehalt von bis zu 25 %.

1 Erkläre die Bedeutung der Essigsäurebakterien bei der Essigherstellung.

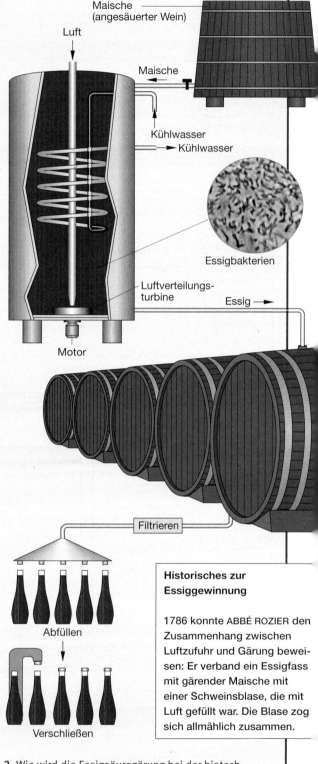

Maische (angesäuerter Wein)

Luft

Maische

Kühlwasser
Kühlwasser

Essigbakterien

Luftverteilungsturbine

Essig

Motor

Filtrieren

Abfüllen

Verschließen

Historisches zur Essiggewinnung

1786 konnte ABBÉ ROZIER den Zusammenhang zwischen Luftzufuhr und Gärung beweisen: Er verband ein Essigfass mit gärender Maische mit einer Schweinsblase, die mit Luft gefüllt war. Die Blase zog sich allmählich zusammen.

2 Wie wird die Essigsäuregärung bei der biotechnischen Herstellung beschleunigt?
3 Erläutere, wie ABBÉ ROZIER nachwies, dass für die Essiggärung Luftzufuhr notwendig ist.

1.1 Essigsäure – chemisch betrachtet

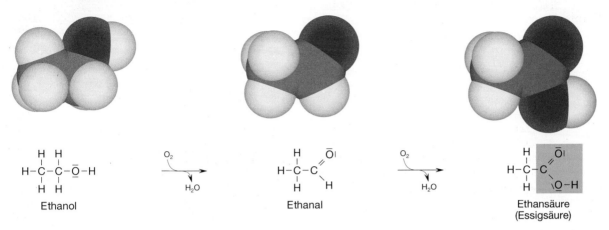

Ethanol   Ethanal   Ethansäure (Essigsäure)

Essigsäure bildet sich bei der Oxidation von Ethanol oder von Ethanal. Durch die Reaktion entsteht eine neue funktionelle Gruppe, die *Carboxyl-Gruppe (COOH-Gruppe)*. Stoffe, deren Moleküle eine Carboxyl-Gruppe enthalten, bezeichnet man als **Carbonsäuren**. Ist diese Gruppe mit einem Alkyl-Rest verbunden, spricht man allgemein von **Alkansäuren**. Der systematische Name der Essigsäure ist daher Ethansäure.

Carboxyl-Gruppe. Die Carboxyl-Gruppe bestimmt weitgehend die Eigenschaften und das Reaktionsverhalten der Essigsäure. Sie ist stark polar und kann Wasserstoffbrückenbindungen ausbilden. Essigsäure löst sich daher gut im polaren Lösungsmittel Wasser. Der Einfluss der unpolaren Methyl-Gruppe auf die Eigenschaften der Essigsäure ist dagegen gering.

Reine Essigsäure ist eine wasserklare Flüssigkeit. Sie erstarrt schon bei 17 °C zu einer eisartigen Masse; man bezeichnet sie daher auch als **Eisessig.** Essigsäure riecht stechend. In konzentrierter Form ist sie eine aggressive, ätzende Substanz.

Die wässerige Lösung von Essigsäure verhält sich ganz ähnlich wie verdünnte Salzsäure:
- Universalindikator färbt sich rot.
- Die Lösung leitet den elektrischen Strom.
- Mit unedlen Metallen bildet sich Wasserstoff.
- Bei der Neutralisation mit alkalischen Lösungen erhält man eine Salzlösung.

Diese Beobachtungen zeigen, dass Essigsäure mit Wasser zu einer sauren Lösung reagiert: Die O–H-Bindung in der Carboxyl-Gruppe ist stärker polar als die O–H-Bindung im Alkohol-Molekül. Daher gibt ein Teil der Essigsäure-Moleküle ein H+-Ion aus der COOH-Gruppe ab. Wie bei anorganischen Säuren bilden sich dabei Wasserstoff-Ionen (H^+ (aq)). Als Säurerest-Ionen entstehen **Acetat-Ionen** (CH_3COO^-).

Essigsäure ist eine *schwache Säure:* In einer verdünnten Lösung wie im Haushaltsessig haben nur etwa 0,4 % der Essigsäure-Moleküle ein H+-Ion abgegeben.
Bei der Neutralisation von Essigsäure mit Natronlauge entsteht eine Lösung von *Natriumacetat.* Beim Eindampfen der Lösung kristallisiert dieses Natriumsalz der Essigsäure aus.

$$CH_3COOH\ (aq) + Na^+\ (aq) + OH^-\ (aq) \xrightarrow{\text{Neutralisation}}$$

Essigsäure   Natronlauge

$$CH_3COO^-\ (aq) + Na^+\ (aq) + H_2O\ (l)$$

Acetat-Ion   Natrium-Ion   Wasser

> Das Essigsäure-Molekül enthält eine Carboxyl-Gruppe (COOH-Gruppe), die ein Wasserstoff-Atom als H+-Ion abspalten kann. Essigsäure ist daher eine schwache Säure; ihre Salze heißen Acetate.

1 Wovon leitet sich der Name Eisessig ab?
2 Warum reagiert Essigsäure sauer?
3 Was versteht man unter einer „schwachen Säure"?
4 Warum kann man selbst bei starker Verdünnung den Geruch der Essigsäure wahrnehmen?
5 Formuliere Reaktionsgleichungen für die Bildung von Kaliumacetat und von Magnesiumacetat.

> **Sapa: Der erste künstliche Süßstoff**
> Plinius (23–79 n.Chr.) beschrieb die Herstellung eines in der Antike verbreiteten Süßstoffes so: „Sauer gewordener Wein wird in Pfannen aus Blei eingedampft, bis Wasser und Alkohol entfernt sind."
> Als man im 18. Jahrhundert diesen süßen, kristallinen Stoff als Bleiacetat identifiziert hatte, prägte man den Namen Bleizucker. Die Giftigkeit von Bleiacetat wird als ein Grund für die zunehmende Unfruchtbarkeit in der römischen Oberschicht in der Antike angesehen.

Suche:

Essigsäure und verwandte Alkansäuren

Ergebnisse:

→ **Alkansäuren**

Alkansäuren leiten sich von den Alkanen ab. Sie bilden eine homologe Reihe mit der allgemeinen Molekülformel $C_nH_{2n+1}COOH$.

Trivialname (systematischer Name)	Strukturformel	Schmelz-temperatur	Siede-temperatur
Ameisensäure (Methansäure)	$H–COOH$	8 °C	101 °C
Essigsäure (Ethansäure)	$CH_3–COOH$	17 °C	118 °C
Propionsäure (Propansäure)	$C_2H_5–COOH$	–21 °C	141 °C
Buttersäure (Butansäure)	$C_3H_7–COOH$	–5 °C	163 °C
Valeriansäure (Pentansäure)	$C_4H_9–COOH$	–34 °C	186 °C

→ **Ameisensäure (HCOOH)**

Ameisen, Brennnesseln und Quallen sondern bei Berührung die schmerzhaft brennende Ameisensäure ab. Sie ist die einfachste Carbonsäure, riecht stechend und reizt die Haut. Von den anderen Carbonsäuren unterscheidet sie sich dadurch, dass sie reduzierend wirkt und dabei selbst zu Kohlenstoffdioxid oxidiert wird.
Ameisensäure wird bei der Wollfärberei, zur Konservierung von Lebensmitteln und als Entkalker im Haushalt verwendet.
Im Labor benutzt man Ameisensäure, um Kohlenstoffmonooxid herzustellen:

$$HCOOH \text{ (l)} \xrightarrow{H_2SO_4} CO \text{ (g)} + H_2O \text{ (l)}$$

→ **Essigsäure (CH$_3$COOH)**

Der im Haushalt verwendete Speiseessig ist eine etwa 5%ige Lösung von Essigsäure. In der Industrie dient Essigsäure als wichtige Grundchemikalie zur Herstellung von Kunstseide, Arzneimitteln, Lösungsmitteln und Duftstoffen.
Reine Essigsäure wird als Eisessig bezeichnet, weil die Flüssigkeit bei 17 °C zu einem eisartigen Feststoff erstarrt.
Als altes Hausmittel wird Aluminiumacetat (essigsaure Tonerde) für Umschläge genutzt. Es fördert die Wundheilung, da es desinfizierend und entzündungshemmend wirkt.

→ **Propionsäure (C$_2$H$_5$COOH)**

Propionsäure entsteht bei der Reifung vieler Käsesorten. So enthält Emmentaler Käse bis zu 1 % Propionsäure.
Propionsäure dient als Konservierungsmittel für Backwaren sowie zur Herstellung von Duftstoffen, Aromastoffen, Kunststoffen und Unkrautvertilgungsmitteln.

→ **Buttersäure (C$_3$H$_7$COOH) und höhere Alkansäuren**

Buttersäure, Valeriansäure und Capronsäure (Hexansäure, $C_5H_{11}COOH$) haben einen unangenehmen Geruch. Sie kommen in ranziger Butter und im Schweiß vor.
Längerkettige Alkansäuren sind in Fetten chemisch an Glycerin gebunden. Sie werden daher auch als **Fettsäuren** bezeichnet. **Palmitinsäure** (Hexadecansäure, $C_{15}H_{31}COOH$) und **Stearinsäure** (Octadecansäure, $C_{17}H_{35}COOH$) werden zur Herstellung von Kerzen sowie von kosmetischen und pharmazeutischen Präparaten verwendet.

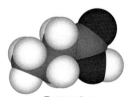

Buttersäure

Aufgaben

1 Wenn du einen Bleistiftspitzer aus Magnesium in Essig legst, steigen kleine Gasbläschen auf und an der Oberfläche des Anspitzers scheidet sich ein weißes Salz ab. Gib die Reaktionsgleichung an. Wie heißt dieses Salz?

2 Was ist essigsaure Tonerde? Gib die Formel an.

3 Nenne haushaltsübliche Chemikalien, die verwendet werden können, um eine Kaffeemaschine zu entkalken. Überprüfe die Wirksamkeit deines Vorschlages und beschreibe das Ergebnis. Stelle Reaktionsgleichungen auf.

4 Gib die Strukturformeln von zwei isomeren Pentansäuren an.

1.2 Stoffeigenschaften und Molekülstruktur

Die Eigenschaften der Stoffe beruhen auf der Art der Teilchen und ihrer Struktur. Das gilt auch für das Löslichkeitsverhalten, die Schmelztemperaturen und die Siedetemperaturen der Carbonsäuren.

Löslichkeit. Alkansäure-Moleküle besitzen eine polare Carboxyl-Gruppe und einen unpolaren Alkyl-Rest. Beide Gruppen beeinflussen die Löslichkeit: Die Carboxyl-Gruppe wirkt dabei wasseranziehend *(hydrophil)*, der Alkyl-Rest ist dagegen wasserunlöslich *(hydrophob)*.

Ameisensäure, Essigsäure, Propionsäure und Buttersäure mischen sich in jedem Verhältnis mit Wasser. Pentansäure löst sich nur noch geringfügig und Hexansäure ist in Wasser nahezu unlöslich. Mit zunehmender Größe des Alkyl-Rests verliert also die hydrophile Carboxyl-Gruppe an Einfluss.

Alle Carbonsäuren lösen sich dagegen in unpolaren Lösungsmitteln wie Benzin oder Heptan: Zwischen den Carboxyl-Gruppen zweier Carbonsäure-Moleküle bilden sich dabei stabile Wasserstoffbrückenbindungen aus. Auf diese Weise entstehen Doppelmoleküle, die nach außen hin unpolar sind.

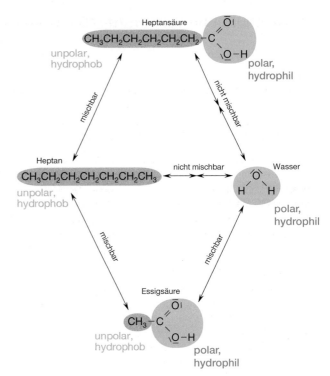

Einfluss der Molekülstruktur auf die Löslichkeit

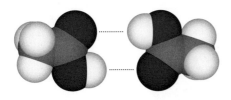

Schmelztemperaturen. Auch in den reinen Carbonsäuren liegen solche Doppelmoleküle vor. Zwischen den Alkyl-Resten benachbarter Doppelmoleküle bilden sich VAN-DER-WAALS-Bindungen aus. Bei kleineren Molekülen sind diese Bindungen relativ schwach: Essigsäure ist daher bei Raumtemperatur flüssig.
Die Stabilität der VAN-DER-WAALS-Bindungen nimmt aber mit der Anzahl der Kohlenstoff-Atome und der dadurch wachsenden Oberfläche der Moleküle zu. Carbonsäuren mit mehr als neun Kohlenstoff-Atomen wie Decansäure oder Stearinsäure sind daher bei Raumtemperatur fest.

Siedetemperaturen. Der Kohlenwasserstoff Butan (C_4H_{10}) siedet bei −0,5 °C. Essigsäure mit ähnlich großer Molekülmasse siedet dagegen erst bei 118 °C. Dies entspricht etwa der Siedetemperatur des Kohlenwasserstoffs Octan (C_8H_{18}; Siedetemperatur: 126 °C). Die hohe Siedetemperatur der Essigsäure weist darauf hin, dass auch in diesem Temperaturbereich noch Doppelmoleküle vorliegen.

> Die Eigenschaften der Carbonsäuren werden durch die polare Carboxyl-Gruppe und den unpolaren Alkyl-Rest bestimmt. Mit zunehmender Kettenlänge nimmt der Einfluss des Alkyl-Rests zu. Im flüssigen Zustand und in unpolaren Lösungsmitteln liegen Carbonsäuren als Doppelmoleküle vor.

1 Durch welche Faktoren wird die Löslichkeit von Carbonsäuren bestimmt?

2 Gib den Inhalt des Schemas zur Löslichkeit mit eigenen Worten wieder. Welche Kernaussagen werden in dem Schema gemacht?

3 Begründe die vergleichsweise hohe Siedetemperatur der Essigsäure.

4 Weshalb ist die Schmelztemperatur von Hexadecan (18,2 °C) niedriger als die von Hexadecansäure (63 °C)?

5 Welches Alkan hat eine ähnliche Siedetemperatur wie Propionsäure? Begründe.

6 Was beobachtet man, wenn Stearinsäure mit Wasser vermischt wird, das Universalindikator-Lösung enthält?

7 Stearinsäure und Propionsäure werden in Heptan gelöst. Die Lösung wird auf eine Wasseroberfläche gegossen.
a) Was lässt sich jeweils beobachten?
b) Wo werden sich die Stearinsäure-Moleküle anreichern?

Suche:

Carbonsäuren mit mehreren funktionellen Gruppen

Ergebnisse:

→ **Dicarbonsäuren und Hydroxycarbonsäuren**

Carbonsäuren mit zwei oder mehr Carboxyl-Gruppen sind in der Natur weit verbreitet. Sie sind stärker sauer und schwerer flüchtig als die entsprechenden Carbonsäuren mit nur einer Carboxyl-Gruppe.
Carbonsäuren mit einer oder mehreren Hydroxyl-Gruppen bezeichnet man als Hydroxycarbonsäuren.

→ **Oxalsäure (Ethandisäure)**

Der saure Geschmack von Sauerampfer, Sauerklee und Rhabarber wird durch Oxalsäure hervorgerufen. Oxalsäure ist die einfachste Dicarbonsäure.
Aufgrund der stark polaren Carboxyl-Gruppen herrschen zwischen Oxalsäure-Molekülen starke zwischenmolekulare Kräfte. Oxalsäure ist daher ein kristalliner Feststoff, der sich gut in Wasser löst.
Oxalsäure und ihre Salze sind giftig. Schon 5 g können tödlich wirken: Oxalsäure stört den Calcium-Stoffwechsel, weil Oxalat-Ionen mit Calcium-Ionen ein schwer lösliches Salz bilden. Calciumoxalat ist auch für die Bildung von bestimmten Nierensteinen oder Blasensteinen verantwortlich.

→ **Malonsäure und weitere Dicarbonsäuren**

Malonsäure (Propandisäure) ist ein Oxidationsprodukt der *Äpfelsäure* (Hydroxybernsteinsäure); daher leitet sich auch der Name ab (lat. *malum*: Apfel). Sie ist in der Natur wesentlich seltener als Oxalsäure.
Bernsteinsäure (Butandisäure) tritt als wichtiges Zwischenprodukt im Zellstoffwechsel auf.
Adipinsäure (Hexandisäure) dient als Ausgangsstoff zur Herstellung von Nylonfasern.

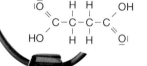

Bernsteinsäure

→ **Milchsäure (2-Hydroxypropansäure)**

Milchsäure entsteht beim bakteriellen Abbau von Milchzucker. Durch diese *Milchsäuregärung* wird die Milch sauer und gerinnt. Die Milchsäuregärung spielt auch eine wichtige Rolle bei der Zubereitung von Sauerkraut, Salzgurken und Silofutter. Auch beim enzymatischen Abbau von Glucose (Traubenzucker) im Stoffwechsel unserer Muskulatur kann sich Milchsäure bilden.

→ **Weinsäure (2,3-Dihydroxybutandisäure)**

Weinsäure ist eine Dicarbonsäure mit zwei Hydroxyl-Gruppen. Sie ist in vielen reifen Früchten enthalten, vor allem in Weintrauben. Ein schwer lösliches Salz der Weinsäure, das *Kaliumhydrogentartrat*, setzt sich in Weinfässern als Weinstein ab.

→ **Zitronensäure (2-Hydroxypropan-1,2,3-tricarbonsäure)**

Zitronensäure kommt nicht nur in Zitronen vor, sondern auch in vielen anderen Früchten wie Johannisbeeren oder Stachelbeeren. In der Lebensmittelindustrie wird Zitronensäure vielfältig als Säuerungsmittel verwendet. Sie ist auch in Backpulver und Brausepulver enthalten.

Aufgaben

1 Warum sollte man Rhabarber in größeren Mengen nicht roh, sondern nur gekocht essen?

2 Notiere die Formel von Kaliumhydrogentartrat.

3 0,9 g Oxalsäure werden in Wasser gelöst. Wie viele Milliliter Natronlauge ($c = 1\frac{mol}{l}$) werden benötigt, um diese Lösung zu neutralisieren?

Essigsäure

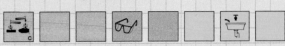

V1: Reaktion von Essigsäure mit Metallen und mit Metalloxiden

Materialien: Porzellanschale, Trichter, Filtrierpapier; Magnesiumpulver (F), Kupferspäne, Kupferoxid, Essigsäure (10 %; Xi), Essigsäure (50 %; C).

Durchführung:

1. Gib in einem Reagenzglas zu einer geringen Menge Magnesiumpulver einige Milliliter Essigsäure (10 %). Halte ein zweites Reagenzglas darüber, fange das entstehende Gas darin auf und führe die Knallgasprobe durch.
2. Wiederhole den Versuch mit Kupferspänen.
3. Erwärme eine geringe Menge Kupferoxid mit einigen Millilitern Essigsäure (50 %) unter dem Abzug. Filtriere die Lösung anschließend ab.

Aufgaben:

a) Notiere deine Beobachtungen.
b) Begründe die unterschiedlichen Ergebnisse bei der Reaktion von verdünnter Essigsäure mit Magnesium und mit Kupfer. Stelle die Reaktionsgleichung auf und gib den Namen des entstandenen Salzes an.
c) Die Metalle Eisen, Zink und Silber werden mit Essigsäure versetzt. Bei welchen Metallen kommt es zur Reaktion? Begründe deine Antwort.
d) Erkläre die Farbänderung bei der Reaktion der Essigsäure mit Kupferoxid. Stelle für diese Reaktion die Reaktionsgleichung auf und gib den Namen des entstandenen Salzes an.

V2: Untersuchug von Essigsäure

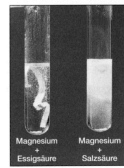

Materialien: Leitfähigkeitsprüfer, Becherglas, Tropfpipette; Essigsäure (verd.), Natronlauge (verd.; C), Universalindikator-Lösung.

Durchführung:

1. Prüfe den Geruch der Essigsäure.
2. Untersuche die elektrische Leitfähigkeit von Essigsäure.
3. Gib in ein Reagenzglas etwa 2 ml Essigsäure und ermittle mit Universalindikator-Lösung den pH-Wert.
4. Neutralisiere die Essigsäure durch tropfenweise Zugabe von verdünnter Natronlauge.

Aufgaben:

a) Notiere deine Beobachtungen.
b) Begründe das Ergebnis der Leitfähigkeitsmessung.
c) Formuliere die Reaktionsgleichung für die Neutralisation. Verwende die Ionenschreibweise.

Experimentelle Hausaufgabe: Bildung von Grünspan

Durchführung:

1. Tauche Watte in Speiseessig und befeuchte anschließend eine 1-Cent-Münze. Lasse die befeuchtete Münze einige Tage in einer kleinen Schale liegen.
2. Lege eine 1-Cent-Münze einige Tage in Speiseessig, sodass sie von der Flüssigkeit vollständig bedeckt ist.

Aufgabe: Notiere deine Beobachtungen und erkläre sie.

Essigsäure – eine schwache Säure

Gibt man gleich lange Stücke Magnesiumband in verdünnte Lösungen von Essigsäure und von Salzsäure mit gleicher Konzentration, so beobachtet man, dass die Reaktion mit Salzsäure viel heftiger ist als die Reaktion mit Essigsäure.

In einer wässerigen Lösung zerfallen die Salzsäure-Moleküle (HCl) nahezu *vollständig* in H^+-Ionen und Cl^--Ionen. In der Lösung ist daher die Konzentration an H^+-Ionen relativ groß, die Lösung reagiert deshalb stark sauer. Man sagt, die Salzsäure ist eine starke Säure.

Essigsäure ist dagegen eine schwache Säure: Die Essigsäure-Moleküle zerfallen nur *zu einem geringen Teil* in H^+-Ionen und Acetat-Ionen (CH_3COO^-). In der Lösung ist die Konzentration an H^+-Ionen daher relativ gering; die Lösung reagiert deshalb nur schwach sauer.

In einer Essigsäure-Lösung liegen also wesentlich weniger Wasserstoff-Ionen vor als in einer Salzsäure-Lösung mit gleicher Konzentration. Die saure Wirkung von Essigsäure ist somit schwächer als die von Salzsäure; die Reaktion mit Magnesium verläuft also in Essigsäure langsamer als in Salzsäure.

1.3 Ester – Produkte aus Alkoholen und Säuren

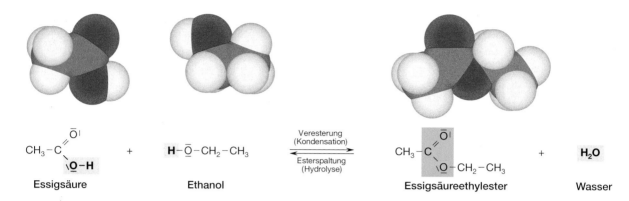

		Veresterung (Kondensation)		
Essigsäure	Ethanol	Esterspaltung (Hydrolyse)	Essigsäureethylester	Wasser

Ein Gemisch aus Essigsäure und Ethanol riecht zunächst stechend nach Essigsäure, aber schon am nächsten Tag kommt ein Geruch nach Klebstoff hinzu. Ein neuer Stoff ist entstanden: ein **Ester**.

Den Namen des Esters bildet man aus dem Namen der Säure, dem Namen des Alkyl-Restes des Alkohols und der Endung **-ester**. Aus Essigsäure und Ethanol entsteht *Essigsäureethylester* oder *Ethansäureethylester*.

Beim Aufstellen der Formel notiert man immer zuerst den Rest der Säure und danach den des Alkohols. Somit lautet die vereinfachte Strukturformel für den Essigsäureethylester:

$$CH_3-C\overset{\displaystyle \overline{O}}{\underset{\textstyle \underline{O}-CH_2-CH_3}{{\Large <}}}$$

Die funktionelle Gruppe der Carbonsäureester ist die **Ester-Gruppe: –COO–**.

Die allgemeine Formel der Ester lautet:

$$R_1-C\overset{\displaystyle \overline{O}|}{\underset{\textstyle \underline{O}-R_2}{{\Large <}}}$$

Veresterung. Die Reaktion zwischen einer Carbonsäure und einem Alkohol bezeichnet man als Esterbildung oder als Veresterung. Diese Reaktion ist eine Substitution: Eine Atomgruppe wird durch eine andere ersetzt. Bei der Veresterung wird die OH-Gruppe der Säure durch den Rest des Alkohol-Moleküls (R–O–) ersetzt. Die OH-Gruppe der Säure und das Wasserstoff-Atom der Hydroxyl-Gruppe des Alkohols reagieren zu Wasser. Man bezeichnet eine solche Reaktion daher auch als *Kondensation*.

Häufig wird konzentrierte Schwefelsäure zugesetzt; sie wirkt als Katalysator. Außerdem bindet die Schwefelsäure aufgrund ihrer wasseranziehenden Wirkung das bei der Veresterung entstehende Wasser.

Esterspaltung. Wird ein Gemisch aus Butansäureethylester und Wasser unter Rückflusskühlung erhitzt, so ist anschließend ein unangenehmer Geruch nach Buttersäure wahrnehmbar. Daraus kann man folgern, dass der Ester gespalten wurde. Da die Esterspaltung unter Wasseraufnahme erfolgt, wird diese Reaktion als *Hydrolyse* bezeichnet. Es handelt sich ebenfalls um eine Substitutionsreaktion.

Umkehrbare Reaktion. Veresterung und Esterspaltung sind umkehrbare Reaktionen: Aus den Produkten Ester und Wasser können wieder die Ausgangsstoffe Carbonsäure und Alkohol zurückgebildet werden.

Die beiden Reaktionen lassen sich in einer allgemeinen Gleichung für die Hinreaktion und die Rückreaktion beschreiben:

$$R_1-COOH + R_2-OH \underset{\substack{\text{Esterspaltung}\\\text{Rückreaktion}}}{\overset{\substack{\text{Veresterung}\\\text{Hinreaktion}}}{\rightleftarrows}} R_1-COO-R_2 + H_2O$$

Um bei der Veresterung eine hohe Ausbeute zu erzielen, destilliert man den Ester ab und verhindert so die Rückreaktion von Ester und Wasser.

Eigenschaften und Verwendung. Ester-Moleküle können untereinander keine Wasserstoffbrückenbindungen ausbilden. Ester schmelzen und sieden deshalb bei einer niedrigeren Temperatur als Alkohole oder Carbonsäuren. Obwohl Ester-Moleküle polare C=O-Bindungen enthalten, sind sie eher unpolar, denn die unpolaren Alkyl-Reste überwiegen in ihrem Einfluss auf die Polarität der Moleküle. Ester lösen sich daher leicht in unpolaren Lösungsmitteln wie Heptan.

Ester aus kurzkettigen Carbonsäuren und kurzkettigen Alkoholen sind farblose, flüchtige Flüssigkeiten mit erfrischendem, oft aromatischem oder fruchtähnlichem Geruch. Sie kommen häufig in Früchten vor. Daher werden diese *Fruchtester* oft auch als Aromastoffe verwendet.

Bienenwachs ist ein Ester.

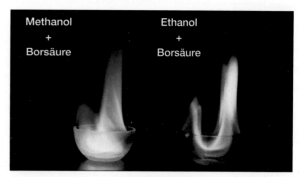

Nachweis von Methanol mit Borsäure

Als *Wachse* bezeichnet man Ester, die aus langkettigen Carbonsäuren und langkettigen Alkoholen gebildet werden. Solche Ester treten vielfach im Tierreich und im Pflanzenreich auf. Sie sind wasserabweisend und bilden eine Schutzschicht gegen Verdunstung. Das bekannteste natürlich vorkommende Wachs ist das Bienenwachs. Hauptbestandteil von Bienenwachs ist der Palmitinsäureemyricylester ($C_{16}H_{31}-CO-OC_{30}H_{61}$).

Ester, die aus höheren Carbonsäuren und dem dreiwertigen Alkohol Glycerin gebildet werden, nennt man *Fette*. Im Tierreich und im Pflanzenreich spielen Fette eine wichtige Rolle als Reservestoffe. Praktisch alle Organismen speichern überschüssige Energie in Form von Fett, das in Zeiten schlechter Versorgung mit Nährstoffen das Überleben sichert.

	Ester	Säure	Alkohol
	$CH_3COOCH_2CH_3$ Ethansäure-ethylester	CH_3COOH Ethansäure	$HOCH_2CH_3$ Ethanol
	$CH_3COOCH_2C_4H_9$ Ethansäure-pentylester	CH_3COOH Ethansäure	$HOCH_2C_4H_9$ Pentan-1-ol
	$C_3H_7COOCH_3$ Butansäure-methylester	C_3H_7COOH Butansäure	$HOCH_3$ Methanol
	$C_3H_7COOCH_2CH_3$ Butansäure-ethylester	C_3H_7COOH Butansäure	$HOCH_2CH_3$ Ethanol
	$C_3H_7COOCH_2C_4H_9$ Butansäure-pentylester	C_3H_7COOH Butansäure	$HOCH_2C_4H_9$ Pentan-1-ol
	$C_4H_9COOCH_2C_4H_9$ Pentansäure-pentylester	C_4H_9COOH Pentansäure	$HOCH_2C_4H_9$ Pentan-1-ol

Ester anorganischer Säuren. Anorganische Säuren bilden mit Alkoholen ebenfalls Ester:
Phosphorsäureester spielen in der Natur als Träger des Erbmaterials und beim Energiestoffwechsel eine wichtige Rolle.
Borsäuretrimethylester verbrennt mit charakteristischer grüner Flamme. Die Bildung des Borsäureesters und die Flammenfärbung nutzt man daher zum Nachweis von Methanol.
Salpetersäureester bilden sich leicht aus Alkoholen und konzentrierter Salpetersäure. Manche dieser Ester explodieren beim Erhitzen oder durch Schlag. Ein Beispiel für einen solchen Explosivstoff ist Nitroglycerin (Trisalpetersäureglycerinester). Durch Aufsaugen des Esters in Kieselgur stellte der schwedische Chemiker Alfred NOBEL 1867 erstmals Dynamit her, das nur durch Initialzündung zur Explosion gebracht werden kann. So gelang NOBEL die Überführung des gefährlichen Sprengöls in einen transportsicheren Sprengstoff.

> Ester entstehen bei der Reaktion von Säuren mit Alkoholen. Als Nebenprodukt bildet sich Wasser. Veresterung und Esterspaltung sind umkehrbare Reaktionen.

1 Wie heißt der Ester, der aus Propansäure und Methanol entsteht? Gib die vereinfachte Strukturformel an.
2 a) Formuliere die Reaktionsgleichung für die Synthese eines Esters aus Methanol und Butansäure.
b) Markiere im Ester den Rest der Säure und den des Alkohols mit unterschiedlichen Farben.
c) Vergleiche Veresterung und Neutralisation.
3 Essigsäurepropylester wird gespalten. Stelle die Reaktionsgleichung auf.
4 Ester-Moleküle sind erheblich größer als die Moleküle der Ausgangsstoffe. Weshalb haben Ester trotzdem niedrigere Siedetemperaturen?
5 Warum lösen sich Ester gut in Benzin, dagegen schlecht in Wasser?

Geschwindigkeit chemischer Reaktionen

Reaktion von Marmor mit Essigsäure

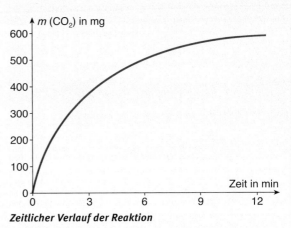

Zeitlicher Verlauf der Reaktion

Chemische Reaktionen verlaufen unterschiedlich schnell. Zündet man etwa einen mit Wasserstoff gefüllten Luftballon, so verpufft der Wasserstoff in einer heftigen Stichflamme. Andere Stoffe wie beispielsweise Essigsäure und Marmor reagieren wesentlich langsamer miteinander. Bis ein Eisenblech durchgerostet ist, dauert es oft sogar Jahre.

Reaktionsgeschwindigkeit. Um den zeitlichen Verlauf einer Reaktion zu beschreiben, hat man die *Reaktionsgeschwindigkeit* eingeführt. Sie gibt an, wie viel an Ausgangsstoffen pro Zeiteinheit in Produkte umgesetzt wird. Reagiert Marmor (Calciumcarbonat) in einem offenen Gefäß mit Essigsäure, so kann das entstehende Kohlenstoffdioxid entweichen:

$$CaCO_3 \text{ (s)} + 2\ CH_3COOH \text{ (aq)} \longrightarrow$$
$$Ca(CH_3COO)_2 \text{ (aq)} + CO_2 \text{ (g)} + H_2O \text{ (l)}$$

Mit einer Waage lässt sich zeigen, dass die Masse des Reaktonsgemisches abnimmt. Der Massenverlust ist ein Maß für die umgesetzte Menge an Marmor und an Essigsäure und somit für die Geschwindigkeit der Reaktion. Trägt man die Masse an Kohlenstoffdioxid gegen die Reaktionszeit auf, erhält man eine ansteigende Kurve. Die pro Zeiteinheit gebildete Menge an Kohlenstoffdioxid nimmt im Verlauf der Reaktion ab; die Reaktionsgeschwindigkeit wird kleiner.

Abhängigkeit der Reaktionsgeschwindigkeit. Setzt man bei der Reaktion mit Essigsäure *pulverisiertes* Calciumcarbonat ein, so verläuft die Reaktion wesentlich schneller als mit Marmorstücken. Das fein verteilte Pulver hat bei gleicher Masse eine wesentlich größere Oberfläche als ein kompaktes Stück. Da nur die Teilchen an der Oberfläche des Feststoffes reagieren können, führt ein höherer **Zerteilungsgrad** zu einer größeren Reaktionsgeschwindigkeit.

Mit konzentrierter Säure reagiert Marmor heftiger als mit verdünnter Säure: Mit der Anzahl der Teilchen in der Lösung erhöht sich auch die Anzahl der Zusammenstöße, die Voraussetzung für eine Reaktion sind. Daher ist auch die Geschwindigkeit zu Beginn einer Reaktion viel größer als gegen Ende der Reaktion. Die Reaktionsgeschwindigkeit nimmt also mit sinkender **Konzentration** ab.

Praktisch alle Reaktionen lassen sich beschleunigen, indem man die **Temperatur** erhöht: Bei höherer Temperatur bewegen sich die Teilchen schneller; sie stoßen daher öfter und auch heftiger zusammen.
Aber nicht jeder Zusammenstoß führt zu einer Reaktion: Die Teilchen müssen eine bestimmte Mindestgeschwindigkeit besitzen, denn erst dann können die bestehenden Bindungen zwischen den Atomen gespalten werden. Da die Geschwindigkeit der Teilchen mit der Temperatur zunimmt, erhöht sich die Anzahl der erfolgreichen Stöße und somit auch die Reaktionsgeschwindigkeit.

Viele Reaktionen verlaufen bei Raumtemperatur nur sehr langsam. Gibt man jedoch einen **Katalysator** hinzu, so setzt eine lebhafte Reaktion ein. Ein Katalysator beschleunigt eine Reaktion, indem er die Aktivierungsenergie – also die für die Reaktion notwendige Mindestenergie – vermindert. Am Ende der Reaktion liegt der Katalysator dann wieder unverändert vor.

1 Erläutere den zeitlichen Verlauf der Reaktion von Marmor mit Essigsäure.
2 Welche Faktoren beeinflussen die Reaktionsgeschwindigkeit? Erläutere ihren Einfluss und nenne langsame und schnelle Reaktionen aus dem Alltag.

1.4 Chemisches Gleichgewicht

Die Veresterung und die Hydrolyse eines Esters sind *umkehrbare Reaktionen*. Bei solchen Reaktionen laufen *Hinreaktion* und *Rückreaktion* gleichzeitig ab.

Einstellung des Gleichgewichts. Gibt man Methanol und Essigsäure in ein geschlossenes Gefäß, so reagieren die beiden Stoffe miteinander: Es bilden sich Ester und Wasser und die Rückreaktion setzt ein.

Mit dem Verbrauch an Methanol und Essigsäure nimmt die Geschwindigkeit der Hinreaktion ab. Gleichzeitig wird die Geschwindigkeit der Rückreaktion größer, da die Konzentration an Ester und an Wasser zunimmt.
Nach einer bestimmten Zeit ist die Geschwindigkeit der Rückreaktion ebenso groß wie die Geschwindigkeit der Hinreaktion. Jetzt wird genauso viel Ester gebildet wie gleichzeitig zersetzt wird. Die Konzentration der Ausgangsstoffe und Produkte ändert sich daher nicht mehr. Diesen Zustand bezeichnet man als *chemisches Gleichgewicht*. Da aber weiterhin Stoffe gebildet werden und gleichzeitig zerfallen, spricht man von einem *dynamischen* Gleichgewicht.

In der Reaktionsgleichung weist man durch einen *Gleichgewichtspfeil* darauf hin, dass die Reaktion zu einem Gleichgewicht führt:

$$CH_3COOH + CH_3OH \rightleftharpoons CH_3COOCH_3 + H_2O$$

Bei der Reaktion von 1 mol Ethansäure mit 1 mol Methanol liegen im Gleichgewicht neben 0,67 mol Ester und 0,67 mol Wasser je 0,33 mol der beiden Ausgangsstoffe vor. Zu der gleichen Zusammensetzung des Stoffgemischs kommt man auch, wenn die Hydrolyse von 1 mol Essigsäuremethylester mit 1 mol Wasser durchgeführt wird. Das Gleichgewicht stellt sich also gleichermaßen von beiden Seiten der Reaktion ein.

Beeinflussung des Gleichgewichts. Die Zusammensetzung eines Stoffgemischs im Gleichgewichtszustand hängt von der Temperatur, vom Druck und von der Konzentration ab. Mit diesen Größen kann die Lage des Gleichgewichts beeinflusst werden.
Erhöht man die *Konzentration* eines Ausgangsstoffes, so verschiebt sich das Gleichgewicht zu den Produkten. Eine Konzentrationserhöhung des Esters dagegen bewirkt, dass die Hydrolyse-Reaktion bevorzugt abläuft. Erhöht man die *Temperatur*, so läuft verstärkt die endotherme Reaktion ab. Beim Estergleichgewicht führt eine Temperaturerhöhung zur Verschiebung des Gleichgewichts auf die Seite der Ausgangsstoffe, da die Hydrolyse endotherm verläuft.

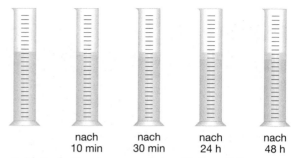

nach 10 min | nach 30 min | nach 24 h | nach 48 h

Ergebnis der Veresterung nach verschiedenen Zeiten

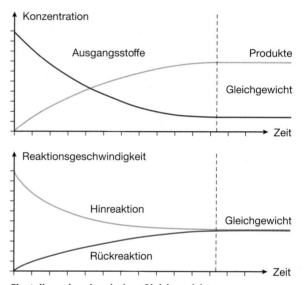

Einstellung des chemischen Gleichgewichts

In einem chemischen Gleichgewicht laufen Hinreaktion und Rückreaktion mit gleicher Geschwindigkeit nebeneinander ab.
Die Konzentration der Ausgangsstoffe und der Produkte ist daher konstant.

1 a) Erläutere am Beispiel der Veresterung von Propansäure mit Butanol die Einstellung des chemischen Gleichgewichts von der Seite der Ausgangsstoffe und der Seite der Produkte.
b) Wie ändern sich die Konzentrationen und die Reaktionsgeschwindigkeiten bis zur Einstellung des Gleichgewichtszustandes?
c) Erkläre, inwiefern das chemische Gleichgewicht ein dynamisches Gleichgewicht ist.
2 Nenne Beispiele für umkehrbare Reaktionen.
3 Warum ist bei Reaktionen in der chemischen Industrie die Einstellung eines chemischen Gleichgewichts oft störend?

1.5 Duftstoffe

Ylang Ylang   *Zimt*   *Vanille*   *Patschuli*   *Bergamotte*   *Flieder*

Düfte lösen beim Menschen unterschiedlichste Emotionen aus. Sie spielen deshalb bereits seit Urzeiten in der menschlichen Kultur eine wichtige Rolle. Zunächst wurden **Duftstoffe** bei kulturell-religiösen Ritualen, später auch in der Heilkunde und bei der Körperpflege eingesetzt.

In der Duftstoffindustrie werden heute etwa 3000 verschiedene Duftstoffe verwendet, rund 300 davon sind natürlichen Ursprungs. Oft kommen die Duftstoffe nicht rein vor, sondern es handelt sich um Gemische aus bis zu 500 einzelnen Duftstoffkomponenten. Wichtige Duftgemische sind etherische Öle aus Pflanzenteilen wie Blüten oder Blättern; andere sind tierische Produkte wie Ambra oder Moschus. Ein Beispiel für einen synthetischen Duftstoff ist Zimtaldehyd.

Gewinnung von Duftstoffen. Im Laufe der Zeit haben sich unterschiedliche Trennverfahren für die Gewinnung von Duftstoffen entwickelt:
Für die *Kaltextraktion* zerkleinert man das Pflanzenmaterial und zerreibt es mit Alkohol. Anschließend wird filtriert.
Bei der *Enfleurage* werden Blütenblätter auf geruchloses Fett oder Wachs aufgelegt und gepresst. Das Fett nimmt so die Duftstoffe der Blüten auf. Anschließend wird das Fett mit Alkohol extrahiert. Die alkoholische Lösung wird dann weiterverarbeitet.

Die meisten der etherischen Öle gewinnt man aber durch *Wasserdampfdestillation*. Dazu werden die besonders empfindlichen Öle mit Wasserdampf aus den Pflanzenzellen herausgelöst und danach schonend abdestilliert.

Neben der Gewinnung von natürlichen Duftstoffen spielt die Herstellung synthetischer Stoffe eine wichtige Rolle. Zu den wichtigsten chemischen Verfahren gehört dabei die **Veresterung.**

Im Anschluss an die Synthese der Einzelkomponenten werden diese so gemischt, dass der künstliche Duft dem natürlichen möglichst nahekommt.
Oft werden auch völlig neue, synthetische Düfte hergestellt. Bei der Entwicklung solcher Rezepturen trägt der Parfümeur die Verantwortung. Er kreiert eine verführerische oder anziehende Wirkung eines Duftes aus einer Vielzahl einzelner Duftstoffe.

> Natürliche Duftstoffe werden mithilfe von Kaltextraktion, Enfleurage oder Wasserdampfdestillation gewonnen. Durch Veresterung lassen sich synthetische Duftstoffe herstellen.

1 Vergleiche die Methoden zur Gewinnung von Duftstoffen. Welche Eigenschaften werden genutzt?

Exkurs

Komposition eines Parfüms

Ein modernes Parfüm besteht aus drei Hauptnoten: Die *Kopfnote* vermittelt den ersten Eindruck des Parfüms. Dazu werden vor allem leichte Düfte wie Bergamotte- und Citrusöl verwendet, die das Parfüm beleben sollen. Die *Herznote* besteht aus mäßig flüchtigen, meist blumigen Düften, die dem Parfüm Wärme und Leben verleihen sollen. Als *Basisnote* dienen kaum flüchtige und stark haftende Stoffe, die nach Holz oder Gewürz riechen. Dazu verwendet man hauptsächlich etherische Öle wie

Patschuli- oder Sandelöl, Harze, Cumarin und tierische Rohstoffe wie Moschus oder Ambra. Die Basisnote soll die Kopfnote und die Herznote fixieren; sie verlangsamt deren Verdunstung und bewirkt eine harmonische Duftentwicklung über einen größeren Zeitraum.
Das Parfüm kommt als alkoholische Lösung in den Handel. Je nach Zusammensetzung unterscheidet man beispielsweise Parfüm mit 20 – 30 % Duftölen oder Eau de Toilette mit 5 – 12 % Duftstoffanteil.

Gewinnung von Duftstoffen

V1: Fenchelauszüge mit verschiedenen Lösungsmitteln

Materialien: Gasbrenner, 3 Erlenmeyerkolben (100 ml) mit Stopfen, Messzylinder (50 ml), 3 Petrischalen; Fencheltee in Beuteln, Heptan (F, Xn, N), Ethanol (F).

Durchführung:
1. Erhitze in einem Erlenmeyerkolben etwa 20 ml Wasser zum Sieden.
2. Gib einen Teebeutel hinein.
3. Übergieße in einem anderen Erlenmeyerkolben einen Teebeutel mit 20 ml Heptan.
4. Verfahre ebenso mit Ethanol als Lösungsmittel.
5. Gib in die Petrischalen je 2 ml der Lösungen und lasse die Lösungsmittel verdunsten.

Aufgaben:
a) Vergleiche den Geruch der drei Proben.
b) Warum riechen die Proben unterschiedlich, auch wenn das Lösungsmittel vollständig entfernt ist?
c) Warum muss die wässerige Lösung erwärmt werden?

V2: Enfleurage

Materialien: 2 Glasplatten (etwa 20 cm × 20 cm), Becherglas (250 ml), Waage, Heizplatte, Trichter, Aluminium-Folie; Kerzenwachs, Blüten duftender Blumen, Ethanol (F).

Durchführung:
1. Erwärme etwa 10 g Kerzenwachs im Becherglas und schütte das flüssige Wachs auf die sauberen, vorgewärmten Glasplatten.
2. Bedecke eine Wachsfläche mit Blüten und lege die zweite Glasplatte vorsichtig auf.
3. Packe die Platten in Aluminium-Folie ein.
4. Tausche die Blüten nach einigen Tagen vorsichtig aus.
5. Wiederhole Schritt 4 mehrfach.
6. Entferne die Blüten. Schabe dann das Wachs ab und gib es in ein Becherglas mit warmem Ethanol.
7. Verrühre Ethanol und Wachs gründlich und filtriere die Mischung nach dem Erkalten.
8. Gib einen Tropfen der alkoholischen Lösung auf ein Filtrierpapier und vergleiche die Geruchsintensität mit einer Probe des ausgewaschenen Wachses.
Hinweis: Statt frischer Blüten kann auch ein Duftbukett mit getrockneten Blüten verwendet werden.

V3: Wasserdampfdestillation von Nelkenöl

Materialien: 2 Gasbrenner, 2 Erlenmeyerkolben (300 ml), einfach durchbohrter Stopfen, doppelt durchbohrter Stopfen, 4 Winkelrohre, 4 Schlauchstücke, Eisbad, Gewürzmühle, Messzylinder (100 ml), Pipettierhilfe, Waage; Gewürznelken.

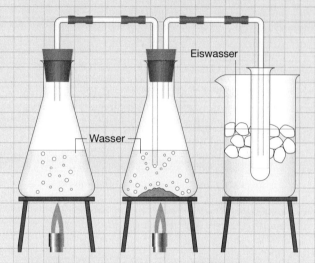

Eiswasser

Wasser

Durchführung:
1. Zerkleinere 20 g Gewürznelken in der Mühle.
2. Gib je 100 ml Wasser in die Erlenmeyerkolben, setze einem der Kolben das Nelkenpulver zu und baue die Apparatur auf.
3. Erhitze die Flüssigkeiten in beiden Erlenmeyerkolben zum lebhaften Sieden und destilliere, bis das Destillat nicht mehr trübe erscheint.
4. Nimm das abgekühlte Destillat mit der Vollpipette auf und lasse dann den Wasseranteil vorsichtig austropfen. Wiege das verbleibende Duftstoffgemisch.

Aufgaben:
a) Beschreibe den Geruch des Destillats.
b) Berechne den Massenanteil der erhaltenen Duftstoffe in den Gewürznelken.

„Das Parfum" – Duftstoffe in der Literatur

Historische Geräte zur Gewinnung von Duftstoffen aus Pflanzen

Enfleurage – Duftstoffe werden von Blüten auf eine Fettschicht übertragen

In dem Roman „Das Parfum" schildert Patrick Süskind das Leben eines Menschen, der auf der Suche nach dem perfekten Parfüm zum Mörder wird. Das Buch gibt einen guten Einblick in die Arbeit eines Parfümeurs aus dem 18. Jahrhundert. In den zitierten Abschnitten werden zwei Verfahren zur Gewinnung von Aromastoffen geschildert.

»Gelegentlich … regte sich Baldinis Alchimistenader, und er holte seinen großen Alambic hervor, einen kupfernen Destillierbottich mit oben aufgesetztem Kondensiertopf – einen so genannten Maurenkopfalambic … Und während Grenouille das Destilliergut zerkleinerte, heizte Baldini in hektischer Eile … eine gemauerte Feuerstelle ein, auf die er den kupfernen Kessel, mit einem guten Bodensatz Wasser gefüllt, postierte. Er warf die Pflanzenteile hinein, stopfte den doppelwandigen Maurenkopf auf den Stutzen und schloss zwei Schläuchlein für zu- und abfließendes Wasser daran an. … Dann blies er das Feuer an.

Allmählich begann es, im Kessel zu brodeln. Und nach einer Weile, erst zaghaft tröpfchenweise, dann in fadendünnem Rinnsal, floss Destillat aus der dritten Röhre des Maurenkopfs in eine Florentinerflasche, die Baldini untergestellt hatte. … Nach und nach … schied sich die Brühe in zwei verschiedene Flüssigkeiten: unten stand das Blüten- oder Kräuterwasser, obenauf schwamm eine dicke Schicht von Öl. Goss man nun vorsichtig … das nur zart duftende Blütenwasser ab, so blieb das reine Öl zurück, die Essenz, das starke riechende Prinzip der Pflanze.«

»Diese edelsten aller Blüten ließen sich ihre Seele nicht einfach entreißen, man musste sie ihnen regelrecht abschmeicheln. In einem besonderen Beduftungsraum wurden sie auf mit kühlem Fett bestrichene Platten gestreut oder locker in ölgetränkte Tücher gehüllt … Erst nach drei oder vier Tagen waren sie verwelkt und hatten ihren Duft an das benachbarte Fett und Öl abgeatmet. Dann zupfte man sie vorsichtig ab und streute frische Blüten aus. Der Vorgang wurde wohl zehn, zwanzig Mal wiederholt, und bis sich die Pomade satt gesogen hatte und das duftende Öl aus den Tüchern abgepresst werden konnte, war es September geworden.«

»Und dann wurde die Pomade wieder aus dem Keller geholt, in verschlossenen Töpfen aufs Vorsichtigste erwärmt, mit feinstem Weingeist versetzt und vermittels eines eingebauten Rührwerks … gründlich durchgemischt und ausgewaschen. Zurück in den Keller verbracht, kühlte diese Mischung rasch aus, der Alkohol schied sich vom erstarrenden Fett der Pomade und konnte in eine Flasche abgelassen werden. Er stellte nun quasi ein Parfum dar, allerdings von enormer Intensität, während die zurückbleibende Pomade den größten Teil ihres Duftes verloren hatte. … Nach gründlicher Filtrage durch Gazetücher, in denen auch die kleinsten Klümpchen Fett zurück gehalten wurden, füllte Druot den parfümierten Alkohol in einen kleinen Alambic und destillierte ihn über dezentestem Feuer langsam ab.«

Das Parfum, Patrick Süskind, Diogenes Taschenbuch, 1994, S. 123f., 228, 224.

1 a) Welches Verfahren zur Gewinnung von Duftstoffen wird im linken Abschnitt beschrieben?
b) Fertige einen Entwurf für die genannte Apparatur an.

2 Welches heute verwendete Laborgerät entspricht der Florentiner Flasche?
3 Liste die notwendigen Arbeitsschritte bei der Enfleurage auf.

Suche:

Duftstoffe und Aromastoffe

Ergebnisse:

→ **Erstes synthetisches Parfüm**

Chanel produzierte 1921 das erste Parfüm, in dem synthetische Aldehyde eine wichtige Rolle spielen. Im Gegensatz zu den herkömmlichen blumigen Düften wurden Aldehyde eingesetzt, um eine klare Frische zu erzielen. Aus der Versuchsreihe des Parfümeurs ist die fünfte Probe bis heute als Chanel No. 5 bekannt.

→ **Von der Hausnummer zum Parfüm**

Der Kölner Kaufmann Wilhelm MÜHLENS hatte 1792 die geheime Rezeptur für ein *„aqua mirabilis"* – ein Wunderwasser – von einem Mönch als Hochzeitsgeschenk erhalten. Als die Franzosen 1796 die Stadt Köln erobert hatten, wurden alle Häuser durchnummeriert. Dem Haus mit der Nummer 4711 verdankt das heute noch bekannte Produkt seinen Markennamen. Es wird besonders wegen seiner Inhaltsstoffe wie Orange, Zitrone, Lavendel, Bergamotte und Neroli geschätzt.

→ **Aromastoffe in Lebensmitteln**

Unter Aromastoffen versteht man geruchs- und geschmacksgebende Substanzen, die in Lebensmitteln entweder von Natur aus vorhanden sind oder ihnen zugesetzt werden. Man unterscheidet natürliche, naturidentische und künstliche Aromastoffe. Aus pflanzlichen Rohstoffen wie Vanilleextrakt, Orangenessenz, konzentriertem Erdbeersaft werden **natürliche Aromastoffe** gewonnen. **Naturidentische Aromastoffe** besitzen den gleichen chemischen Aufbau wie natürliche Aromastoffe, werden aber synthetisch hergestellt. Beispiele sind Vanillin und Menthol. **Künstliche Aromastoffe** haben keine Vorbilder in der Natur. Sie werden durch chemische Synthese gewonnen. Ein Beispiel ist Ethylvanillin.

→ **MAILLARD-Reaktion**

Bei den hohen Temperaturen des Bratens und Backens verbinden sich die in Lebensmitteln enthaltenen Kohlenhydrate mit Proteinen. Dabei bilden sich dunkle Pigmente, die für die Farbe und die knusprige Kruste von gebratenen, gebackenen und gerösteten Lebensmitteln charakteristisch sind. Gleichzeitig spalten sich aus den Verbindungen zwischen Zuckern und Proteinen zahlreiche flüchtige Aromastoffe ab. Ursache dafür sind eine Reihe komplexer chemischer Reaktionen, die nach ihrem Entdecker Louis MAILLARD benannt wurden.

$$\text{Zucker + Protein} \xrightarrow{150 - 180\,°C} \text{Pigmente + Aromastoffe}$$

So erhält geruchloser Rohkaffee beim Rösten sein typisches Aroma. Auch dabei läuft die MAILLARD-Reaktion ab.

→ **Übelriechende Substanzen**

In der Stoffklasse organischer Schwefelverbindungen und Selenverbindungen findet man die übelriechendsten Substanzen überhaupt. Bekannte Beispiele sind Ethylmercaptan (C_2H_5SH) und Butylselenomercaptan (C_4H_9SeH). Diese Substanzen besitzen einen Geruch nach faulem Kohl, Knoblauch, Zwiebeln und Kloakengas. Das Stinktier nutzt diesen Geruch, um seine Feinde zu vertreiben. Er wird aus besonderen Drüsen freigesetzt und kann bis zu fünf Meter weit verspritzt werden. Damit werden sogar Raubtiere wie Pumas, Wölfe und Bären in die Flucht geschlagen.

Aufgaben

1 Kaffee und Tee sind empfindliche Genussmittel. Sie müssen aromageschützt aufbewahrt werden. Recherchiere die Gewinnung und Verarbeitung von Kaffee und Tee. Fertige eine Übersicht an.

2 Mademoiselle CHANELS Parfümeur Ernest BEAUX verwendete in seiner berühmt gewordenen Probe Nr. 5 den Aldehyd 2-Methylundecanal. Gib die Strukturformel dieser Verbindung an.

V1: Synthese von Essigsäureethylester

Materialien: Reagenzglas mit seitlichem Ansatz, Einleitungsrohr, Gummistopfen, Schlauchstück, Tropfpipetten, Gasbrenner, Becherglas (50 ml), Siedesteine; Essigsäure (40 %; C), Ethanol (F), Schwefelsäure (konz.; C), Heptan (F, Xn, N).

Durchführung:

1. Baue die Apparatur auf und befestige sie an einem Stativ.
2. Gib in das Reagenzglas mit seitlichem Ansatz 1 ml Essigsäure, 1 ml Ethanol und fünf Tropfen konzentrierte Schwefelsäure.
3. Erwärme vorsichtig und destilliere wenige Tropfen Flüssigkeit in die wassergekühlte Vorlage.
4. Prüfe den Geruch des Reaktionsproduktes.
5. Gib einige Tropfen Heptan zu dem Destillat.

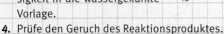

Aufgaben:

a) Notiere deine Beobachtungen.
b) Formuliere die Reaktionsgleichung.
c) Erkläre die Löslichkeit des Esters in Heptan.

V2: Hydrolyse von Essigsäureethylester

Materialien: Wasserbad, Tropfpipette; Essigsäureethylester (F, Xi), Natronlauge (1 %; Xi), Phenolphthalein-Lösung (F).

Durchführung:

1. Gib in das Reagenzglas 1 ml Essigsäureethylester, 1 ml Wasser, einen Tropfen Natronlauge und einen Tropfen Phenolphthalein-Lösung.
2. Erwärme das Gemisch bei etwa 50 °C im Wasserbad, bis die Lösung entfärbt ist. Prüfe den Geruch.

Aufgaben:

a) Notiere deine Beobachtungen.
b) Formuliere die Reaktionsgleichung für die Hydrolyse von Ethansäureethylester.
c) Warum ist diese Reaktion als indirekter Nachweis für Ester geeignet?
d) Stelle die Wortgleichung und die Reaktionsgleichung für die Hydrolyse von Butansäuremethylester auf.

V3: Synthese von Aromastoffen

Matrialien: Wasserbad, Tropfpipetten; Ameisensäure (C), Essigsäure (C), Buttersäure (C), Methanol (T, F), Ethanol (F), 2-Methylpropan-1-ol (Xi), Pentan-(1)-ol (Xn), Schwefelsäure (konz.; C).

Durchführung:

1. Mische in einem Reagenzglas jeweils 1 ml Alkansäure mit 1 ml Alkohol. Füge jeweils fünf Tropfen konzentrierte Schwefelsäure zu den Mischungen hinzu.

Hinweis: Folgende Kombinationen sind sinnvoll: Ameisensäure/Ethanol, Essigsäure/2-Methylpropan-1-ol, Essigsäure/Pentan-1-ol, Buttersäure/Methanol, Butansäure/Ethanol.

2. Verschließe die Reagenzgläser mit einem Stopfen und lasse sie mindestens 20 Minuten im Wasserbad bei etwa 50 °C stehen. Prüfe danach den Geruch.

Aufgaben:

a) Stelle in einer Tabelle den Geruch der verschiedenen Ester zusammen.
b) Gib die Reaktionsgleichungen für die Bildung eines der entstandenen Ester an.

Bio-Diesel – ein Produkt aus nachwachsenden Rohstoffen

Ein Teil der Treibstoffe, die aus Erdöl hergestellt werden, kann durch landwirtschaftliche Produkte ersetzt werden. Eine Möglichkeit ist die Verwendung von modifiziertem Rapsöl. Rapsöl ist ein Fett, also ein Ester aus längerkettigen Carbonsäuren und Glycerin. Als Kraftstoff kann jedoch nur der Methylester der Fettsäuren verwendet werden. Deshalb wird Rapsöl mit Methanol zu Rapsölmethylester umgesetzt.

Obwohl die Produktionskosten für diesen *Bio-Diesel* wesentlich höher sind, kann er zurzeit billiger verkauft werden als herkömmlicher Dieselkraftstoff. Der Grund dafür ist eine erhebliche Steuerbegünstigung.

Für die Verwendung von Bio-Diesel spricht, dass er aus einem nachwachsenden Rohstoff gewonnen wird. Er ist biologisch gut abbaubar, falls er versehentlich in das Erdreich oder in Gewässer gelangt. Der Anbau von Raps und die Verarbeitung zu einem motorentauglichen Öl ist jedoch mit einem hohen Energieumsatz verbunden.

Location: `http://www.schroedel.de/chemie_heute.html`

Suche:

Lösungsmittel im Alltag

Ergebnisse:

→ **Lösungsmittel**

Unter einem Lösungsmittel versteht man eine Flüssigkeit, in der sich andere Stoffe lösen. Schon im Mittelalter hatte man erkannt, dass „Ähnliches von Ähnlichem gelöst wird". Polare Stoffe wie Salze lösen sich gut in polaren Lösungsmitteln. Unpolare organische Stoffe wie Fette und Öle lösen sich dagegen gut in unpolaren Lösungsmitteln.

→ **Extraktionsmittel**

Bei der Extraktion wird ein Stoff aus einem festen, flüssigen oder gasförmigen Gemisch mit einem Lösungsmittel abgetrennt. Das Lösungsmittel ist als Extraktionsmittel geeignet, wenn es den zu extrahierenden Stoff löst, die anderen Bestandteile jedoch nicht.

→ **Ketone**

Ketone wie Methylisobutylketon, Aceton oder Diethylketon sind klare, leichtflüchtige Lösungsmittel mit charakteristischem Geruch. Sie werden häufig in Klebstoffen und in Nagellackentfernern verwendet. Außerdem gebraucht man sie als Universal-Lösungsmittel für Harze, Fette und Öle sowie für Kolophonium und Celluloseacetat.

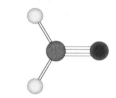

→ **Halogenierte Kohlenwasserstoffe**

Kohlenwasserstoffverbindungen, die in ihren Molekülen Halogen-Atome enthalten, werden als halogenierte Kohlenwasserstoffe bezeichnet. Sie gelten als besonders umweltschädlich, da sie die Ozonschicht zerstören. Für halogenierte Kohlenwasserstoffe besteht seit einigen Jahren ein Verwendungsverbot. Nur Tetrachlorethen (Per) darf noch in der chemischen Reinigung eingesetzt werden, wenn es in geschlossenen Systemen geführt wird.

→ **Der Blaue Engel**

Die älteste umweltschutzbezogene Kennzeichnung der Welt ist der Blaue Engel. Er wurde 1977 auf Initiative des Bundesministers des Inneren und durch den Beschluss der Umweltminister des Bundes und der Länder ins Leben gerufen. Seither dürfen geprüfte lösemittelarme und lösemittelfreie Produkte den Blauen Engel tragen.

→ **EEMA**

Lacke auf Wasserbasis enthalten **E**ster und **E**ther **m**ehrwertiger **A**lkohole. Auf den Etiketten findet man die Abkürzung EEMA. Diese Stoffe dienen als Ersatz für gesundheitsschädliche Lösungsmittelbestandteile. Man verwendet sie auch in Dispersionsfarben und Dispersionsklebern. Beispiele für EEMA sind Ethylenglykolether und Propylenglykolether.

→ **VOC**

Lösungsmittel kommen in vielen Einrichtungsmaterialen wie Bodenbelägen oder Farben zum Einsatz. Man spricht dann auch von *volatile organic compounds* (VOC). Meist handelt es sich um Gemische aus Kohlenwasserstoffen, Aldehyden, Ketonen, Alkoholen oder Estern. Diese flüchtigen Verbindungen können in geschlossenen Räumen ein gesundheitliches Problem darstellen. Mit speziellen Prüfröhrchen kann man Raumluftmessungen durchführen und so die Belastung durch VOC-Stoffe ermitteln.

Aufgabe

1 Recherchiere, mit welchen Lösungsmitteln sich folgende Substanzen als Flecke aus Textilien entfernen lassen: Butter, wasserlösliche Filzstiftfarbe, Baumharz, Heizöl, Honig, Kugelschreiber, Limonade, Lippenstift und Tinte.

Quiz

A1 a) Erkläre die Begriffe des Fensters.
b) Notiere auf der Vorderseite von Karteikarten den Begriff, auf der Rückseite die Erklärung.

A2 a) Wie heißt die Carbonsäure, die man aus Propanol herstellen kann?
b) Stelle die Wortgleichung und die Reaktionsgleichung mit Strukturformeln auf.

A3 Gib die Strukturformel und den Namen der einfachsten Dicarbonsäure an.

A4 Stelle die Reaktionsgleichungen für folgende Reaktionen auf. Verwende die Ionen-Schreibweise.
a) Calcium reagiert mit Propansäure,
b) Kupferoxid reagiert mit Ameisensäure,
c) Kaliumhydroxid wird mit Methansäure neutralisiert.

A5 a) Gib die Strukturformel für Butansäurebutylester an.
b) Formuliere die Wortgleichung und die Reaktionsgleichung für die Hydrolyse des Esters.

A6 Vergleiche die unterschiedliche Löslichkeit von Ethansäure und Heptansäure in Wasser. Begründe deine Antwort.

A7 Was versteht man unter einem chemischen Gleichgewicht? Nenne Beispiele.

Know-how

A8 Essigsäureethylester wird mit Wasser erhitzt. Dabei beobachtet man, dass sich aus zunächst zwei Phasen eine einheitliche Lösung bildet.
a) Warum werden zunächst zwei Phasen beobachtet? Wieso verschwinden die Phasen während der Reaktion?
b) Formuliere die Reaktionsgleichung. Um welchen Reaktionstyp handelt es sich?

A9 Die Reaktion der Essigsäure mit folgenden Metallen wird untersucht: Eisen, Silber, Natrium, Calcium, Aluminium und Gold.
a) Welche Metalle reagieren nicht mit Essigsäure? Begründe deine Antwort.
b) Stelle die Reaktionsgleichungen für die abgelaufenen chemischen Reaktionen in Ionenschreibweise auf.
c) Gib die Namen der entstandenen Salze an.
d) Pentansäure reagiert mit den Metallen deutlich weniger heftig als Essigsäure. Gib dafür eine Erklärung.

Die wichtigsten Begriffe

- Alkansäure, Carbonsäure
- Carboxyl-Gruppe
- Essigsäure, Acetat
- Ester, Ester-Gruppe
- Veresterung, Kondensation
- Esterspaltung, Hydrolyse
- Chemisches Gleichgewicht

A10 a) Wie lässt sich nachweisen, dass bei einer chemischen Reaktion ein chemisches Gleichgewicht vorliegt?
b) Welchen Einfluss hat eine Temperaturerhöhung auf eine Gleichgewichtsreaktion, wenn die Hinreaktion exotherm verläuft?

A11 Das Auflösen von Chlorwasserstoff in Wasser und das Entweichen von HCl-Gas aus einer Salzsäure-Lösung sind umkehrbare Reaktionen. Unter welchen Bedingungen führen sie zu einem chemischen Gleichgewicht?

Natur – Mensch – Technik

A12 Bei der Zersetzung von Nitroglycerin ($C_3H_5(NO_3)_3$) entstehen Kohlenstoffdioxid, Wasserdampf, Stickstoff und Sauerstoff.
a) Nitroglycerin ist ein Ester. Welche Säure und welcher Alkohol sind am Aufbau beteiligt?
b) Entwickle die Strukturformel des Esters.
c) Formuliere die Reaktionsgleichung.
d) Warum kann Nitroglycerin auch unter Wasser zur Detonation gebracht werden?

A13 Zwischen Eis, Wasser und Wasserdampf besteht ein temperatur- und druckabhängiges Gleichgewicht. So sinkt die Schmelztemperatur von Eis mit steigendem Druck und der Dampfdruck von Wasser nimmt mit steigender Temperatur zu. Erkläre anhand dieser Fakten folgende Gleichgewichtsverschiebungen:
a) den Schlittschuheffekt auf der Eisoberfläche,
b) die Bildung und Auflösung von Nebel.

A14 Um Kaffeemaschinen zu entkalken, verwendet man häufig Zitronensäure.
a) Welche Reaktion läuft beim Entkalken ab? Formuliere die Wortgleichung.
b) Welchen Vorteil hat die Verwendung von Zitronensäure gegenüber Essigsäure?
c) Formuliere eine allgemeine Reaktionsgleichung für das Entkalken durch organische Säuren.

Von der Essigsäure zum Ester

1. Alkansäuren

a) Molekülmodell und Strukturformel

Essigsäure

Carboxyl-Gruppe

b) Homologe Reihe der Alkansäuren

Alkansäuren sind organische Säuren mit einer Carboxyl-Gruppe. Sie leiten sich von den Alkanen ab und bilden eine homologe Reihe mit der allgemeinen Formel $C_nH_{2n+1}COOH$.

c) Nomenklatur

Name des Alkans + Endung **-säure**
Beispiel: Pentansäure
Häufig verwendet man *Trivialnamen*. So nennt man Ethansäure Essigsäure (CH_3COOH) und Butansäure (C_3H_7COOH) heißt auch Buttersäure.

d) Eigenschaften der Alkansäuren

Schmelztemperatur und Siedetemperatur

Alkansäuren haben relativ hohe Schmelztemperaturen und Siedetemperaturen, da sich zwischen den Carboxyl-Gruppen zweier Alkansäure-Moleküle Wasserstoffbrückenbindungen ausbilden. So entstehen Doppelmoleküle.

Löslichkeit

Alle Alkansäuren lösen sich in Benzin. In der Lösung liegen Doppelmoleküle vor.
Alkansäuren mit bis zu vier C-Atomen sind auch wasserlöslich, da die Carboxyl-Gruppe Wasserstoffbrückenbindungen zu den Wasser-Molekülen ausbilden kann.

Saure Reaktion

Die O–H-Bindung der Carboxyl-Gruppe ist polar. Deshalb gibt sie das Wasserstoff-Atom leicht als H^+-Ion ab.

$R–COOH \longrightarrow R–COO^- + H^+$

Alkansäuren zeigen somit das typische Verhalten von Säuren: Sie bilden mit unedlen Metallen, mit Metalloxiden und mit Metallhydroxiden Salze.

$2\ R–COOH + Mg \longrightarrow 2\ R–COO^- + Mg^{2+} + H_2$

$R–COOH + Na^+ + OH^- \longrightarrow R–COO^- + Na^+ + H_2O$

2. Ester

a) Molekülmodell und Strukturformel

Essigsäureethylester

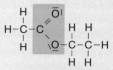

Ester-Gruppe

b) Nomenklatur

Säure + Alkyl-Rest des Alkohols + Endung **-ester**
Beispiel: Buttersäureethylester oder Butansäureethylester

c) Eigenschaften der Ester

Schmelztemperatur und Siedetemperatur

Ester haben relativ niedrige Schmelztemperaturen und Siedetemperaturen, da Ester-Moleküle untereinander keine Wasserstoffbrückenbindungen bilden.

Löslichkeit und Geruch

Da Ester fast unpolar sind, lösen sie sich in unpolaren Lösungsmitteln wie Benzin, dagegen nicht in Wasser.
Ester aus kurzkettigen Carbonsäuren und kurzkettigen Alkoholen sind niedrig siedende Flüssigkeiten. Sie haben oft einen fruchtartigen Geruch und werden daher als *Aromastoffe* verwendet.

Esterbildung und Esterspaltung

Ester entstehen bei der Reaktion von Säuren mit Alkoholen unter Abspaltung von Wasser. Die Umkehrung dieser Reaktion ist die Esterspaltung. Dabei handelt es sich um eine *Hydrolyse*.

$$R_1–COOH + HO–R_2 \underset{\text{Esterspaltung}}{\overset{\text{Veresterung}}{\rightleftarrows}} R_1–COO–R_2 + H_2O$$

Esterbildung und Esterspaltung sind Substitutionsreaktionen.

3. Chemisches Gleichgewicht

Esterbildung und Esterspaltung sind *umkehrbare Reaktionen*. Die Reaktion läuft nicht vollständig ab; nach einer gewissen Zeit stellt sich ein chemisches Gleichgewicht ein.

Merkmale des chemischen Gleichgewichtes:

– In einem geschlossenen System laufen Hinreaktion und Rückreaktion gleichzeitig ab,
– die Geschwindigkeit der Hinreaktion und der Rückreaktion sind gleich,
– Ausgangsstoffe und Produkte liegen nebeneinander vor, ihre Konzentration ändert sich nicht.

2 Zusammensetzung von Lebensmitteln

Um den Bedarf an Kohlenhydraten, Fetten, Eiweißen, Wasser, Ballaststoffen, Vitaminen und Mineralstoffen zu decken, kauft eine durchschnittliche Familie mit zwei Kindern im Jahr neben Getränken ca. 650 kg an Lebensmitteln ein, unter anderem:

- 320 kg Obst und Gemüse
- 110 kg Getreideprodukte
- 100 kg Fleisch, Wurst und Fisch
- 85 kg Milchprodukte.

Zentrale Fragen:
- Wie deckt der Mensch seinen Energiebedarf?
- Wie sind Lebensmittel zusammengesetzt?
- Wie sind Fette, Kohlenhydrate und Eiweiße aufgebaut?
- Welche Eigenschaften haben Fette, Kohlenhydrate und Eiweiße?
- Welche Bedeutung haben Lebensmittelzusatzstoffe?

2.1 Lebensmittel haben es in sich

Lebensmittel enthalten zahlreiche Stoffe, die nach ihrer Bedeutung für den Körper zu verschiedenen Gruppen zusammengefasst werden.

Nährstoffe. Der menschliche Körper wächst und erneuert sich ständig. Auch in völliger Ruhe ist er in Bewegung, denn Atmung und Kreislauf sind immer in Betrieb. Nährstoffe bilden die Grundlage für diese Prozesse: Sie sind entweder Baustoffe der Zellen und Organe oder sie wirken als Engergielieferanten. Man unterteilt die Nährstoffe in drei Gruppen: in Fette, Kohlenhydrate und Eiweiße.

Fette sind in erster Linie Energielieferanten. Als längerfristige Energiereserve werden sie im Fettgewebe des Körpers gespeichert.
Kohlenhydrate sind ebenfalls wichtige Energiespender. Wir finden sie in der Leber und der Muskulatur. Ein kleiner Anteil wird zum Aufbau von Knorpelgewebe und Knochen benötigt.
Eiweiße übernehmen im Körper vielfältige Aufgaben als Baustoffe. Sie bilden die schützende Haut, bauen die Haare auf und sind in den Muskeln für die Bewegung mitverantwortlich. Außerdem stabilisieren sie Knorpel und Bindegewebe.

Wirkstoffe. Zu den unentbehrlichen Bestandteilen der Nahrung gehören als Wirkstoffe *Mineralstoffe* und *Vitamine*. Obwohl der Körper sie nur in geringen Mengen benötigt, spielen sie eine wesentliche Rolle bei der Regulierung des Stoffwechsels. Im Gegensatz zu den Nährstoffen liefern Wirkstoffe jedoch keine Energie. Einige Mineralstoffe sind Baustoffe für den Aufbau der Knochen, vor allem Calcium-Ionen und Phosphat-Ionen (PO_4^{3-}).

Wasser. Im menschlichen Körper erfüllt Wasser verschiedene Aufgaben: Es ist Baustoff, Transportmittel und Lösungsmittel. Man sollte täglich etwa 3 Liter Wasser aufnehmen, 2 Liter davon mit den Getränken, den Rest liefert die Nahrung.

Ballaststoffe. Pflanzenfasern enthalten Ballaststoffe. Diese Stoffe sind ein unverdaulicher, aber dennoch notwendiger Bestandteil unserer Nahrung: Ballaststoffe nehmen im Darm Wasser auf und quellen auf. Dadurch wird die Darmtätigkeit verstärkt und die Verdauung verbessert.

Würzmittel. Gewürze dienen vor allem als Appetitanreger, ihr Nährwert ist eher gering. Viele Gewürze fördern die Verdauung, weil sie eine vermehrte Absonderung von Speichel bewirken. Zu den Würzmitteln gehören auch Speisesalz, Essig, Geschmacksverstärker und Saucen.

> Nährstoffe wie Fette, Kohlenhydrate und Eiweiße sind wichtige Energielieferanten und Baustoffe.
> Mineralstoffe und Vitamine werden als Baustoffe und zur Regulierung des Stoffwechsels benötigt.
> Ballaststoffe fördern die Verdauung.

1 Nenne Inhaltsstoffe der Nahrung. Unterscheide zwischen energieliefernden Stoffen und solchen, die keine Energie liefern.
2 Welche Funktionen erfüllen die verschiedenen Inhaltsstoffe der Nahrung im menschlichen Körper?
3 Welche Lebensmittel des abgebildeten Hamburgers sollten den größten Anteil in der täglichen Nahrung ausmachen, welche den geringsten Anteil?

 Der Mix macht's

 Die Mahlzeiten sollten ausreichend Nährstoffe und Wirkstoffe enthalten. Das bedeutet: hochwertiges Eiweiß, wenig Fett und Zucker, aber viele Ballaststoffe, Vitamine und Mineralstoffe.

 Den Energiegehalt anpassen

 Der Energiegehalt der Nahrung muss auf den persönlichen Bedarf abgestimmt sein. Wer schwer arbeitet oder viel Sport treibt, benötigt viel Energie. Junge Menschen haben einen höheren Bedarf als ältere.

 Süße Sünden vermeiden

 Süßigkeiten enthalten viel Zucker. Ballaststoffe und Wirkstoffe fehlen häufig. Übermäßiger Zuckerkonsum führt zu Übergewicht und fördert die Bildung von Karies.

Gesunde Ernährung: *oder*

2.2 Nahrung und Energie

Alle Lebewesen benötigen Energie. Pflanzen beziehen sie aus dem Sonnenlicht. Menschen und Tiere sind auf eine andere Energiequelle angewiesen: Sie erhalten die lebensnotwendige Energie durch den Abbau von Nährstoffen. Der Energiegewinn ist hierbei unterschiedlich groß. Ein Gramm Fett liefert etwa 39 kJ, ein Gramm Kohlenhydrate und ein Gramm Eiweiß jeweils etwa 17 kJ.

Energiebilanz. Essen wir zu viel, so übersteigt die Energiezufuhr den Energiebedarf. Die Energiebilanz ist nicht mehr ausgeglichen und überschüssige Energie wird in Form von Körperfett gespeichert. *Übergewicht* mit zahlreichen gesundheitlichen Risiken ist die Folge. Ein wesentliches Ziel einer ausgewogenen Ernährung liegt also in einer ausgeglichenen Energiebilanz.

Energiebedarf. Selbst wenn wir schlafen, verbrauchen wir Energie, denn wir müssen atmen und die Körpertemperatur konstant halten. Die Energie, die ein Mensch bei völliger Ruhe im Liegen benötigt, bezeichnet man als **Grundumsatz.** Nach einer Faustregel werden pro Kilogramm Körpergewicht in einer Stunde 4,2 kJ als Grundumsatz verbraucht.

Der Grundumsatz ist vor allem vom Alter und vom Geschlecht abhängig. So haben jüngere Menschen einen höheren Grundumsatz, da bei ihnen die Stoffwechselvorgänge schneller ablaufen als bei älteren Menschen. Bei Frauen ist der Grundumsatz niedriger, weil sie durch einen höheren Anteil an Unterhautfettgewebe weniger Wärme abgeben als Männer.

Wenn wir arbeiten oder Sport treiben, steigt unser Energiebedarf an. Die Energiemenge, die ein Mensch für zusätzliche Leistungen über den Grundumsatz hinaus benötigt, bezeichnet man als **Leistungsumsatz.** Er hängt von der Art und von der Dauer der Tätigkeit ab. Für eine Stunde Chemieunterricht braucht man beispielsweise 210 kJ, für eine Stunde Spazierengehen 800 kJ und für eine Stunde Fußballspielen 2000 kJ.

Um das Gewicht zu reduzieren, kann man die Energieaufnahme verringern, indem man weniger isst oder indem man seine Ernährung umstellt. Gleichzeitig empfiehlt es sich, den Energiebedarf durch mehr Sport und körperliche Arbeit zu steigern.

Nährstoffbedarf. Für eine ausgewogene Ernährung ist es nicht damit getan, den tatsächlichen Energiebedarf zu decken. Die Nährstoffe müssen auch in der richtigen Zusammensetzung aufgenommen werden. Es wird empfohlen, den Gesamtenergiebedarf zu 52 % aus Kohlenhydraten, zu 31 % aus Fetten und zu 17 % aus Eiweißen zu decken.

Der durchschnittliche erwachsene Bundesbürger nimmt zu viel Fett und Eiweiß, aber zu wenig Kohlenhydrate auf. Bei den Kohlenhydraten handelt es sich zudem häufig um Zucker, der weder Vitamine noch Mineralstoffe enthält. Auf dem täglichen Speiseplan sollten folglich verstärkt hochwertige stärkehaltige Kohlenhydrate stehen.

> Der Gesamtenergiebedarf des Menschen ergibt sich aus dem Grundumsatz und dem Leistungsumsatz. Die Energiezufuhr sollte mit dem Gesamtenergiebedarf übereinstimmen.

Alter in Jahren	körperliche Aktivität					
	gering		mittel		hoch	
	m	w	m	w	m	w
15 ≤ 19	10500	8400	12100	9600	13800	10900
19 ≤ 25	10500	8000	12100	9200	13800	10500
25 ≤ 51	10000	8000	11700	8800	13000	10000
51 ≤ 65	9200	7500	10500	8400	11700	9600
≥ 65	8400	6700	9600	7500	10500	8800

Gerundete Richtwerte für die durchschnittliche Energiezufuhr in kJ/Tag für Männer (m) und Frauen (w) in Abhängigkeit körperlicher Aktivität

1 a) Was versteht man unter Grundumsatz und Leistungsumsatz?
b) Berechne deinen täglichen Grundumsatz.
2 Gib Faktoren neben Alter und Geschlecht an, die den Grundumsatz beeinflussen können.
3 Nenne Faktoren, die Einfluss auf unseren täglichen Energiebedarf haben.
4 Ein Cheeseburger enthält durchschnittlich 14 g Eiweiß, 27 g Kohlenhydrate und 11 g Fett. Berechne den Gesamtenergiegehalt des Cheeseburgers.
5 Vergleiche die Empfehlungen für Jugendliche zur täglichen Energie- und Nährstoffaufnahme in der Tabelle mit den tatsächlichen Durchschnittswerten.

Besondere Ernährungsformen

Ergebnisse:

→ Künstliche Ernährung

Manche Patienten müssen künstlich ernährt werden. Die Versorgung erfolgt über Schläuche von einem halben Zentimeter Durchmesser, die die Ärzte durch die Bauchdecke direkt bis in den Magen oder in den Darm legen. Daneben besteht die Möglichkeit, Infusionslösung über Kanülen direkt ins Blut zu bringen. Bei der künstlichen Ernährung dienen Traubenzucker (Glucose) und Fett-Emulsionen als Energiequellen.

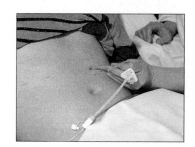

→ Vegetarier – fleischlos glücklich?

Vegetarier verzichten bewusst auf Fleisch und Fisch. Ovo-Lacto-Vegetarier ernähren sich vorwiegend von pflanzlicher Kost, essen aber auch Eier und Milchprodukte. Wissenschaftliche Studien bescheinigen ihnen eine höhere Lebenserwartung. Wer jedoch wie die Veganer auch auf Eier und Milchprodukte verzichtet, muss mit Mangelerscheinungen durch eine Unterversorgung mit Eisen, Calcium und Vitamin B12 rechnen.

→ Sportlernahrung – durch pflanzliche Stärke zu tierischer Kraft

Sowohl Sportler als auch Bewegungsmuffel sollten den größten Teil ihres Energiebedarfs durch Kohlenhydrate decken. Kohlenhydrate sind in Form von Stärke in pflanzlichen Nahrungsmitteln wie Nudeln, Kartoffeln und Brot enthalten. Im Körper werden die Kohlenhydrate umgewandelt und in Muskeln und in der Leber gespeichert. Aus diesen Kohlenhydrat-Speichern können die Muskeln dann schnell Energie gewinnen. Wer sich allerdings beim Krafttraining müht, der sollte eiweißreiche Kost zu sich nehmen, denn mehr Muskeln baut man nur durch zusätzliche Eiweißzufuhr auf.

→ Der Jo-Jo-Effekt

Viele Übergewichtige versuchen, ihr Körpergewicht durch Diäten zu verringern. Die meisten Diäten sind jedoch einseitig und führen nur zu kurzfristigen Erfolgen. Im Gegenteil: Häufig kommt es nach einer Blitzdiät wieder zu einem Gewichtsanstieg. Die Folge ist ein erneuter Diätversuch. Das ständige Auf und Ab des Körpergewichts, der Jo-Jo-Effekt, hat schließlich Stoffwechselstörungen und Herz/Kreislauf-Erkrankungen zur Folge. Das Ziel einer dauerhaft erfolgreichen Diät kann also nur in der langfristigen Veränderung des Essverhaltens liegen.

→ Diätformen

Bei *energiereduzierten Diäten* wird auf eine ausgewogene Mischkost mit verringertem Kaloriengehalt geachtet (*Beispiel:* FdH-Diät). Eine längerfristige Gewichtsabnahme ist wegen des verbesserten Ernährungsverhaltens möglich.
Bei Diäten mit extremem *Nährstoffverhältnis* ist die Nährstoffverteilung einseitig. So werden entweder nur Eiweiße oder nur Kohlenhydrate oder eine Kombination beider Nährstoffe aufgenommen (*Beispiele:* Kartoffel-Diät, Quark-Diät). Diese Diäten zeigen nur geringe Langzeiterfolge und können zu Mangelernährung führen.
Bei einer *Nulldiät* lassen sich durch totales Fasten zwar rasche Erfolge erzielen. Eine Langzeitwirkung ist jedoch nicht zu erwarten.

→ Astronautennahrung

Unter den Bedingungen der Schwerelosigkeit wird die Verdauung zum Problem. Astronauten erhalten daher eine Nahrung, die besonders leicht verdaulich ist. Magen und Darm werden so entlastet. Der Proviant für Reisen ins All ist jedoch nichts für Feinschmecker. Die zu einem einheitlichen Brei verarbeitete Kost wird in Tuben und kleinen Plastikbeuteln verpackt und erinnert kaum an ein schmackhaftes Mahl. Astronauten haben überdies mit einem weiteren Problem zu kämpfen: Längerer Aufenthalt in der Schwerelosigkeit macht die Geschmacksknospen der Zunge unempfindlicher, sodass auch gut gewürzte Speisen eintönig schmecken.

2.3 Fette – chemisch betrachtet

In Suppen schwimmen die Fettaugen stets oben, sie vermischen sich nicht mit dem Wasser. Zwei wichtige Eigenschaften von Fetten lassen sich aus dieser Beobachtung erschließen: Fette besitzen eine geringere Dichte als Wasser und sie sind wasserunlöslich (hydrophob). In Heptan, einem unpolaren Lösungsmittel, lösen sie sich hingegen gut. Fett-Moleküle müssen also unpolar sein.

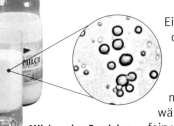

Fettbrände sind gefährlich!

Ein Blick auf das Verpackungsetikett zeigt, dass auch Milch Fett enthält. Unter dem Mikroskop erkennt man gut die kleinen Fetttröpfchen in der wässerigen Flüssigkeit. Die fein verteilten Fetttropfen und das Wasser bilden eine *Emulsion*. Emulsionen entmischen sich jedoch wieder. Bei der Milch verhindern Eiweiß-Moleküle die Entmischung. Solche Stoffe nennt man **Emulgatoren**. Die Eiweiß-Moleküle umhüllen die kleinen Fetttröpfchen und wirken so als Vermittler zwischen den unpolaren Fetttröpfchen und dem polaren Wasser.

Milch – eine Emulsion aus Fett und Wasser

Fette und Öle. Nahrungsfette unterscheiden sich in der Konsistenz. Manche sind bei Raumtemperatur fest, andere streichbar, viele sind flüssig. Flüssige Fette werden als *Öle* bezeichnet. Fette eignen sich gut zum Garen von Speisen, weil man so höhere Temperaturen erreichen kann als mit Wasser. Oberhalb von 300 °C können sich Fette jedoch an der Luft selbst entzünden. Fettbrände dürfen keinesfalls mit Wasser gelöscht werden, denn das Wasser sinkt wegen seiner höheren Dichte im Öl ab und verdampft dann sofort. Brennendes Fett wird nach allen Seiten geschleudert. Fettbrände löscht man daher durch Abdecken.

Bau eines Fett-Moleküls. Fett-Moleküle bilden sich bei der Reaktion des dreiwertigen Alkohols Glycerin mit Fettsäuren. Fette gehören also zur Stoffklasse der *Ester*. Ein Glycerin-Molekül kann mit drei gleichartigen Fettsäure-Molekülen verestert sein. Häufiger sind jedoch Fett-Moleküle mit zwei oder drei verschiedenen Fettsäure-Resten. Fette sind also Gemische verschiedener Glycerinester.

Wie jede Veresterung ist die Bildung von Fetten eine Substitutionsreaktion. Weil dabei Wasser-Moleküle abgespalten werden, spricht man von einer Kondensation. Behandelt man Fette mit heißem Wasserdampf, so bilden sich wieder Glycerin und Fettsäuren. Eine solche Molekülspaltung durch eine Reaktion mit Wasser bezeichnet man als *Hydrolyse*.
Fette können auch durch Kochen mit Natronlauge zerlegt werden. Hierbei entstehen neben Glycerin die Natrium-Salze der Fettsäuren, die Seifen. Die Fettspaltung mit Laugen bezeichnet man daher auch als *Verseifung*.

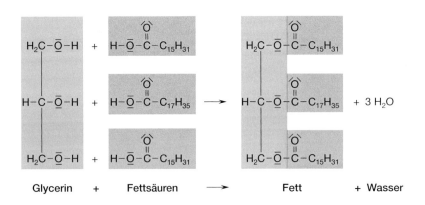

Glycerin + Fettsäuren ⟶ Fett + Wasser

Bildung eines Fett-Moleküls

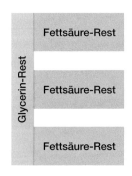

Fett-Molekül, schematisch

Fettsäuren. Die in Fetten gebundenen Fettsäuren sind meist langkettig und enthalten stets eine gerade Anzahl an Kohlenstoff-Atomen. Besonders häufig sind die *Palmitinsäure* mit 16 C-Atomen und die *Stearinsäure* mit 18 C-Atomen im Molekül. Diese **gesättigten Fettsäuren** sind bei Raumtemperatur fest. Daneben treten in Fetten auch **ungesättigte Fettsäuren** auf. Ihre Moleküle enthalten eine oder mehrere C=C-Zweifachbindungen. Die *Ölsäure* ist eine einfach ungesättigte Fettsäure, die *Linolsäure* gehört zu den mehrfach ungesättigten Fettsäuren.

Eigenschaften der Fette. Die in der Natur vorkommenden Fette sind keine Reinstoffe, sondern stets Gemische verschiedener Ester, die sich in den Fettsäure-Resten unterscheiden. Fette haben daher keine bestimmte Schmelztemperatur, sondern einen Schmelzbereich.
Fette mit gesättigten Fettsäure-Resten, wie Palmitinsäure oder Stearinsäure, sind bei Raumtemperatur fest.
Öle enthalten dagegen ungesättigte Fettsäure-Reste. Bei einer ungesättigten Fettsäure liegen die C=C-Zweifachbindungen in cis-Anordnung vor. Die Kohlenwasserstoff-Kette ist dadurch geknickt und ragt aus der Molekülebene heraus. Die Moleküle ungesättigter Fette können sich nicht so dicht zusammenlagern wie die Moleküle gesättigter Fette. Die VAN-DER-WAALS-Bindungen sind daher bei ungesättigten Fettmolekülen schwächer: Öle sind deshalb bei Raumtemperatur flüssig.

Die C=C-Zweifachbindungen in ungesättigten Verbindungen können durch Addition von Brom oder Iod nachgewiesen werden. In der Lebensmittelchemie gibt man durch die *Iodzahl* an, wie viel Gramm Iod von 100 Gramm eines Fettes gebunden werden.

> Fette sind Glycerinester, die bei der Reaktion von Glycerin mit Fettsäuren entstehen. Die Fettsäure-Reste können gesättigt oder ungesättigt sein. Die Konsistenz der Fette wird durch die Fettsäure-Reste bestimmt.

1 Erkläre folgende Begriffe: Kondensation, Hydrolyse, Emulgator, Verseifung, ungesättigte Fettsäuren.
2 Warum werden Fette zur Stoffklasse der Ester gezählt?
3 Glycerin reagiert mit einem Gemisch aus Stearinsäure und Linolsäure.
a) Formuliere eine Reaktionsgleichung.
b) Wie viele verschiedene Produkte können entstehen?
4 Kocht man Fett mit Natronlauge, so entstehen wasserlösliche Stoffe. Formuliere die Reaktionsgleichung und benenne die Produkte.

Fettsäuren	Beispiele	Vorkommen
gesättigt	Stearinsäure $C_{17}H_{35}COOH$	in allen Nahrungsfetten
ungesättigt, mit 1 C=C-Zweifachbindung	Ölsäure $C_{17}H_{33}COOH$	Olivenöl, Margarine
ungesättigt, mit 2 C=C-Zweifachbindungen	Linolsäure $C_{17}H_{31}COOH$	Maiskeimöl, Sojaöl
ungesättigt, mit 3 C=C-Zweifachbindungen	Linolensäure $C_{17}H_{29}COOH$	Leinöl

Vorkommen einiger Fettsäuren

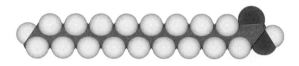

Stearinsäure

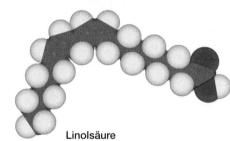

Linolsäure

Gesättigte und ungesättigte Fettsäuren

Ungesättigtes Fett

2.4 Fette in unserer Nahrung

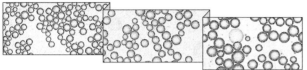

Fettzellen wachsen mit dem Körpergewicht

Unser Gesamtenergiebedarf sollte zu 31 % durch Fette gedeckt werden. Überschüssige Fette werden in den Zellen des Fettgewebes als Depot angelegt. Sie bilden eine wichtige Energiereserve.

Das Fettgewebe schützt daneben empfindliche Organe wie Augen und Nieren vor Druck und Stoß. Fette sorgen außerdem für die Aufnahme der fettlöslichen Vitamine A, D, E und K im Darm. Daneben sind sie Träger von Geschmacksstoffen; bereits eine geringe Menge Fett verbessert den Geschmack von Speisen.

Gute Fette – böse Fette. Die Qualität eines Fettes wird im Wesentlichen von den Fettsäure-Resten bestimmt: Fette mit *gesättigten Fettsäure-Resten* sind weniger wertvoll. Sie kommen vor allem in tierischen Fetten vor und können bei übermäßiger Aufnahme zu einem erhöhten Risiko von Herz/Kreislauf-Erkrankungen beitragen.

Eine hohe Qualität besitzen dagegen Fette mit *ungesättigten Fettsäure-Resten*. Ungesättigte Fettsäuren kommen vor allem in Pflanzenölen vor. Mehrfach ungesättigte Fettsäuren sind sogar lebensnotwendig. Der Mensch kann sie nicht selbst synthetisieren und muss sie daher mit der Nahrung aufnehmen.

Eine besondere Gruppe mehrfach ungesättigter Fettsäuren sind die Omega-3-Fettsäuren. Sie kommen vor allem in Fischölen vor. Merkmal dieser Fettsäuren ist eine C=C-Zweifachbindung zwischen dem dritten und vierten C-Atom vom Molekülende her gesehen. Omega-3-Fettsäuren sollen die Blutgerinnung hemmen und so vor Gefäßverschlüssen schützen. Manche Lebensmittel werden mit solchen Fettsäuren angereichert.

| | Fettsäure-Reste in % | | |
	gesättigt	einfach ungesättigt	mehrfach ungesättigt
Distelöl	10	14	76
Sonnenblumenöl	11	25	64
Sojaöl	13	23	64
Erdnussöl	16	56	28
Olivenöl	14	77	9
Margarine	20	47	33
Kokosfett	91	7	2
Schweineschmalz	42	48	10
Butter	65	31	4

Fettsäure-Reste einiger Nahrungsfette

Fetthärtung. Für die Herstellung von Backfetten und Margarine werden flüssige Fette gezielt gehärtet: Wasserstoff wird an die C=C-Zweifachbindungen der ungesättigten Fettsäure-Reste angelagert, sodass gesättigte Fettsäure-Reste entstehen.

> Fette sind unsere energiereichsten Nährstoffe. Sie werden als Depotfette gespeichert, schützen Organe gegen Druck und Stoß und sind Träger fettlöslicher Vitamine.

1 Nenne die wesentlichen Aufgaben von Nahrungsfetten.
2 Vergleiche Butter, Margarine und Olivenöl im Hinblick auf ihren Anteil an den jeweiligen Fettsäure-Resten. Welches Fett ist als Nahrungsfett optimal?
3 **a)** Erkläre das Prinzip der Fetthärtung. Warum verändert sich der Schmelzbereich des Fettes?
b) Welcher Reaktionstyp liegt vor?

👎 Gehärtete Fette meiden

Gehärtete Fette finden sich in Pommes frites, Chips, Keksen, Fertiggerichten und Nuss-Nougat-Cremes.

👍 Ungesättigte Fettsäuren bevorzugen

Olivenöl, Avocados und Geflügel sind reich an ungesättigten Fettsäuren. Omega-3-Fettsäuren finden sich in Fischen, Walnüssen und Blattgemüse.

Auf versteckte Fette achten!

Fette findet man nicht nur in Streichfetten und Ölen, sondern auch in Wurst, Fleisch, Käse oder Süßwaren.

Ernährungstipps: Fette

Von der Kakaobohne zur Schokolade

Der Weg von der Kakaobohne zur Schokolade beginnt mit der Ernte der Kakaofrüchte im tropischen Regenwald. Die Früchte enthalten 20 bis 40 mandelförmige Bohnen, die in das Fruchtfleisch eingebettet sind. Nach der Ernte werden die Früchte zerkleinert und in dicken Lagen an der Luft übereinandergeschichtet. In zehn Tagen ist das Fruchtfleisch vergoren und die Kakaobohnen erhalten ihre typische braune Farbe.

Die Kakaobohnen werden nun bei 150 °C geröstet. Hierdurch kommen Aroma und Farbe der Bohnen endgültig zur Entfaltung. Anschließend werden die Kakaobohnen gebrochen und zur Kakaomasse zermahlen. Durch Pressen bei hohem Druck erhält man goldgelbes, klares Kakaofett, die Kakaobutter.

Neben der Kakaomasse gehören Milch oder Sahne, Kakaobutter, Zucker sowie Gewürze zu den Grundzutaten einer Schokolade. Durch maschinelles Mischen und Kneten erhält man die Schokoladengrundmasse.

Für feine Schokoladen muss diese Masse noch veredelt werden. Dies geschieht durch stundenlanges Verreiben, Rühren und Kneten, die Fachleute sprechen von *Conchieren*. Dauer und Sorgfalt dieses Vorgangs haben großen Einfluss auf Qualität und Preis der Schokolade.

1 Erstelle ein Fließschema, das die verschiedenen Arbeitsabläufe von der Kakaobohne bis zur fertigen Schokolade darstellt.

Schokolade: gute Seiten – schlechte Seiten

„Schokolade macht glücklich." Als Mittel gegen den kleinen Frust greifen wir schon mal gern zu Schokoriegeln und anderen Schokoladenprodukten. Verantwortlich sind hierfür der Zucker und der Duftstoff Phenylethylamin, der beruhigend wirkt. Doch der Genuss von Schokolade hat auch eine Schattenseite: 100 g Schokolade haben einen durchschnittlichen Energiegehalt von 2300 kJ. Um diese Energie zu verbrauchen, müsste man schon eine Stunde schwimmen. Daher gilt für die Schokolade: Allzu viel ist ungesund.

Vollmilch-Schokolade muss nach den gesetzlichen Regelungen mindestens 30 % Kakaobestandteile und 18 % Milchtrockenmasse enthalten. Der Zuckeranteil liegt bei 55 %. Durch die hohen Anteile an Milch und Zucker ist Vollmilch-Schokolade besonders bei Kindern beliebt.

Weiße Schokolade enthält nur Kakaobutter, aber keine sonstigen Kakaobestandteile. Die gelblich-weiße Farbe rührt von der Kakaobutter her.

Halbbitter-Schokolade hat einen Kakaogehalt von mindestens 50 %. Wegen des hohen Kakaogehalts und des geringeren Energiegehalts ist sie Vollmilch-Schokolade vorzuziehen.

Diabetiker-Schokolade enthält statt des normalen Haushaltszuckers Zuckeraustauschstoffe und künstliche Süßstoffe. Sie ist damit besonders für Zuckerkranke (Diabetiker) geeignet. Als Diät-Schokolade ist sie ungeeignet, da ihr Energiegehalt unverändert hoch ist.

Luft-Schokolade besitzt eine schaumartige Struktur, die durch Einblasen von Luft in die Schokoladenmasse entsteht.

Der Olivenbaum gehört zu den ältesten Kulturpflanzen der Menschheit. Bereits vor 6000 Jahren begann seine Kultivierung in Syrien. Da der Olivenbaum zu den Tiefwurzlern gehört, wächst er auch in eher trockenen Gegenden. Seit etwa 3000 v. Chr. wird der Olivenbaum, der auch als Ölbaum bezeichnet wird, in Europa angepflanzt. Olivenbäume können bis zu 1000 Jahre alt werden.

Im reifen Zustand sind die Früchte des Olivenbaumes schwarzviolett gefärbt. Die Ernte eines Baumes beträgt etwa 20 kg. Oliven werden entweder in Salzwasser eingelegt oder zur Gewinnung von Olivenöl verwendet. Aus 20 kg Oliven erhält man dabei maximal drei bis vier Liter Öl.

Arbeitsaufträge: Recherchiert im Internet und in der Bücherei zu folgenden Themen und tragt eure Ergebnisse in Form von Kurzreferaten vor:

- wirtschaftliche Aspekte des Olivenöls (wesentliche Produktionsländer in der EU, Produktionsvolumen)
- Ernte der Oliven (Zeitpunkt, Ertrag, Methoden)
- allgemeine Methoden der Ölgewinnung (Pressung, Zentrifugation, Extraktion)
- Verwendung von Olivenöl in der Küche (Umgang mit Olivenöl, Haltbarkeit)
- gesundheitliche Aspekte (ungesättigte Fettsäuren, Cholesterin, „Mittelmeerküche")
- chemische Zusammensetzung im Vergleich zu anderen Speiseölen
- Olivenölskandale

V1: Gewinnung von Olivenöl

Materialien: Reibschale, Stopfen, Tropfpipette, Uhrglas, Filtrierpapier; Oliven (in Salzlake), Heptan (F, Xn, N; B3).

Durchführung:
1. Entkerne zwei Oliven und zerquetsche das Fruchtfleisch.
2. Gib das Fruchtfleisch in ein Reagenzglas, füge etwa 5 ml Heptan hinzu, setze den Stopfen auf und schüttle.
3. Führe die **Fettfleckprobe** durch: Bringe dazu einen Tropfen der überstehenden Lösung auf Filtrierpapier.
4. Lasse etwas Lösung auf dem Uhrglas unter dem Abzug verdunsten.

Aufgabe: Notiere deine Beobachtungen.

V2: Nachweis von Kohlenstoff und Wasserstoff in Olivenöl

Materialien: 2 Bechergläser (100 ml), Tropfpipette, Siedesteinchen, Gasbrenner; Olivenöl, Kalkwasser.

Durchführung:
1. Gib 5 ml Olivenöl und einige Siedesteinchen in ein Reagenzglas, spanne es an einem Stativ ein und erhitze das Öl vorsichtig bis zum Sieden.
2. Entzünde die austretenden Dämpfe.
3. Halte ein trockenes Becherglas mit der Öffnung nach unten über die Flamme.
4. Wiederhole Arbeitsschritt 3 mit einem mit Kalkwasser ausgespülten Becherglas.

Aufgabe: Notiere und deute deine Beobachtungen.

V3: Emulgieren von Olivenöl

Materialien: Tropfpipetten, Stopfen; Olivenöl, Eigelb, Seifenlösung.

Durchführung:
1. Fülle drei Reagenzgläser jeweils mit 2 ml Olivenöl.
2. Gib in das erste Reagenzglas 10 ml Wasser, in das zweite Reagenzglas 10 ml Seifenlösung und in das letzte Reagenzglas 10 ml Wasser mit etwas Eigelb.
3. Verschließe die Reagenzgläser und schüttle sie kräftig.

Aufgabe: Erkläre deine Beobachtungen.

V4: Alterung von Olivenöl

Materialien: Bürette, 2 Bechergläser; Kaliumhydroxid-Lösung (0,1 $\frac{mol}{l}$; Xi), Phenolphthalein-Lösung (F), einige Monate altes Olivenöl, frisches Olivenöl.

Durchführung:

1. Gib etwas altes Olivenöl in ein Becherglas mit heißem Wasser.
2. Füge einige Tropfen Phenolphthalein-Lösung hinzu.
3. Gib unter ständigem Schwenken des Becherglases aus der Bürette Kaliumhydroxid-Lösung hinzu, bis sich der Indikator rosa färbt. Notiere den Verbrauch an Kaliumhydroxid-Lösung.
4. Wiederhole den Versuch mit frischem Olivenöl.

Aufgabe: Beschreibe und deute deine Beobachtungen.

Hinweis: Beim Altern von Fetten und Ölen werden die Esterbindungen unter dem Einfluss von Licht und Feuchtigkeit hydrolytisch gespalten.

V5: Nachweis von ungesättigten Fettsäuren

Materialien: Waage, Messzylinder (25 ml), Tropfpipette; Olivenöl, Stearinsäure, Heptan (F, Xn, N), Brom-Lösung (frisch zubereitet aus 1 ml Brom in 200 ml Heptan; F, Xn, N).

Durchführung:

1. Löse in je einem Reagenzglas 1 ml Olivenöl bzw. 1 g Stearinsäure in 10 ml Heptan.
2. Tropfe zu beiden Ansätzen Brom-Lösung, bis keine Entfärbung mehr eintritt.

Aufgaben:

a) Notiere und deute deine Beobachtungen.
b) Formuliere die Reaktionsgleichung für die Reaktion von Ölsäure mit Brom.

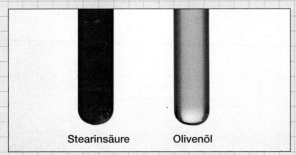

Nachweis ungesättigter Fettsäuren mit Brom-Lösung

Güteklassen von Olivenöl

Als Folge eines Skandals mit verunreinigtem Olivenöl wurden 1990 von der EU verbindliche Qualitätsnormen festgesetzt:

1. Güteklasse: Natives Olivenöl extra (olio extra virgine). Es wird durch sanfte Pressung gewonnen. Sein Anteil an freien Fettsäuren darf höchstens ein Gramm pro 100 Gramm Öl betragen.

2. Güteklasse: Natives Olivenöl. Natives Öl wird stärker gepresst, sein Anteil an freien Fettsäuren darf zwei Gramm auf 100 Gramm Öl nicht überschreiten.

3. Güteklasse: Olivenöl. Dieses Öl wird mit chemischen Lösungsmitteln aus den schon gepressten Oliven extrahiert. Zur Geschmacksverbesserung und natürlichen Farbgebung wird oftmals natives Olivenöl beigemischt.

Experimentelle Hausaufgabe:
Herstellung von Margarine

Materialien: kleiner Kochtopf, Messbecher, Waage, Rührlöffel;
Frittierfett, Olivenöl, Dickmilch, Eigelb, Eiswasser, Salz.

Durchführung:

1. Schmilz 200 g Frittierfett im Kochtopf.
2. Füge 50 g Olivenöl hinzu.
3. Gib nach dem Abkühlen des Gemisches unter ständigem Rühren 45 ml Eiswasser, 20 ml Dickmilch, ein Eigelb sowie eine Messerspitze Kochsalz hinzu.
4. Rühre anschließend so lange, bis die Masse fest ist.

Aufgabe: Notiere deine Beobachtungen.

Suche:

Schlank = Gesund?

Ergebnisse:

→ **Vom Normalgewicht zum Body-Mass-Index**

Ein gestörtes Essverhalten kann zu Untergewicht oder Übergewicht führen. Zur Berechnung des idealen Körpergewichts wurde eine Vielzahl von Methoden entwickelt.

Als *Normalgewicht* galt lange Zeit:

Normalgewicht in kg = Körpergröße in cm – 100.

Der bei Frauen und Männern unterschiedliche Muskelanteil wurde dabei jedoch nicht berücksichtigt.
Zur Ermittlung des Idealgewichts wurden daher bei Männern zusätzlich 15 % und bei Frauen 10 % vom Normalgewicht abgezogen.

Heute bezieht man sich auf den *Body-Mass-Index (BMI)*.

$$BMI = \frac{\text{Körpergewicht in kg}}{(\text{Körpergröße in m})^2}$$

Ein BMI von 20 bis 25 ist normal. Ein BMI von 22 soll die höchste Lebenserwartung gewährleisten.

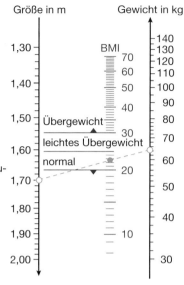

→ **Die Körperfettwaage – eine ideale Waage**

Fettpolster sind eine wichtige Reserve für Notzeiten, zu viel davon ist jedoch gefährlich. Das Risiko für Herzerkrankungen, Schlaganfall, Diabetes und Krebs wächst.
Für die Gesundheit ist es nicht so entscheidend, wie viel man wiegt, sondern wie hoch der Anteil an Körperfett ist. Der Anteil von Fett- und Muskelgewebe kann bei zwei Menschen mit gleichem Gesamtgewicht deutlich variieren.
Mit einer Körperfettwaage lässt sich der Fettanteil bestimmen. Dazu stellt man sich mit bloßen Füßen auf die Waage, die über Elektroden den elektrischen Widerstand des Körpers misst. Da Fett im Gegensatz zu den Elektrolyten im Körper den Strom nicht leitet, ergibt sich je nach Verhältnis zwischen Fett und Wasser ein spezifischer Wert. Der Körperfettanteil sollte zwischen 14 % und 23 % liegen.

→ **Cholesterin – Fluch oder Segen?**

Pressemeldungen weisen häufig auf den Zusammenhang zwischen dem Blutfett Cholesterin und einem erhöhten Risiko für Herzinfarkte hin. Wie erklären sich diese Meldungen?
Cholesterin ist am Aufbau der Zellwände und an der Synthese von Hormonen beteiligt. Im menschlichen Körper wird Cholesterin in ausreichenden Mengen gebildet. Wir nehmen es aber auch mit der Nahrung auf: Cholesterin kommt als Fettbegleitstoff in tierischen Nahrungsmitteln vor. Innereien und Eier enthalten besonders viel Cholesterin. Eine zu fette Ernährung, die zudem viele versteckte tierische Fette enthält, lässt den Cholesterin-Spiegel im Blut ansteigen. Überschüssiges Cholesterin kann sich an den Gefäßwänden ablagern und dadurch den Blutdurchfluss erschweren. Eine Arterienverkalkung kann dann zum Herzinfarkt oder Schlaganfall führen.
Wer cholesterinbewusst leben will, sollte pflanzliche Fette mit einem hohen Anteil ungesättigter Fettsäuren bevorzugen. Eine ballaststoffreiche Ernährung und sportliche Betätigung helfen, einen erhöhten Cholesterin-Spiegel zu senken.

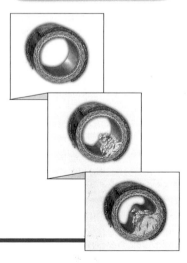

Aufgaben

1 Ermittle dein persönliches Idealgewicht und deinen Body-Mass-Index BMI.

2 Warum stellt die Körperfettwaage eine ideale Waage dar?

3 Beurteile die Bedeutung von Cholesterin für die menschliche Gesundheit.

4 Wie lässt sich ein erhöhter Cholesterin-Spiegel im Blut vermeiden?

Größe in m — Gewicht in kg

1,30 — BMI 70 — 140 / 130 / 120
— 60
1,40 — 50 — 110 / 100
— 40 — 90
1,50 — Übergewicht — 80
— 30 — 70
1,60 — leichtes Übergewicht
— normal — 60
1,70 — 20 — 50
1,80 — 40
1,90 — 10
2,00 — 30

2.5 Kohlenhydrate in unserer Nahrung

Mit unserer Nahrung nehmen wir unterschiedliche Kohlenhydrate auf. Während Kartoffeln, Nudeln und Brot viel Stärke enthalten, findet sich in Süßwaren überwiegend Rohrzucker. Im Körper werden die unterschiedlichen Kohlenhydrate in Glucose umgewandelt. Glucose wird dann in einer exothermen Reaktion zu Wasser und Kohlenstoffdioxid oxidiert. Kohlenhydrate sind daher für unseren Körper wesentliche Energielieferanten.

Eine wichtige Ausnahme bilden die Ballaststoffe. Sie enthalten den unverdaulichen Vielfachzucker Cellulose. Ballaststoffe bewirken jedoch im Magen ein Sättigungsgefühl und verhindern so indirekt eine zu große Energiezufuhr über die Nahrung. Im Darm quellen die Ballaststoffe auf und führen zu einer verstärkten Darmtätigkeit.

Kohlenhydrathaltige Nahrungsmittel

Kohlenhydratbedarf. Der Mensch sollte 52 % seines Energiebedarfs durch Kohlenhydrate decken. Tatsächlich beträgt dieser Anteil meist nur etwa 40 %. Wir nehmen mit der Nahrung jedoch nicht nur zu wenig, sondern häufig auch die falschen Kohlenhydrate zu uns: Aus Rohrzucker oder Honig gelangt die Glucose deutlich schneller ins Blut als aus Stärke. Steigt aber der Glucose-Spiegel im Blut zu sehr an, so wird das Hormon Insulin ausgeschüttet, um den Blutzucker-Spiegel zu senken. Ein sinkender Blutzucker-Spiegel ist jedoch wiederum ein Hungersignal. Der Verzehr von stärkehaltigen Lebensmitteln muss daher an erster Stelle stehen. Dafür sollten wir die Aufnahme von Zucker reduzieren, indem wir weniger Süßigkeiten essen. Wer zu viel Zucker isst, hat bald ein Gewichtsproblem. Außerdem fördert Zucker die Bildung von Karies.

Die täglich aufgenommene Menge an Ballaststoffen ist im Gegensatz zur Zuckermenge oft zu niedrig.

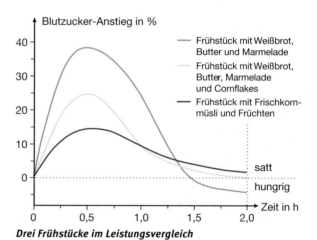

Drei Frühstücke im Leistungsvergleich

> Kohlenhydrate wie Stärke oder Zucker sind wichtige Energielieferanten. Cellulose ist ein unverdaulicher Ballaststoff. Mit der Nahrung sollten wir mehr stärkehaltige Lebensmittel und Ballaststoffe, aber weniger Zucker zu uns nehmen.

1 Nenne verschiedene stärkehaltige Lebensmittel und begründe, warum diese besser sättigen als Süßigkeiten.
2 Warum sollten wir mit der Nahrung mehr Ballaststoffe zu uns nehmen?
3 Erkläre den Zusammenhang zwischen Sättigungsgefühl und Blutzucker-Spiegel.
4 Welche Produkte entstehen im Körper bei der Oxidation von Glucose? Formuliere die Reaktionsgleichung.
5 Vergleiche die drei Kurven aus der mittleren Abbildung. Welches Frühstück ist ideal?

Mehr Stärke und Ballaststoffe essen　　**Weniger Zucker essen**

Vollkornbrot, Naturreis und Müsli enthalten viel Stärke, Ballaststoffe und Mineralien. Ideal sind auch Kohlenhydrate aus Erbsen und Bohnen.
Der Blutzucker-Spiegel bleibt lange konstant, man bleibt lange satt.

Süßigkeiten, Kuchen und Cola-Getränke sollte man nur maßvoll genießen.
Der enthaltene Zucker liefert zwar Energie, aber keine Mineralien und keine Vitamine.
Er fördert Übergewicht und Karies.

Ernährungstipps: Kohlenhydrate

2.6 Kohlenhydrate – chemisch betrachtet

Zucker, Stärke und Cellulose gehören zur Stoffklasse der **Kohlenhydrate.** Sie werden von den Pflanzen mithilfe des Sonnenlichts aus Kohlenstoffdioxid und Wasser aufgebaut. Dieser Vorgang wird als *Photosynthese* bezeichnet. Für Menschen und Tiere sind Kohlenhydrate wichtige Nährstoffe und Ballaststoffe. Die Bezeichnung Kohlenhydrate lässt sich mit der allgemeinen Molekülformel erklären: $C_n(H_2O)_m$. Es handelt sich also um Kohlenstoff-Verbindungen, die Wasserstoff-Atome und Sauerstoff-Atome im Zahlenverhältnis 2 : 1 enthalten.

Kohlenhydrate, die aus kleinen Molekülen bestehen, gehören zur Gruppe der *Einfachzucker* **(Monosaccharide).** Durch Verknüpfung zweier solcher Moleküle entstehen *Zweifachzucker* **(Disaccharide).** Die Moleküle der *Vielfachzucker* **(Polysaccharide)** bestehen aus zahlreichen Monosaccharid-Bausteinen. *Stärke* und *Cellulose* sind die wichtigsten Vertreter der Vielfachzucker.

Einfachzucker. Zu den Einfachzuckern zählen *Glucose* (Traubenzucker) und *Fructose* (Fruchtzucker). Glucose und Fructose sind Isomere mit der Molekülformel $C_6H_{12}O_6$. Glucose-Moleküle liegen als sechsgliedrige Ringe aus fünf Kohlenstoff-Atomen und einem Sauerstoff-Atom vor. Fructose-Moleküle bilden meist fünfgliedrige Ringe.

Zweifachzucker. Der Haushaltszucker *Saccharose* (Rohrzucker) ist ein Zweifachzucker. Das Molekül entsteht durch die Verknüpfung eines Glucose-Moleküls mit einem Fructose-Molekül. Dabei wird ein Wasser-Molekül frei. Im Saccharose-Molekül liegt der Fructose-Rest als Fünfring vor.
Ein weiteres Beispiel für einen Zweifachzucker ist die *Maltose.* Maltose-Moleküle entstehen durch die Verknüpfung von zwei Glucose-Molekülen.

Eigenschaften der Zucker. Die zahlreichen OH-Gruppen der Zucker-Moleküle bestimmen wesentlich die Eigenschaften der Zucker. So ist die gute Wasserlöslichkeit auf die Bildung von Wasserstoffbrücken zwischen Zucker-Molekülen und Wasser-Molekülen zurückzuführen. Die hohen Schmelztemperaturen der Zucker beruhen auf Wasserstoffbrückenbindungen zwischen den Zucker-Molekülen. Die Wasserstoffbrückenbindungen sind insgesamt etwa so stark wie die Bindungskräfte innerhalb eines Moleküls. Daher zersetzen sich Zucker beim Schmelzen. In der Nahrungszubereitung nutzt man diesen Vorgang, den man auch als *Karamelisieren* bezeichnet, um einen besonderen Geschmack und eine braune Farbe zu erzielen.

Steckbrief: Einfachzucker Glucose und Fructose

Vorkommen und Bedeutung:
Glucose (Traubenzucker) und Fructose (Fruchtzucker) kommen in zahlreichen Pflanzensäften, süßen Früchten und im Honig vor.
Glucose wird vom menschlichen Organismus schnell zur Energiegewinnung aufgenommen.
Im Krankenhaus wird Glucose daher als Energiequelle intravenös verabreicht. Bei der Zuckerkrankheit ist die Blutzucker-Konzentration deutlich erhöht.
Fructose hat eine höhere Süßkraft als Glucose, ohne dabei den Blutzucker-Spiegel wesentlich zu beeinflussen. Zuckerkranke benutzen daher Fructose als Zuckeraustauschstoff.

Eigenschaften und Struktur:
Glucose und Fructose sind kristalline Stoffe. Aufgrund von polaren OH-Gruppen lösen sich Glucose und Fructose gut in Wasser, in unpolaren Lösungsmitteln sind sie schwer löslich.

Molekülformel: $C_6H_{12}O_6$

Strukturformeln:

Steckbrief: Zweifachzucker Saccharose

Vorkommen und Bedeutung:
Saccharose (Rohrzucker) ist in Zuckerrüben sowie im Zuckerrohr enthalten und kommt als Haushaltszucker in den Handel.
Haushaltszucker wird zum Süßen verwendet und ist Bestandteil von Backwaren, Schokoladen und Limonaden. Daneben dient er als Konservierungsmittel.

Molekülformel: $C_{12}H_{22}O_{11}$

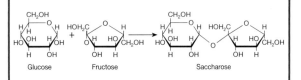

Glucose   Fructose   Saccharose

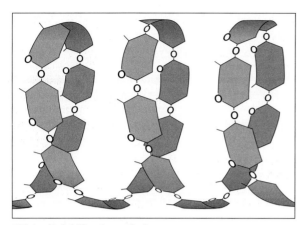

Stärke-Molekül, schematisch

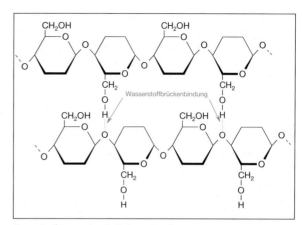

Ausschnitt aus der Cellulose-Struktur

Stärke. Der Vielfachzucker Stärke wird von vielen Pflanzen als Reservestoff genutzt. Für die menschliche Ernährung ist Stärke das wichtigste Kohlenhydrat. Zu den stärkereichen Nahrungsmitteln gehören vor allem Kartoffeln und Getreideprodukte.

Stärke ist keine einheitliche Substanz. Sie lässt sich durch heißes Wasser in zwei Anteile zerlegen: in die wasserlösliche Amylose und das wasserunlösliche Amylopektin.
Amylose hat einen Anteil von etwa 20 % an der Stärke. Die Moleküle bestehen aus bis zu 6000 Glucose-Einheiten, die zu einer spiralförmigen Kette gewunden sind. Die verzweigten Moleküle des *Amylopektins* sind aus bis zu einer Million Glucose-Einheiten aufgebaut.

Gibt man Iod-Lösung auf ein Brötchen, so entsteht eine tiefblaue Färbung. Diese *Iod/Stärke-Reaktion* dient sowohl zum Nachweis von Stärke als auch zum Nachweis von Iod. Ursache der Blaufärbung ist die Einlagerung von Iod-Molekülen ins Innere der spiralförmigen Amylose-Moleküle. Reines Amylopektin ergibt mit Iod eine rotbraune Färbung.

Cellulose. Der Vielfachzucker Cellulose ist die wesentliche Bau- und Stützsubstanz in pflanzlichen Zellwänden. Cellulose ist die mengenmäßig wichtigste organische Verbindung auf der Erde. So bilden Pflanzen durch Photosynthese jährlich schätzungsweise zehn Billionen Tonnen Cellulose.
Wie Stärke so ist auch Cellulose aus Glucose-Einheiten aufgebaut. Allerdings sind die Glucose-Moleküle nicht spiralig, sondern linear angeordnet. Parallel ausgerichtete Molekülstränge sind dabei untereinander durch Wasserstoffbrücken verbunden. Cellulose ist deshalb sowohl sehr fest als auch sehr elastisch.

Menschen können Cellulose nicht verdauen. Im Magen von Wiederkäuern leben dagegen Mikroorganismen, deren Enzyme die Cellulose in Glucose-Einheiten spalten können. Die gespeicherte Energie der Cellulose wird dadurch für Wiederkäuer nutzbar.

Zucker, Stärke und Cellulose gehören zur Stoffklasse der Kohlenhydrate. Glucose und Fructose sind Einfachzucker mit der Molekülformel $C_6H_{12}O_6$. Saccharose ist ein Zweifachzucker. Stärke und Cellulose sind wichtige Vielfachzucker.

1 Erkläre die Begriffe Monosaccharid, Disaccharid und Polysaccharid.
2 Warum sind die Bezeichnung „Kohlenhydrate" und die Formel $C_n(H_2O)_m$ chemisch gesehen irreführend?
3 Beschreibe den Unterschied im Aufbau von Glucose-Molekülen und Fructose-Molekülen.
4 Stelle die Reaktionsgleichung für die Bildung von Saccharose aus einem Glucose-Molekül und einem Fructose-Molekül auf.
5 Erläutere die Unterschiede im Aufbau von Stärke und Cellulose.
6 Welche Eigenschaften von Zuckern sind durch die Hydroxyl-Gruppen bedingt?
7 Warum kann man durch die Iod/Stärke-Reaktion sowohl Stärke als auch Iod nachweisen?
8 Erkläre folgende Beobachtungen aus dem Alltag:
a) Kaut man längere Zeit ein trockenes Stück Brot, so schmeckt dieses allmählich süß.
b) Stärke ist in kaltem Wasser kaum löslich. Erwärmt man das Wasser, so beginnt die Stärke jedoch zu quellen.
c) Diät-Marmelade verdirbt schneller als normale Marmelade.
9 Welche wichtige Rolle spielt die Cellulose für unsere Verdauung?

2.7 Verdauung von Fetten und Kohlenhydraten

Die mit der Nahrung aufgenommenen Fette und langkettigen Kohlenhydrate sind nicht wasserlöslich. Ihre
Moleküle sind auch zu groß, um direkt vom Darm ins
Blut zu gelangen. Für die Verdauung werden sie daher in mehreren Schritten in ihre Bausteine zerlegt.
Spezielle Enzyme in den Verdauungssäften beschleunigen diese Spaltungsreaktionen.

Fettverdauung. Der Abbau der Fette findet überwiegend im Zwölffingerdarm statt. Die Fette werden hier
zunächst durch Gallensaft emulgiert und dadurch fein
verteilt. So vergrößert sich die Oberfläche des Fetts
und der chemische Abbau wird erleichtert.
Enzyme der Bauchspeicheldrüse (Lipasen) katalysieren nun die Hydrolyse der Fett-Moleküle. Die entstehenden kurzkettigen Fettsäure-Moleküle gelangen
durch die Darmschleimhaut ins Blut (Resorption).
Glycerin-Moleküle und längerkettige Fettsäure-Moleküle werden mithilfe von Gallensaft resorbiert und
zu den Lymphgefäßen transportiert. Von dort gelangen auch sie ins Blut.
Mit dem Blut werden die Bausteine des Fettabbaus
zu den Muskeln transportiert. Hier erfolgt ihre Oxidation zu Kohlenstoffdioxid und Wasser. Die dabei freigesetzte Energie wird für Muskelarbeit genutzt. Glycerin und Fettsäuren können im Blut auch wieder zusammengesetzt und als Depotfett abgelagert werden.

Kohlenhydratverdauung. Der Abbau der langkettigen
Stärke-Moleküle erfolgt bereits im Mund: Das im Speichel enthaltene Enzym Amylase zerlegt die Stärke in
kleinere Einheiten; es entstehen Moleküle des Zwei-
fachzuckers Maltose. Im Dünndarm werden die Maltose-Moleküle dann durch ein weiteres Enzym (Maltase)
in Glucose-Moleküle gespalten. Diese können nun ins
Blut gelangen und so zu den verschiedenen Organen
transportiert werden. Durch den oxidativen Abbau von
Glucose in den Körperzellen wird dann Energie frei.

> Fette und langkettige Kohlenhydrate werden bei der
> Verdauung mithilfe von Enzymen in ihre Grundbau-
> steine zerlegt. Ihre anschließende Oxidation zu Koh-
> lenstoffdioxid und Wasser setzt Energie frei.

1 Im Dünndarm finden die wesentlichen Verdauungsvor-
gänge statt. Beschreibe die hier ablaufenden Vorgänge.
2 Nenne die verschiedenen Verdauungsenzyme und gib
ihre Funktion an.
3 Manche Menschen leiden an einer verminderten Produktion von Gallenflüssigkeit. Welchen Nährstoff sollten
sie meiden?
4 Warum steigt der Blutzuckerspiegel nach dem Verzehr
eines Brötchens viel langsamer an als nach der Aufnahme
von Traubenzucker?

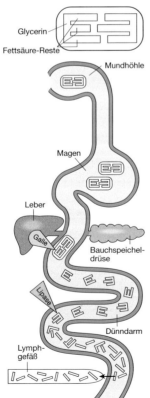

**Fett-
verdauung**

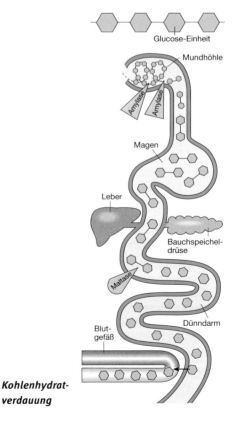

**Kohlenhydrat-
verdauung**

Kohlenhydrate

V1: Hydrolyse von Cellulose und von Stärke

Materialien: Gasbrenner, Wasserbad, Tropfpipette; Salzsäure (verd.), Natriumhydrogencarbonat, Glucose-Teststäbchen, FEHLING-Lösung I, FEHLING-Lösung II (C), Silbernitrat-Lösung (1 %), Ammoniak-Lösung (verd.), Cellulose, Glucose, lösliche Stärke.

Durchführung:
1. Fülle ein Reagenzglas zu einem Drittel mit Salzsäure und gib ein wenig Cellulose hinzu.
2. Erhitze das Gemisch zehn Minuten lang im siedenden Wasserbad, um die Cellulose zu hydrolisieren.
3. Gib nach dem Abkühlen Natriumhydrogencarbonat hinzu, bis keine Gasentwicklung mehr auftritt.
4. Führe den Glucose-Test durch.
5. *FEHLING-Probe:* Mische in einem Reagenzglas gleiche Volumina FEHLING-Lösung I und II und tropfe die Probelösung hinzu. Erhitze das Gemisch im siedenden Wasserbad.
6. *TOLLENS-Probe:* Gib Silbernitrat-Lösung in ein fettfreies Reagenzglas und tropfe so lange Ammoniak-Lösung zu, bis sich der gebildete Niederschlag gerade wieder löst. Gib 1 ml der Probelösung hinzu und erwärme im Wasserbad.
7. Führe zum Vergleich die FEHLING-Probe und die TOLLENS-Probe mit Glucose-Lösung und mit *nicht* hydrolysierter Cellulose-Lösung durch.
8. Verfahre ebenso mit Stärke.

Aufgaben:
a) Notiere deine Beobachtungen.
b) Gib das Reaktionsschema für die Hydrolyse der Stärke an.
c) *Experimentelle Hausaufgabe:* Führe den Glucose-Test zu Hause mit deinem Urin durch.

V2: Iod/Stärke-Reaktion

Materialien: Gasbrenner, Messer; Mehl, Brot, Spagetti, Iod-Lösung.

Durchführung:
1. Fülle ein Reagenzglas zu einem Drittel mit Wasser und gib eine Spatelspitze Mehl hinzu. Koche kurz auf.
2. Gib nach dem Abkühlen einige Tropfen Iod-Lösung zu.
3. Verfahre ebenso mit Brot und Spagetti.

Aufgabe: Formuliere ein Reaktionsschema für den Nachweis von Stärke.

V3: Farbreaktion von Cellulose

Materialien: Becherglas (250 ml, breit), Tropfpipette, Pinzette, Watte; Iod-Lösung, Zinkchlorid-Iod-Lösung (hergestellt aus 20 g Zinkchlorid (C, N), 2 g Kaliumiodid, 50 ml Wasser und einigen Iod-Kriställchen).

Durchführung:
1. Gib in ein Reagenzglas einen Wattebausch und tropfe dann etwas Iod-Lösung auf die Watte.
2. Tropfe in ein zweites Reagenzglas etwas Zinkchlorid-Lösung auf einen Wattebausch.
3. Nimm nach etwa 5 min mit der Pinzette den Wattebausch aus dem zweiten Reagenzglas und spüle ihn in einem Becherglas gründlich mit Wasser.

Hinweis: Das Spülen entfernt einen Überschuss an Zinkchlorid-Iod-Lösung, der das Farbergebnis verfälschen würde.

Aufgabe: Notiere deine Beobachtungen.

vorher   nachher

FEHLING-Probe

vorher   nachher

TOLLENS-Probe

Iod/Stärke-Reaktion

Arbeitsaufträge:

1. Informiere dich über die Zusammensetzung verschiedener Nudelarten.
2. Welche Getreidesorten gibt es? Worin bestehen die Unterschiede?
3. Worin besteht der Unterschied zwischen Hartweizen und Weichweizen?
4. Informiere dich über die Krankheit Zöliakie.
5. Bei Weizenmehl werden verschiedene Mehltypen wie Typ 405 oder Typ 1000 angeboten. Worin unterscheiden sie sich?
6. Welche Funktion hat der Weizenkleber?

V1: Eigenschaften von Zuckern

Materialien: Spannungsquelle, Leitfähigkeitsprüfer, Strommessgerät, Porzellanschale, Gasbrenner;
Universalindikator, Glucose, Rohrzucker, Heptan (F, Xn, N; B3).

Durchführung:

1. Versuche, Glucose in Wasser und in Heptan zu lösen.
2. Prüfe den pH-Wert einer Glucose-Lösung.
3. Prüfe die elektrische Leitfähigkeit einer Glucose-Lösung.
4. Führe die Untersuchungen auch mit einer Rohrzucker-Lösung durch.
5. Gib etwas Rohrzucker in die Porzellanschale und erhitze vorsichtig mit kleiner Flamme, bis der Zucker geschmolzen ist.

Aufgaben:

a) Notiere deine Beobachtungen.
b) Welche Rückschlüsse auf die Bindungsverhältnisse ergeben sich aus der Löslichkeit, der elektrischen Leitfähigkeit und dem Verhalten beim Schmelzen?
c) Welche Rolle spielt der beim Schmelzen zu beobachtende Vorgang in der Nahrungsmittelindustrie?

V2: Nachweis von Kohlenstoff und Wasserstoff in Spagetti

Materialien: Reibschale, Reagenzglas mit Ansatz, Einleitungsrohr, Stopfen, Gasbrenner, Schlauchstück, Glaswolle, Becherglas;
Spagetti, Kupferoxid (Drahtform), wasserfreies Kupfersulfat (Xn, N), Kalkwasser, Eiswasser.

Durchführung:

1. Zerreibe zwei Spagetti und vermische sie mit einer Spatelspitze Kupferoxid. Fülle das Gemisch in das Reagenzglas mit Ansatz und baue die Apparatur entsprechend der Abbildung auf.
2. Erhitze das Gemisch kräftig.

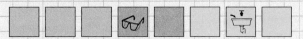

Spagetti/Kupferoxid-Gemisch — Eisbad — wasserfreies Kupfersulfat

3. Entferne nach etwa drei Minuten das Eisbad und tausche das Reagenzglas mit Kupfersulfat gegen ein Reagenzglas, das zur Hälfte mit Kalkwasser gefüllt ist. Eine weitere Kühlung ist nicht mehr nötig.

Aufgaben:

a) Notiere deine Beobachtungen.
b) Welche Funktion hat das Kupferoxid?
c) Erläutere die Reaktionen für den Nachweis von Kohlenstoff und Wasserstoff.

V3: Stärke aus Spagetti

Materialien: Tropfpipetten, Reibschale, 3 Bechergläser (250 ml), Glasstab, Trichter, Filtrierpapier, Schale mit Eiswasser, Gasbrenner;
Spagetti, Mehl, Brot, Iod-Lösung (Iod gelöst in Kaliumiodid).

Durchführung:

Nachweis von Stärke:

1. Erhitze etwas Spagetti, Mehl oder Brot mit 5 ml Wasser in einem Reagenzglas. Gib nach dem Abkühlen einige Tropfen Iod-Lösung hinzu.

Gewinnung von Stärke:

1. Zerreibe 25 Spagetti und koche sie in einem Becherglas 15 Minuten lang in 100 ml Wasser.
2. Filtriere das heiße Gemisch und kühle das Filtrat mit Eiswasser.
3. Dekantiere die Flüssigkeit vorsichtig von dem Rückstand. Lasse den Rückstand über Nacht trocknen.
4. Gib zu einer Probe des Rückstandes einige Tropfen Iod-Lösung. Bewahre den Rückstand auf für V4 und V5.

Aufgaben:

a) Notiere deine Beobachtungen.
b) Formuliere ein Reaktionsschema für den Nachweis von Stärke.

V4: Hydrolyse von Stärke

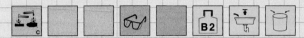

Materialien: Gasbrenner, Wasserbad, Tropfpipetten; Stärke aus V3 oder lösliche Stärke, Salzsäure (verd.), Natriumhydrogencarbonat, Glucose-Teststäbchen, FEHLING-Lösung I, FEHLING-Lösung II (C), Silbernitrat-Lösung (1 %), Ammoniak-Lösung (verd.), Glucose.

Durchführung:
1. Fülle ein Reagenzglas zu einem Drittel mit Salzsäure und gib ein wenig Stärke hinzu.
2. Erhitze das Gemisch zehn Minuten im siedenden Wasserbad.
3. Versetze das Gemisch nach dem Abkühlen mit Natriumhydrogencarbonat, bis keine Gasentwicklung mehr auftritt.
4. Führe den Glucose-Test durch.
5. Führe die **FEHLING-Probe** durch: Mische in einem Reagenzglas gleiche Volumina FEHLING-Lösung I und II und tropfe Probelösung hinzu. Erhitze das Gemisch im siedenden Wasserbad.
6. Führe die **TOLLENS-Probe** durch: Gib Silbernitrat-Lösung in ein fettfreies Reagenzglas und tropfe so lange Ammoniak-Lösung zu, bis sich der gebildete Niederschlag gerade wieder löst. Gib 1 ml der Probelösung hinzu und erwärme im Wasserbad.
7. Führe zum Vergleich die FEHLING-Probe und die TOLLENS-Probe mit Glucose-Lösung und mit *nicht* hydrolysierter Stärke-Lösung durch.

Aufgaben:
a) Notiere deine Beobachtungen.
b) Gib das Reaktionsschema für die Hydrolyse der Stärke an.

V5: Enzymatischer Abbau von Stärke

Materialien: Becherglas (100 ml), Tropfpipetten; lösliche Stärke (1 %), Iod-Lösung, Enzym: Amylase-Lösung (0,1 %), Glucose-Teststäbchen.

Durchführung:
1. Gib in acht Reagenzgläser jeweils 2 ml einer stark verdünnten Iod-Lösung.
2. In dem Becherglas werden etwa 50 ml Stärke-Lösung mit 5 ml Amylase-Lösung versetzt.

3. Gib sofort und dann nach jeder Minute 2 ml des Gemisches in eines der Reagenzgläser mit Iod-Lösung.
4. Wenn keine Blaufärbung mehr auftritt, wird die Lösung im Becherglas mit Glucose-Teststäbchen geprüft.
5. Wiederhole den Versuch, indem du statt der Amylase-Lösung Speichel verwendest.

Aufgabe: Formuliere ein Reaktionsschema.

Experimentelle Hausaufgabe:
Herstellung von Spagetti

Materialien: Waage, Schüssel, Esslöffel, Messer, Folie, Nudelholz; Weizenmehl, Wasser oder Eier, Öl, Salz.

Durchführung:
1. Vermische 400 g Mehl, einen Esslöffel Öl und eine Messerspitze Salz. Gib einen Esslöffel Wasser *oder* vier Eier hinzu und knete das Gemisch mindestens zehn Minuten intensiv durch.
2. Wickle den Teig in Folie und lasse ihn 30 Minuten warm ruhen.
3. Rolle den Teig dünn aus und schneide ihn mit einem Messer in dünne Streifen.
4. Hänge die Spagetti über einen Holzstiel und lasse sie an der Luft trocknen.
5. Koche mit deinen Spagetti ein Nudelgericht deiner Wahl.

Färben von Spagetti:
Gelb: Gib ein Gramm Safran zu.
Grün: Ersetze ein Ei durch 250 g gekochten pürierten Spinat (gut abgetropft).
Orange: Ersetze ein Ei durch 250 g gekochte pürierte Möhren (gut abgetropft).
Rot: Ersetze ein Ei durch drei Esslöffel Tomatenmark.
Violett: Ersetze ein Ei durch 250 g gekochte pürierte Rote Bete (gut abgetropft).
Braun: Gib 50 g geschmolzene Blockschokolade und zwei Esslöffel Kakaopulver zu.
Schwarz: Gib einen Teelöffel Tintenfischfarbe (Asia-Läden) zu.

Kleiner Pasta-Sprachkurs	
Pasta secca	eifreie Nudeln aus Hartweizen
Pasta all' uovo	Nudeln mit Ei
Pasta integrale	Vollkornnudeln
Pasta al dente	Nudeln, außen weich, innen bissfest
Pasta scotta	verkochte Nudeln – das „Todesurteil" für Pasta

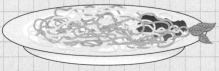

2.8 Eiweiße – chemisch betrachtet

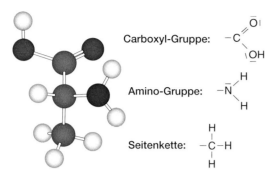

Carboxyl-Gruppe: $-C\overset{\displaystyle \bar{O}|}{\underset{\displaystyle \diagdown OH}{}}$

Amino-Gruppe: $-N\overset{\displaystyle H}{\underset{\displaystyle H}{}}$

Seitenkette: $-\overset{\displaystyle H}{\underset{\displaystyle H}{C}}-H$

Aufbau einer Aminosäure

Name (Abkürzung)	Seitenkette
Glycin (Gly)	$-H$
Alanin (Ala)	$-CH_3$
Valin (Val)	$-\overset{\displaystyle CH_3}{\underset{\displaystyle CH_3}{C}}-H$
Serin (Val)	$-CH_2-OH$
Cystein (Cys)	$-CH_2-SH$
Methionin (Met)	$-CH_2-CH_2-S-CH_3$
Glutamin (Gln)	$-CH_2-CH_2-C\overset{\displaystyle \bar{O}|}{\underset{\displaystyle \diagdown NH_2}{}}$
Glutaminsäure (Glu)	$-CH_2-CH_2-C\overset{\displaystyle \bar{O}|}{\underset{\displaystyle \diagdown OH}{}}$
Lysin (Lys)	$-CH_2-CH_2-CH_2-CH_2-N\overset{\displaystyle H}{\underset{\displaystyle H}{}}$
Arginin (Arg)	$-CH_2-CH_2-CH_2-NH-C\overset{\displaystyle \bar{N}-H}{\underset{\displaystyle \bar{N}H_2}{}}$

Beispiele wichtiger Aminosäuren

Eiweiße erfüllen in unserem Körper vielfältige Aufgaben: Sie dienen als Baustoffe, Nährstoffe, Enzyme und Transportmoleküle. Die besondere Bedeutung der Eiweiße kommt in der wissenschaftlichen Bezeichnung **Protein** (griech. *protos:* erster) zum Ausdruck.

Aminosäuren. Eiweiße sind große, kettenförmige Moleküle, die aus Aminosäuren gebildet werden. Die 20 natürlich vorkommenden Aminosäuren haben eine gemeinsame Grundstruktur: An ein zentrales Kohlenstoff-Atom sind eine *Carboxyl-Gruppe* (–COOH), eine *Amino-Gruppe* (–NH$_2$), ein Wasserstoff-Atom (–H) und eine Seitenkette (–R) gebunden. Die Aminosäure-Moleküle unterscheiden sich also nur in der Struktur ihrer Seitenkette. Man unterscheidet Aminosäuren mit unpolarer oder polarer Seitenkette und Aminosäuren mit saurer oder basischer Seitenkette.

Peptidbindung. In einem Eiweiß-Molekül sind die Aminosäuren durch Peptidbindungen (–CO–NH–) miteinander verknüpft. Eine Peptidbindung entsteht, wenn die Carboxyl-Gruppe eines Aminosäure-Moleküls mit der Amino-Gruppe eines anderen Aminosäure-Moleküls reagiert. Bei dieser Kondensationsreaktion wird Wasser abgespalten. Die Reaktion wird durch Enzyme katalysiert.
Die Verknüpfung zweier Aminosäure-Moleküle führt zu einem Dipeptid. Werden viele Aminosäure-Moleküle über Peptidbindungen miteinander verbunden, so entstehen *Polypeptide*. Bei über 100 Aminosäure-Bausteinen spricht man von einem *Protein*.

Aminosäuresequenz. Die Eigenschaften von Proteinen werden durch die Art und die Reihenfolge der einzelnen Aminosäure-Bausteine in ihren Molekülen bestimmt. Diese Aminosäuresequenz bezeichnet man auch als *Primärstruktur* des Protein-Moleküls.

Räumliche Struktur von Eiweiß-Molekülen. Innerhalb eines Eiweiß-Moleküls können sich zwischen den C=O-Gruppen und den NH-Gruppen weit auseinanderliegender Aminosäure-Reste Wasserstoffbrücken bilden. Dadurch erhält die Polypeptidkette eine stabile Form, die *Sekundärstruktur*. Häufig findet man eine spiralförmige Anordnung, die *α-Helix*. Daneben gibt es eine gewinkelte Anordnung, die man als *β-Faltblatt-Struktur* bezeichnet.

Peptidbindung

Alanin + Glycin → Dipeptid (Ala-Gly) + H_2O Wasser

mehrere → Polypeptid

Auch die Seitenketten der Aminosäuren können miteinander in Wechselwirkung treten. Ein spiraliger Bereich des Moleküls wird dadurch gefaltet und das Eiweiß-Molekül erhält seine endgültige biologisch wirksame Gestalt. Man spricht von der *Tertiärstruktur* eines Proteins.

Welche wichtige Rolle die Aminosäuresequenz für die Eigenschaften eines Proteins spielt, verdeutlicht ein Beispiel: Die Roten Blutkörperchen des Menschen enthalten das Protein *Hämoglobin;* es transportiert den Sauerstoff im Blut. Bei der *Sichelzellen-Anämie,* einer Erbkrankheit, ist in der Polypeptidkette nur ein einziger Aminosäure-Baustein ausgetauscht. Dies führt zu geänderten Wechselwirkungen zwischen den Seitenketten und damit zu einer veränderten Tertiärstruktur. Eine sichelförmige Struktur der Roten Blutkörperchen ist die Folge. Sie verfangen sich leicht in den engen Blutgefäßen und verursachen so schwere Krankheitssymptome.

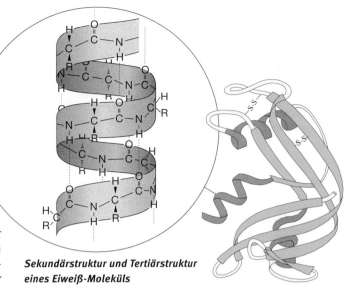

Sekundärstruktur und Tertiärstruktur eines Eiweiß-Moleküls

Denaturierung. Durch Erhitzen wird die Tertiärstruktur eines Eiweiß-Moleküls irreversibel verändert. Diese Strukturveränderung bezeichnet man als Denaturierung. Ein bekanntes Beispiel ist das Kochen von Eiern. Das Eiweiß gerinnt, weil die Struktur durch die hohe Temperatur zerstört wird. Auch durch Säuren, Ethanol oder Schwermetall-Ionen wird Eiweiß denaturiert.

Enzyme. Eine besondere Gruppe von Proteinen sind die Enzyme. Sie erniedrigen die Aktivierungsenergie biochemischer Reaktionen und wirken dadurch als Biokatalysatoren. Nur so können lebenswichtige Reaktionen bei Körpertemperatur schnell genug ablaufen. Ein Beispiel ist das Enzym *Katalase*. Es beschleunigt den Zerfall von Wasserstoffperoxid (H_2O_2) in den Zellen unseres Körpers um den Faktor 10^8. Wasserstoffperoxid ist ein giftiges Abfallprodukt des Stoffwechsels. Wasserstoffperoxid-Moleküle zerfallen an der Oberfläche der Katalase-Moleküle in Sauerstoff-Moleküle und Wasser-Moleküle.

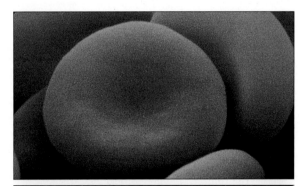

Rote Blutkörperchen: normal entwickelt (oben) und bei Sichelzellen-Anämie

> Eiweiße (Proteine) sind aus Aminosäure-Bausteinen aufgebaut, die durch Peptidbindungen (–CO–NH–) miteinander verknüpft sind. Die Aminosäuresequenz bestimmt Struktur und Funktion des Proteins.

1 Erläutere die Begriffe Peptidbindung, Polypeptid und Aminosäuresequenz.

2 Welche Aminosäuren der Tabelle auf der linken Seite haben eine polare, welche eine unpolare Seitenkette? Welche Seitenketten sind sauer oder basisch?

3 Gib die Strukturformeln der Dipeptide aus Cystein und Alanin an.

4 Das Enzym Urease katalysiert die Reaktion von Harnstoff ($CO(NH_2)_2$) und Wasser zu Kohlenstoffdioxid und Ammoniak.

a) Formuliere die Reaktionsgleichung.

b) Erkläre folgende Beobachtungen: Eine Reaktion bleibt aus, wenn man die Urease-Lösung zuvor erhitzt oder eine Bleichlorid-Lösung zugibt.

2.9 Eiweiße in unserer Nahrung

Unser Körper benötigt Aminosäuren, um körpereigenes Eiweiß daraus aufzubauen. So bilden Eiweißstoffe den Hauptbestandteil unserer Muskulatur. Auch unsere Haare und die Haut bestehen überwiegend aus Eiweißen.

Eiweißbedarf. Unser Körper verliert etwa 300 g Eiweiß pro Tag, da defekte Zellen absterben und die darin enthaltenen Strukturproteine und Enzyme abgebaut werden. Obwohl das abgebaute Eiweiß im Körper teilweise wiederverwertet wird, benötigt der Organismus zusätzliche Eiweiße aus der Nahrung. Diese müssen täglich aufgenommen werden, da Eiweiße im Gegensatz zu Fetten und Kohlenhydraten vom menschlichen Organismus nicht gespeichert werden können. Länger andauernder Eiweißmangel führt daher zu lebensbedrohlichen Mangelerscheinungen.

Es wird empfohlen, täglich 0,8 g Eiweiß pro Kilogramm Körpergewicht zu sich zu nehmen. Das entspricht bei einem Erwachsenen etwa 45 g bis 55 g Eiweiß pro Tag. Bei Infektionen, starker körperlicher Belastung und besonderen Stresssituationen benötigt der Körper mehr Eiweiß. eine ausgewogene Ernährung kann auch diesen erhöhten Bedarf leicht decken; viele Menschen in der westlichen Welt nehmen mit durchschnittlich 100 g pro Tag ohnehin deutlich zu viel Eiweiß zu sich.

Das Verhältnis von pflanzlichen zu tierischen Nahrungseiweißen sollte etwa 2 : 1 betragen. Tatsächlich enthält unsere Nahrung jedoch zu viel tierisches Eiweiß, vor allem aus Fleisch und Wurst. Dies begünstigt die Entstehung von Übergewicht, Gefäßkrankheiten und Gicht.

Eiweißverdauung. Die Verdauung der Eiweiße beginnt im Magen. Der von der Magenschleimhaut produzierte Magensaft enthält Salzsäure und *Pepsin*, ein eiweißspaltendes Enzym. Durch die Wirkung der Salzsäure quellen die Eiweiße auf und verändern somit ihre räumliche Struktur. Die Enzyme können die Eiweiß-Moleküle nun leichter in kleinere Einheiten spalten. Die so gebildeten Polypeptide werden im Dünndarm durch weitere Enzyme, sogenannte *Trypsine*, in einzelne Aminosäure-Moleküle zerlegt. Diese gelangen ins Blut und werden zu den Zellen transportiert, wo sie dann zu körpereigenen Eiweißstoffen kombiniert werden.

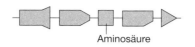

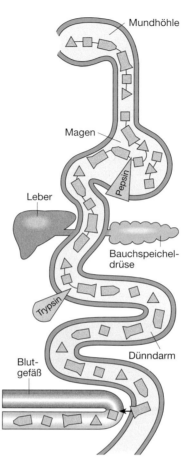

Aminosäure

Mundhöhle

Magen

Pepsin

Leber

Bauchspeicheldrüse

Trypsin

Dünndarm

Blutgefäß

> Eiweiße dienen im Wesentlichen als Baustoffe. Sie werden im Körper durch Enzyme in ihre Aminosäuren zerlegt. Daraus wird dann körpereigenes Eiweiß aufgebaut.

1 Ermittle deinen persönlichen täglichen Eiweißbedarf.

2 Warum haben Kleinkinder einen höheren Eiweißbedarf als Erwachsene?

3 Warum greifen Salzsäure und Enzyme nicht auch die Magenschleimhaut an?

4 Warum nehmen Body-Builder zusätzlich Eiweiß zu sich?

👎 **Weniger Fleisch essen**	👍 **Mehr pflanzliches als tierisches Eiweiß essen**	👍 **Eiweiß mit hoher biologischer Wertigkeit essen**
Ein 200-g-Steak enthält bereits die empfohlene tägliche Eiweißmenge. Es sollte höchstens dreimal pro Woche Fleisch gegessen werden.	Eiweißreiche tierische Lebensmittel enthalten meist viel Fett und Cholesterin.	Hochwertig ist die Kombination folgender Lebensmittel: • Bohnen und Mais • Milch und Haferflocken • Reis und Sojabohnen • Erbsen und Getreide

Ernährungstipps: Eiweiße

Eiweiße

V1: Nachweis von Stickstoff und Schwefel

Materialien: Tropfpipette;
rohes Hühnerei, Universalindikator-Papier, Natronlauge (konz.; C), Bleiacetat-Papier.

Durchführung:
1. Schlage ein rohes Hühnerei auf und trenne das Eiweiß vom Dotter.
2. Erhitze etwas Eiweiß mit 2 ml Natronlauge (B1).
3. Prüfe die entweichenden Dämpfe mit angefeuchtetem Indikatorpapier.
4. Verdünne das Reaktionsprodukt und halte ein Stück Bleiacetat-Papier in die Lösung.

Aufgaben:
a) Notiere deine Beobachtungen.
b) Gib für beide Nachweisreaktionen ein Reaktionsschema an.

V2: Nachweis von Eiweiß

Materialien: Tropfpipetten, Gasbrenner;
Eiweiß-Lösung (Eiweiß und Wasser im Verhältnis 1:5), hart gekochtes Ei, Natronlauge (verd.; C), Kupfersulfat-Lösung (stark verdünnt), Salpetersäure (konz.; O, C).

Biuret-   Xanthoprotein-
Reaktion   Reaktion

Durchführung:
Biuret-Reaktion:
1. Versetze 5 ml der Eiweiß-Lösung mit dem gleichen Volumen an Natronlauge.
2. Gib einen sehr kleinen Tropfen Kupfersulfat-Lösung hinzu, schüttle um und erwärme.

Xanthoprotein-Reaktion:
1. Gib einen Tropfen konzentrierte Salpetersäure auf ein Stückchen Eiweiß.

Aufgabe: Beim unvorsichtigen Experimentieren mit konzentrierter Salpetersäure gibt es manchmal gelbe Flecken an den Händen. Erkläre, wie diese Verfärbung zustande kommt.

V3: Denaturierung von Eiweiß

Materialien: Gasbrenner, Tropfpipette, Filtrierpapier, Trichter;
Eiweiß-Lösung (Eiweiß und Wasser im Verhältnis 1:5), Brennspiritus (F), Essigsäure (C), Kupfersulfat-Lösung (5 %), Kochsalz-Lösung (konz.).

Durchführung:
1. Gib in fünf Reagenzgläser einige Milliliter der Eiweiß-Lösung.
2. Versetze die Lösung im ersten Reagenzglas mit Spiritus im Überschuss. Gib zum zweiten Reagenzglas Essigsäure hinzu. Das dritte Reagenzglas wird mit Kupfersulfat-Lösung (B2), das vierte Reagenzglas mit Kochsalz-Lösung versetzt. Die Lösung im fünften Reagenzglas wird zum Sieden erhitzt.
3. Filtriere den Niederschlag aus einem der Reagenzgläser und versuche, ihn in Wasser aufzulösen.

Aufgabe: Notiere und deute deine Beobachtungen.

V4: Wirkungsweise eines Enzyms

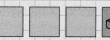

Materialien: Erlenmeyerkolben (250 ml), großes Reagenzglas, durchbohrter Gummistopfen mit Glasrohr, Holzspan, Plastikwanne, Tropfpipette;
Bäckerhefe, Wasserstoffperoxid-Lösung (3 %).

Durchführung:
1. Suspendiere ein Päckchen Hefe in 200 ml Leitungswasser.
2. Fülle das Reagenzglas zu drei Viertel mit der Hefe-Suspension. Gib sofort 2 ml der Wasserstoffperoxid-Lösung hinzu und verschließe mit dem durchbohrten Stopfen mit Glasrohr.
3. Spanne das verschlossene Reagenzglas über der Plastikwanne umgekehrt in ein Stativ.
4. Durch die Gasentwicklung wird die Hefe-Suspension aus dem Reagenzglas verdrängt. Führe mit dem entstehenden Gas die Glimmspanprobe durch.

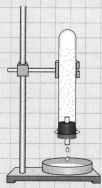

Aufgaben:
a) Notiere und deute deine Beobachtungen.
b) Gib die Reaktionsgleichung für die Zersetzung von Wasserstoffperoxid (H_2O_2) an.

2.10 Lebensmittelzusatzstoffe

Zutaten von Knabbergebäck

Weizenmehl, pflanzliches Fett, Backtriebmittel (E 305, E 500), Geschmacksverstärker (E 621, E 631, E 627), Säuerungsmittel: Citronensäure, Farbstoff: Paprikaextrakt, Säureregulator (E 524), Emulgator (E 471), …

Brotschimmel

Oft enthalten fertige oder halbfertige Lebensmittel neben Nährstoffen und Ballaststoffen auch Lebensmittelzusatzstoffe. Darunter versteht man Substanzen, die den Geschmack, das Aussehen, die Konsistenz und den Nährwert erhalten oder verbessern sollen. Häufig sollen sie auch die chemische und mikrobiologische Haltbarkeit erhöhen. Nach europäischem Recht müssen die Zusatzstoffe auf Lebensmittelverpackungen angegeben werden. In vielen Fällen findet man nicht die Stoffbezeichnung, sondern nur die sogenannten E-Nummern. So enthält Knabbergebäck unter anderem das Backtriebmittel E 500 und den Emulgator E 471.

Die Lebensmittelzusatzstoffe werden nach ihrer Funktion in verschiedene Klassen unterteilt. Man unterscheidet Konservierungsstoffe, Säuerungsmittel, Emulgatoren, Farbstoffe, Geschmacksverstärker, Antioxidationsmittel, Geliermittel sowie Süßstoffe und Zuckeraustauschstoffe.

Konservierungsstoffe. Die meisten Lebensmittel verderben, wenn sie längere Zeit gelagert werden. Dabei spielt das Wachstum von Bakterien und Pilzen eine entscheidende Rolle: Die Mikroorganismen bauen Nährstoffe und Vitamine ab und bilden für den Menschen giftige Stoffwechselendprodukte. So produzieren bestimmte Schimmelpilze Aflatoxine, die Krebs auslösen. Botulismus-Bakterien bilden in unsachgemäß verarbeiteten oder gelagerten Fleischkonserven ein hochwirksames, tödliches Gift.

Um Lebensmittel länger lagerfähig zu machen, setzt man *Konservierungsstoffe* zu. So werden getrocknete Früchte wie Äpfel, Aprikosen oder Rosinen geschwefelt. Dabei verhindert *Schwefeldioxid*, *Natriumsulfit* oder *Kaliumsulfit* den Befall der Lebensmittel durch Schimmelpilze.

Säuerungsmittel. Viele Getränke schmecken erst dann richtig erfrischend, wenn ihr pH-Wert im sauren Bereich liegt. Deshalb setzt man ihnen oft *Zitronensäure*, *Weinsäure* oder *Äpfelsäure* zu. Aber auch anorganische Säuren werden als Säuerungsmittel verwendet. So ist in Cola-Getränken meist *Phosphorsäure* enthalten.

Antioxidationsmittel. Apfelmus wird bei längerem Stehen an der Luft unansehnlich braun. Ein Zusatz von *Ascorbinsäure* verhindert diese Reaktion. Auch Orangensaft behält mit Ascorbinsäure seine typische Farbe. Als *Antioxidationsmittel* bindet Ascorbinsäure Sauerstoff und verhindert so die Verfärbung.

Biologisch gesehen handelt es sich bei Ascorbinsäure um Vitamin C. Das Vitamin wirkt auch in unserem Stoffwechsel als Antioxidationsmittel und hemmt damit gesundheitsschädliche oxidative Prozesse.

E-Nr.	Konservierungsstoff	E-Nr.	Säuerungsmittel	E-Nr.	Anitoxidationsmittel	E-Nr.	Emulgatoren
200	Sorbinsäure	233	Weinsäure	300	Ascorbinsäure	322	Lecithin
201	Natriumsorbat	236	Ameisensäure	301	Natriumascorbat	473	Zuckerester
202	Kaliumsorbat	260	Essigsäure	302	Calciumascorbat	474	Zuckerglyceride
210	Benzoesäure	270	Milchsäure	306	Vitamin E	471	Mono- und Diglyceride von
220	Schwefeldioxid	296	Äpfelsäure	331	Natriumcitrat		Speisefettsäuren
250	Natriumnitrit	338	Phosphorsäure	332	Kaliumcitrat		

Emulgatoren. Nicht miteinander mischbare Flüssigkeiten wie Wasser und Öl lassen sich durch Zugabe von *Emulgatoren* vermengen. Die Mischung wird stabilisiert. Wichtige Emulgatoren sind Lecithine, die aus Eigelb oder Soja gewonnen werden können. Sie werden Mayonnaisen und Soßen zugesetzt. Mit Emulgatoren lassen sich auch Schäume stabilisieren; viele Lebensmittel wirken so leichter und cremiger.

Farbstoffe. Lebensmittel erhalten oft erst ein appetitanregendes Aussehen durch Zusatz von Farbstoffen. So wird der Eindruck von Frische bei Gemüseprodukten durch eine grüne Farbe vermittelt. Fleisch erscheint durch rote Farbe besonders frisch. Bis vor einigen Jahren wurden Lebensmitteln häufig synthetische Farbstoffe zugesetzt. Mittlerweile geht der Trend zum verstärkten Einsatz von natürlichen Farbstoffen.

> Lebensmittelzusatzstoffe sind Substanzen, die Haltbarkeit und die Eigenschaften von Lebensmitteln gezielt verändern sollen.

1 Warum träufelt man beim Zubereiten von Obstsalat Zitronensaft auf die Apfel- oder Bananenstücke?

2 Informiere dich über die Herstellung von Mayonnaise. Welche Funktion haben die einzelnen Bestandteile?

3 Welche Zusatzstoffe findet man in Salaten und Fischmarinaden? Welche Stoffe sind dabei durch E-Nummern angegeben. Nutze das Internet.

4 Mit welchen Methoden wurden bereits im Mittelalter Lebensmittel konserviert?

5 Ascorbinsäure (Vitamin C) wirkt reduzierend. Sie reagiert dabei zu Dehydroascorbinsäure:

Ascorbinsäure   Dehydroascorbinsäure

Erläutere die Wirkung der Ascorbinsäure als Antioxidationsmittel.

Lebensmittelzusatzstoffe

V1: Emulgatoren in Kartoffelpüree-Pulver

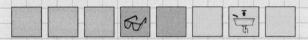

Materialien: Stopfen, Gasbrenner; Kartoffelpüree-Pulver, Speiseöl, Rosenpaprika-Pulver.

Durchführung:
1. Fülle 4 ml Speiseöl in ein Reagenzglas, gib drei Spatelspitzen Rosenpaprika dazu und erwärme vorsichtig.
2. Entnimm mit einer Pipette 2 ml des gefärbten Öls.
3. Versetze es in einem Reagenzglas mit 3 ml Wasser und schüttle das Gemisch kräftig.
4. Gib in das Gemisch zwei Spatelspitzen Kartoffelpüree und schüttle erneut.

Aufgaben:
a) Notiere deine Beobachtungen.
b) Erkläre die Wirkung des Emulgators.

V2: Geschwefelte Trockenfrüchte

Materialien: Messer, großes Reagenzglas mit Stopfen, Gasbrenner; Trockenfrüchte, Iod-Kaliumiodid-Stärke-Papier.

Durchführung:
1. Zerkleinere einige Trockenfrüchte, gib sie in das Reagenzglas und versetze die Stücke mit 3 ml Wasser.
2. Feuchte das Indikatorpapier mit Wasser an und befestige es so mit dem Stopfen, dass es in das Reagenzglas ragt. Der Stopfen darf dabei nur locker auf dem Reagenzglas sitzen. Erwärme das Gemisch vorsichtig.

Aufgaben:
a) Notiere deine Beobachtungen.
b) Welche Substanz wurde nachgewiesen?

V3: Ascorbinsäure

Materialien: Messer, Pinsel; Ascorbinsäure-Lösung ($0,1 \frac{mol}{l}$), einen Apfel.

Durchführung: Schneide einen Apfel in zwei Stücke. Bestreiche eine Schnittflächen mit der Säure-Lösung und lasse sie ca. 20 min einwirken.

Aufgaben:
a) Notiere deine Beobachtungen.
b) Erkläre die Wirkung der Ascorbinsäure.
Hinweis: Freigesetzte Enzyme katalysieren oxidative Zersetzungsprozesse an den Schnittstellen.

Recherchieren im Internet

Klimakiller Kohlenstoffdioxid?

Erschreckende Nachrichten gehen um die Welt: der Nordpol ist eisfrei! Schuld daran ist – so die Experten – der Treibhauseffekt durch den hohen Ausstoß an Kohlenstoffdioxid …

Google

| Web | Bilder | Groups | Verzeichnis | News | Froogle | **Mehr »** |

+Kohlenstoffdioxid +Treibhauseffekt   [Suche] Erweiterte Suche / Einstellungen

Suche: ⦿ Das Web ○ Seiten auf Deutsch ○ Seiten aus Deutschland

Web Ergebnisse 1 - 10 von ungefähr 18.800 für +**Kohlenstoffdioxid** +**Treibhauseffekt**. (0,65 Sekunden)

Kohlenstoffdioxid - Wikipedia
Bei der Herstellung wird **Kohlenstoffdioxid** unter hohem Druck in das Getränk ... Der Beitrag der CO2-Freisetzung durch den Menschen zum **Treibhauseffekt** bzw. ...
de.wikipedia.org/wiki/Kohlendioxid - 49k - Im Cache - Ähnliche Seiten

---

Immer wieder stößt man in Zeitungen oder beim Fernsehen auf interessante Aussagen, zu denen man gern mehr wissen möchte. Auch zum Thema eines Referats im Unterricht oder für eine Projektarbeit müssen Informationen beschafft werden.

Wo kannst du sie am besten finden? Außer Lexika, Fachbücher und Fachzeitschriften liefern Experten, die sich mit dem Thema beschäftigen, verlässliche Informationen. Am schnellsten geht es aber meistens mit dem Internet. Unabhängig von der Art der Quellen ist das Verfahren ähnlich. Bei einer Internet-Recherche gehst du am besten folgendermaßen vor:

Suchbegriffe festlegen:
• Notiere alle Stichwörter, die mit dem Thema zusammenhängen.
• Überlege dazu genau, mit welchen Begriffen du suchen willst. Welche Begriffe interessieren nicht?

Tipp: Gibt man nur ein Stichwort ein, dann werden oft Tausende von Seiten angezeigt. Schließt du Begriffe aus oder kombinierst du verschiedene Begriffe, wird die Trefferanzahl überschaubar.

Suche durchführen:
• Rufe eine Suchmaschine auf.
• Gib die Suchbegriffe ein. Du kannst dabei Begriffe miteinander verbinden (+) oder ausschließen (–). Informiere dich mit der Hilfe-Funktion über weitere Suchmöglichkeiten. Nutze auch die „erweiterte Suche".
• Öffne von den angezeigten Ergebnissen nur die Seiten, die wirklich zum Thema passen.
• Prüfe, ob die Seiten das enthalten, was du suchst.
• Nutze die auf den Internetseiten angegebenen Links zu anderen Seiten, um weitere Informationen zu finden.

Suchmaschinen
www.google.de
www.yahoo.de
www.blinde-kuh.de
www.altavista.de

Tipp: Oft ist es hilfreich, mehrere Suchen mit verschiedenen Kombinationen der Suchbegriffe durchzuführen.
Manchmal musst du auch mehrere Suchmaschinen ausprobieren, da nicht alle Suchmaschinen für Fachbegriffe gleich gut geeignet sind.

Ergebnisse sichten, bewerten und auswerten:
• Lies die Dokumente genau und kopiere die wichtigsten Abschnitte in ein Textdokument. Notiere dir unbedingt die Internetadressen der Texte.
• Drucke die ausgewählten Texte aus, notiere die wesentlichen Fakten stichpunktartig und stelle die Zusammenhänge schematisch dar.
• Überprüfe, ob die Suchergebnisse von verschiedenen Seiten übereinstimmen. Verlasse dich nie auf nur eine Quelle.
• Hinterfrage die Informationsquellen immer kritisch. Im Internet gibt es niemanden, der die Angaben auf den verschiedenen Seiten überprüfen könnte.
• Stelle die wichtigsten Ergebnisse der Recherche kurz und übersichtlich dar.
• Beachte, dass du fremde Texte und Bilder nicht als deine eigenen ausgeben darfst. Gib daher die Quelle an.

Tipp: Achte besonders darauf, wie alt und wie verlässlich die Informationen sind: Interessenverbände oder Firmen machen meist Werbung. Die Angaben sind dabei manchmal nicht sicher belegt oder Argumente sind nicht nachvollziehbar. Texte aus wissenschaftlichen Quellen geben die Information unverfälscht wieder; sie sind aber häufig auch schwer verständlich. Zeitungsartikel für Laien werden dagegen oft so vereinfacht, dass fachliche Informationen nicht richtig wiedergegeben werden oder ein falsches Bild entsteht.

Recherche im Internet

1. Lege die Suchbegriffe und mögliche Kombinationen fest.
2. Starte die Suche mit einer gut bekannten Suchmaschine.
3. Wähle passende Seiten aus und kopiere die Adresse und wichtige Abschnitte. Folge den Links.
4. Sichte und bewerte die Ergebnisse, fasse zusammen.
5. Gib bei fremden Texten und Bildern die Quelle an.

Übung 1: Recherchiere im Internet die Eigenschaften und Verwendung von Omega-Fettsäuren. Vergleiche diese mit den Informationen aus diesem Buch.
Übung 2: Recherchiere die Wirkung und die Verwendung von Sorbinsäure im Alltag.

Experimentalvortrag

Ein Referat oder ein Kurzvortrag im Fach Chemie ist etwas Besonderes, denn ein wesentlicher Bestandteil ist dabei ein Experiment. Das Experiment ermöglicht es, Zusammenhänge zu sehen, Vermutungen aufzustellen oder zu überprüfen. Die Auswahl und die Planung des Experimentes sind also besonders wichtig.
Ansonsten gelten hier die gleichen Regeln für Vorträge wie in allen Fächern.

Vortrag mit Experiment
1. Vorüberlegungen zum Thema durchführen
2. Vortrag gliedern und zusammenstellen
3. Präsentationstechnik wählen
4. Experiment planen und vorbereiten
5. Experimentalvortrag halten

Thema und Vorüberlegungen zum Inhalt des Vortrags:

- Sprich dein Thema mit deinem Lehrer ab.
- Beschaffe weitere Informationen über dein Thema mithilfe von Lexika, Fachbüchern und aus dem Internet.
- Kläre die notwendigen Fachbegriffe ab.
- Überlege dir, welches Experiment du vorführen willst.
- Besprich deine Vorüberlegungen mit dem Lehrer.

Tipp: Überlege dir auf Grundlage des bisherigen Unterrichts, welche Vorkenntnisse deine Mitschüler haben. So kannst du deinen Vortrag auf deine Zuhörer abstimmen.

Aufbau und Gliederung des Vortrags:

- Erstelle eine Gliederung des Vortrags und stelle erst danach den Text zusammen.
- Schreibe kurze Sätze oder arbeite mit Anstrichen. Dadurch notierst du von Anfang an das Wesentlichste und Wichtigste.
- Beginne den Vortrag mit einer knappen und interessanten Einleitung, die zum Thema führt.
- Untergliedere den Hauptteil nach den wichtigsten Inhalten.
- Überlege, an welcher Stelle das Experiment am besten eingesetzt werden kann.
- Fasse am Ende den gesamten Inhalt in wenigen Sätzen zusammen.

Tipp: Die Zusammenhänge müssen für die Zuhörer transparent werden. Dazu sollte die Gliederung deines Vortrags als roter Faden erkennbar sein. Verwende auch Diagramme und Bilder zur Verdeutlichung deiner Aussagen.

Vorbereitung des Vortrags:

- Überlege dir, wie du dein Thema veranschaulichen möchtest. Willst du an die Tafel schreiben, nutzt du Folien für den Tageslichtprojektor oder erstellst du eine Powerpoint-Präsentation?
- Schreibe so groß, dass jeder es lesen kann und verwende – wenn es sinnvoll ist – verschiedene Farben.
- Schreibe für deinen Vortrag die wesentlichen Stichpunkte auf Karteikarten.

Tipp: Übe den Vortrag zu Hause, damit du die Zeitdauer richtig einschätzen kannst, und trage ihn zur Kontrolle einem kritischen Zuhörer vor. Achte dabei auf deine Stimme und deine Gestik.

Vorbereitung des Experiments:

- Plane deinen Versuch genau und überlege dir, welche Materialien du dazu brauchst.
- Schlage nach, welche Sicherheitsvorkehrungen zu beachten sind.
- Probiere den Versuch aus. Sollte der gewünschte Effekt nicht deutlich werden, überlege dir, wie er verstärkt werden könnte.
- Überlege, welche Arbeitsschritte notwendig sind, die während des Vortrags zu lange dauern würden. Diese Arbeitsschritte musst du vorher vorbereiten.

Tipp: Bitte einen Freund, dir bei den Vorbereitungen zu helfen.

Halten des Experimentalvortrags:

- Trage den Vortrag anhand deiner Notizen frei vor.
- Leite die einzelnen Abschnitte deutlich ein: „Ein weiterer Punkt ist ...“, „Als Nächstes möchte ich ...“.
- Erläutere die vorbereiteten Folien und das Experiment. Erkläre alle notwendigen Fachbegriffe.
- Lass den Zuhörern Zeit, den Inhalt der Folien aufzunehmen und sich eventuell Notizen zu machen.
- Fasse wesentliche Abschnitte zusammen und gib am Ende deines Vortrages eine Gesamtzusammenfassung.
- Danke am Schluss den Zuhörern und allen, die dir bei der Vorbereitung geholfen haben.

Tipp: Sprich langsam und deutlich und halte Sichtkontakt zu den Zuhörern. Kontrolliere gleichzeitig das Sprechtempo und die Lautstärke.

Quiz

A1 a) Erkläre die Begriffe des Fensters.
b) Notiere auf der Vorderseite von Karteikarten den Begriff, auf der Rückseite die Erklärung.

A2 a) Nenne die wesentlichen Inhaltsstoffe von Lebensmitteln und erläutere ihre Funktion.
b) Welcher Nährstoff ist der energiereichste?
c) Welche Funktion haben Lebensmittelzusatzstoffe?

A3 a) Beschreibe den Aufbau eines Fett-Moleküls.
b) Warum haben Fette keine bestimmte Schmelztemperatur?
c) Warum sind Fette mit einem hohen Anteil an gesättigten Fettsäuren bei Zimmertemperatur fest?
d) Gib je ein Beispiel für eine gesättigte, eine einfach ungesättigte und eine mehrfach ungesättigte Fettsäure an.

A4 a) Nenne je zwei Vertreter von Einfachzuckern, Zweifachzuckern und Vielfachzuckern.
b) Warum sind Zucker gut wasserlöslich und besitzen relativ hohe Schmelztemperaturen?
c) Warum ist Cellulose für den Menschen als Nährstoff ungeeignet?

A5 a) Die Aminosäure Alanin trägt eine Methyl-Gruppe in der Seitenkette. Gib die Strukturformel von Alanin an.
b) Warum ist die Aminosäuresequenz für die räumliche Struktur eines Proteins wichtig?

Know-how

A6 Begründe die Abstufung der Schmelztemperaturen.

Fettsäure	C-Atome	Zweifach-bindungen	Schmelz-temperatur
Myristinsäure	14	–	54 °C
Palmitinsäure	16	–	63 °C
Stearinsäure	18	–	71 °C
Ölsäure	18	1	16 °C
Linolsäure	18	2	–5 °C
Linolensäure	18	3	–11 °C

A7 Bei der vollständigen Oxidation von Rohrzucker entstehen Kohlenstoffdioxid und Wasser.
a) Formuliere die Reaktionsgleichung.
b) Wie viele Liter Kohlenstoffdioxid erhält man bei der Oxidation von 4 g Zucker ($V_m = 24 \frac{l}{mol}$)?

- Fette
- gesättigte und ungesättigte Fettsäuren
- Kohlenhydrate
- Einfachzucker: Glucose, Fructose
- Zweifachzucker: Rohrzucker
- Vielfachzucker: Stärke, Cellulose
- Eiweiße, Proteine
- Aminosäuren
- Peptidbindung
- Lebensmittelzusatzstoffe
- Enzyme

A8 Die Tertiärstruktur eines Proteins wird durch verschiedenartige Wechselwirkungen zwischen den Seitenketten der Aminosäure-Einheiten stabilisiert. Charakterisiere die mit den Buchstaben a bis d bezeichneten Bindungsarten.

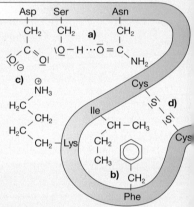

Natur – Mensch – Technik

A9 Auch bei einer Diät sollten Salate mit einem ölhaltigen Dressing angemacht werden. Erkläre diese Empfehlung.

A10 Milch enthält als Hauptbestandteile Wasser, Fette, Eiweiße und Milchzucker. Die Eiweiß-Moleküle in der Milch umhüllen die Fetttröpfchen und wirken so als Emulgatoren.
a) Mikroorganismen wandeln den Milchzucker in Milchsäure um. Die Milch wird dadurch dick. Begründe.
b) Lässt man frische Milch stehen, so setzt sich nach einiger Zeit an der Oberfläche Sahne ab. Erkläre diese Beobachtung.
c) Erkläre das leichte Überkochen von Milch.

A11 Nach dem Weingesetz darf Rotwein maximal 210 mg Schwefeldioxid pro Liter enthalten. Erläutere die Funktion dieses Lebensmittelzusatzstoffes.

A12 In vier unbeschrifteten Vorratsflaschen befinden sich die folgenden weißen, pulverförmigen Stoffe: Saccharose, Stärke, Glucose und das Eiweiß Albumin.
Entwerfe einen Versuchsplan, um diese Stoffe über Nachweisreaktionen eindeutig zu identifizieren. Gib dazu die Arbeitsschritte, die Nachweismittel und die zu erwartenden Beobachtungen an.

Zusammensetzung von Lebensmitteln

1. Energiebedarf und Ernährung

Die Energie, die ein Mensch bei völliger Ruhe im Liegen benötigt, bezeichnet man als **Grundumsatz.** Unter dem **Leistungsumsatz** versteht man die Energie, die man für zusätzliche Arbeit über den Grundumsatz hinaus benötigt. Die Energiezufuhr über die Nahrung sollte mit dem Gesamtenergiebedarf übereinstimmen. Er ergibt sich aus dem Grundumsatz und dem Leistungsumsatz.

Unser Energiebedarf wird über Kohlenhydrate, Eiweiße und Fette gedeckt. Dabei sollten rund 52 % der Energie aus Kohlenhydraten stammen, 31 % aus Fetten und 17 % aus Eiweißen.

2. Fette

Fette sind die energiereichsten Nährstoffe und dienen dem Körper als Energiereserve. Bei der Ernährung sind pflanzliche Fette mit ungesättigten Fettsäuren zu bevorzugen.

Fett-Moleküle entstehen durch Veresterung aus einem Glycerin-Molekül und drei, meist unterschiedlichen Fettsäure-Molekülen.

$$CH_2-\overline{O}-\overset{\overset{O}{\|}}{C}-C_{17}H_{35}$$
$$CH-\overline{O}-\overset{\overset{O}{\|}}{C}-C_{17}H_{33}$$
$$CH_2-\overline{O}-\overset{\overset{O}{\|}}{C}-C_{17}H_{31}$$

Die physikalischen Eigenschaften der Fette werden durch die Fettsäure-Reste bestimmt:
- hoher Schmelzbereich bei Fetten mit gesättigten Fettsäure-Resten,
- niedriger Schmelzbereich bei Fetten mit ungesättigten Fettsäure-Resten. Es handelt sich dann um Öle.
- wasserunlöslich aufgrund der großen unpolaren Kohlenwasserstoff-Reste

3. Kohlenhydrate

Kohlenhydrate wie Stärke und Zucker sind unsere wichtigsten Energielieferanten. Ihre aufgenommene Menge sollte vor allem aus Stärke bestehen. Cellulose ist ein Ballaststoff, der die Verdauung fördert.

Kohlenhydrate sind aus ringförmigen Molekülen mit mehreren OH-Gruppen aufgebaut.

Glucose

Die Kohlenhydrate werden eingeteilt in:
- Einfachzucker (Monosaccharide), *Beispiele:* Glucose, Fructose
- Zweifachzucker (Disaccharide), *Beispiele:* Rohrzucker, Maltose
- Vielfachzucker (Polysaccharide), *Beispiele:* Stärke, Cellulose

Die Hydroxyl-Gruppen bestimmen die Eigenschaften der Zucker:
- gute Wasserlöslichkeit der Einfach- und Zweifachzucker
- Zersetzung beim Erhitzen

4. Eiweiße

Eiweiße sind in erster Linie Baustoffe des Körpers. Mit der Nahrung sollte mehr pflanzliches als tierisches Eiweiß aufgenommen werden.

Eiweiße bestehen aus großen, kettenförmigen Molekülen. Ihre Bausteine, die Aminosäuren, sind durch Peptidbindungen (–CO–NH–) miteinander verknüpft.

$$H_2N-\overset{\overset{H}{|}}{\underset{R_1}{C}}-COOH + H_2N-\overset{\overset{H}{|}}{\underset{R_2}{C}}-COOH \longrightarrow$$

$$H_2N-\overset{\overset{H}{|}}{\underset{R_1}{C}}-\overset{\overset{O}{\|}}{C}-\overset{\overset{H}{|}}{N}-\overset{\overset{H}{|}}{\underset{R_2}{C}}-COOH + H_2O$$

Peptide mit bis zu 100 Aminosäure-Resten bezeichnet man als Polypeptide; erst bei mehr als 100 Bausteinen spricht man von Proteinen.

Die Aminosäuresequenz bestimmt die räumliche Struktur und die Funktion der Proteine.

Hohe Temperatur, Säuren und Schwermetall-Ionen denaturieren Eiweiße. Dabei wird die Tertiärstruktur zerstört. Dieser Vorgang ist irreversibel.

5. Lebensmittelzusatzstoffe

Lebensmittelzusatzstoffe sind Substanzen, die Haltbarkeit und Eigenschaften von Lebensmitteln gezielt verändern sollen. Sie werden auf Lebensmittelverpackungen mit E-Nummern angegeben. Wichtige Gruppen von Lebensmittelzusatzstoffen sind Konservierungsstoffe, Säuerungsmittel, Emulgatoren, Farbstoffe, Geschmacksverstärker und Antioxidationsmittel.

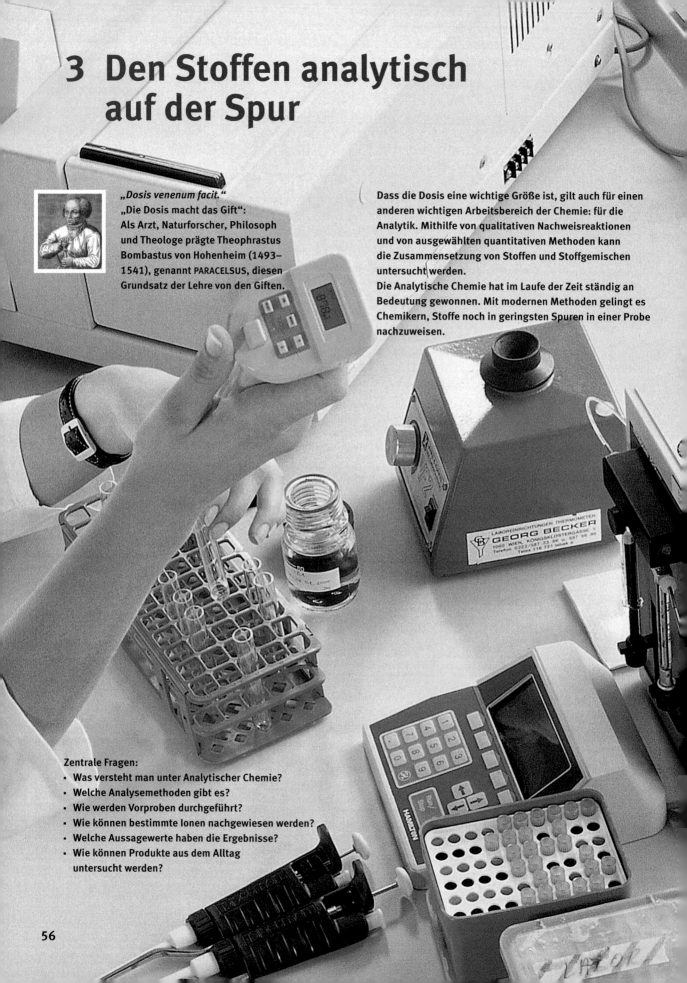

3 Den Stoffen analytisch auf der Spur

„Dosis venenum facit."
„Die Dosis macht das Gift":
Als Arzt, Naturforscher, Philosoph und Theologe prägte Theophrastus Bombastus von Hohenheim (1493–1541), genannt PARACELSUS, diesen Grundsatz der Lehre von den Giften.

Dass die Dosis eine wichtige Größe ist, gilt auch für einen anderen wichtigen Arbeitsbereich der Chemie: für die Analytik. Mithilfe von qualitativen Nachweisreaktionen und von ausgewählten quantitativen Methoden kann die Zusammensetzung von Stoffen und Stoffgemischen untersucht werden.
Die Analytische Chemie hat im Laufe der Zeit ständig an Bedeutung gewonnen. Mit modernen Methoden gelingt es Chemikern, Stoffe noch in geringsten Spuren in einer Probe nachzuweisen.

Zentrale Fragen:
- Was versteht man unter Analytischer Chemie?
- Welche Analysemethoden gibt es?
- Wie werden Vorproben durchgeführt?
- Wie können bestimmte Ionen nachgewiesen werden?
- Welche Aussagewerte haben die Ergebnisse?
- Wie können Produkte aus dem Alltag untersucht werden?

3.1 Methoden der Analytischen Chemie

Klassische Nachweismethoden

Instrumentelle Analytik

Seit der Antike untersuchen Naturforscher den stofflichen Aufbau der Welt. Sie ermitteln die Zusammensetzung von Stoffen und versuchen, für jede bekannte Verbindung spezifische Nachweisreaktionen zu finden. So wusste bereits der römische Gelehrte PLINIUS, dass sich Galläpfelsaft bei Anwesenheit von Eisensulfat schwarz färbt. Der deutsche Arzt und Chemiker LIBAVIUS (1550 – 1616) verwendete Ammoniak-Lösung zum Nachweis von Kupfer-Ionen.

Heute spielt die Analytische Chemie auch im Alltag eine wichtige Rolle: Wasser im Schwimmbad, Farbstoffe im Gesichtspuder, Aroma im Speiseeis und Wirkstoffe in Medikamenten sind nur einige Beispiele für Stoffe, die von Chemikern regelmäßig untersucht werden. Dabei sind neben Fragen zur Zusammensetzung auch Probleme der Gefährdung von Gesundheit oder Umwelt von großem Interesse.

Klassische Analysenmethoden. Bei einer chemischen Analyse wird eine nicht näher bekannte Stoffprobe zunächst näher beschrieben. Dazu gehören die Farbe, der Geruch und die Kristallform. Mit einfachen Mitteln kann man dann die Löslichkeit, das Verhalten beim Erhitzen und die Flammenfärbung testen. Mit solchen **Vorproben** erhält man schon einige Hinweise auf die Zusammensetzung der Probe. Anschließend muss die Stoffprobe so behandelt werden, dass alle Bestandteile einzeln nachgewiesen werden können. Bei einem Gemisch muss dazu zuerst eine *Stofftrennung* durchgeführt werden.

Der deutsche Chemiker Carl Remigius FRESENIUS (1818 – 1897) entwickelte wichtige Grundlagen und Methoden zur **qualitativen Analyse.** In einem *Trennungsgang* beschrieb er, wie in einer Stoffprobe mehrere Mineralien nebeneinander nachgewiesen werden können. Die gelösten Ionen werden dabei mithilfe spezieller Reagenzien in Gruppen aufgeteilt:

Als Erstes versetzt man die Probe mit Salzsäure. Alle schwerlöslichen Chloride wie Silberchlorid, Quecksilberchlorid, Bleichlorid fallen als Niederschlag aus und werden abfiltriert. Durch gezielten Einsatz weiterer Reagenzien kann das Stoffgemisch vollständig aufgetrennt werden. Der Trennungsgang endet mit dem Nachweis einzelner Ionen. Für die **quantitative Analyse** einer Verbindung oder bestimmter Ionen werden spezifische Nachweisreaktionen und Methoden eingesetzt.

Moderne Analysemethoden. Heute verwendet man automatisierte Analysegeräte, die Stoffe mit physikalischen Methoden untersuchen. Die Stofftrennung erfolgt meist durch chromatografische Verfahren. Bei der *Gas-Chromatografie* wird ein Stoffgemisch aus gasförmigen oder leicht verdampfbaren Flüssigkeiten in seine Bestandteile getrennt. Meist werden die einzelnen Komponenten sofort in einem angeschlossenen *Massenspektrometer* untersucht. Dabei erhält man neben der Masse der Teilchen auch Informationen über ihre Struktur. Durch *Infrarot-Spektroskopie* ist eine genauere Analyse des Aufbaus der Verbindung möglich.

Häufig werden verschiedene Analysegeräte miteinander gekoppelt und die Ergebnisse digital erfasst und ausgewertet. Vorproben und ein Trennungsgang sind dann nicht mehr nötig. Moderne Analysemethoden ermöglichen auch quantitative Bestimmungen.

> Zu den klassischen Analysemethoden zählen Vorproben, Trennungsgang und Einzelnachweise durch chemische Reaktionen. Die Gas-Chromatografie, die Massenspektrometrie und die Infrarot-Spektroskopie gehören zu den modernen Analysemethoden.

1 Was versteht man unter einem Trennungsgang?

Mineralwasser ist ein Stoffgemisch, eine Lösung verschiedener Salze. Auf dem Etikett einer Mineralwasserflasche sind die Bestandteile genau angegeben. Dazu gehören fast immer Natrium-Kationen und Chlorid-Anionen.

Diese Ionen lassen sich in verschiedenen Schritten nachweisen.

Auszug aus der Analyse

Kationen:	mg/l	Anionen:	mg/l
Natrium:	12,4	Chlorid	58
Kalium:	12,6	Sulfat	350
Magnesium:	34,3	Hydrogencarbonat	365
Calcium:	226	Nitrat	nicht nachweisbar bei Bestimmungsgrenze 0,3 mg/l
		Nitrit	nicht nachweisbar bei Bestimmungsgrenze 0,005 mg/l

Einen ersten Hinweis bietet die **Vorprobe**. Hierbei muss das Gemisch noch nicht getrennt werden. Taucht man ein ausgeglühtes Magnesiastäbchen in Mineralwasser und hält es dann in die nicht leuchtende Brennerflamme, so deutet die kräftig gelbe Farbe der Flamme auf die Anwesenheit von Natrium-Ionen hin.

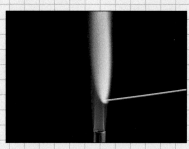

Vorprobe

Ohne Trennung der Stoffbestandteile kann ein Hinweis auf ausgewählte Teilchen erfolgen.

Eine wichtige Vorprobe ist die *Flammenfärbung*. Die Farbe der Bunsenbrennerflamme ist für manche Elemente charakteristisch.

Chlorid-Ionen weist man mit Silbernitrat-Lösung nach. Zunächst macht man eine **Blindprobe:** Man gibt etwas Silbernitrat zu destilliertem Wasser. Da keine Chlorid-Ionen vorhanden sind, findet keine Reaktion statt. Wie die Silbernitrat-Lösung bei Anwesenheit von Chlorid-Ionen reagiert, zeigt eine **Vergleichsprobe:** Destilliertes Wasser wird mit Natriumchlorid-Lösung und Silbernitrat-Lösung versetzt. Es bildet sich ein weißer Niederschlag von Silberchlorid.

Blindprobe

Farbe, Trübung und Reaktivität der Nachweisreagenzien werden ohne Anwesenheit des zu prüfenden Stoffes getestet.

Vergleichsprobe

Zum Nachweisreagenz fügt man den zu analysierenden Stoff hinzu, um den positiven Nachweis zu überprüfen.

Mineralwasser soll auf Chlorid-Ionen geprüft werden. Zum **Nachweis** der Chlorid-Ionen versetzt man eine Mineralwasserprobe mit einer Silbernitrat-Lösung. Dabei bildet sich ein weißer Niederschlag. Das untersuchte Mineralwasser enthält also Chlorid-Ionen. Der Nachweis ist *positiv*.

Eisen-Ionen verursachen im Mineralwasser einen metallischen Geschmack. Deshalb werden sie bei der Herstellung von Mineralwasser entfernt. Der Nachweis von Fe^{3+}-Ionen Ionen durch Rotfärbung einer Thiocyanat-Lösung wird also *negativ* verlaufen.

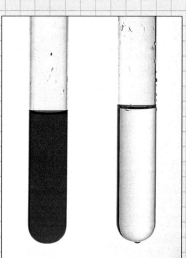

Nachweis

Durch eine für das Teilchen typische Flammenfärbung, Fällung oder Farbreaktion, können in einer Stoffprobe die gesuchten Teilchen nachgewiesen werden. Der Nachweis ist *positiv*.

Tritt keine typische Flammenfärbung, Fällung oder Farbreaktion auf, so sind die gesuchten Teilchen nicht in der Stoffprobe enthalten. Der Nachweis ist *negativ*.

Viele Nachweise beruhen auf *Fällungsreaktionen*. Durch Zugabe der Analysensubstanz fällt ein charakteristisch gefärbter Niederschlag aus.

3.2 Flammenfärbung und Spektralanalyse

Farbiges Feuerwerk durch Metallsalze

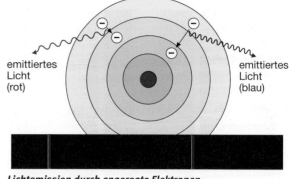

Lichtemission durch angeregte Elektronen

Bereits vor 2000 Jahren nutzten die Chinesen bestimmte Salze beim Bau von Feuerwerkskörpern, um faszinierende Farbeffekte zu erzielen. Die Farben werden insbesondere durch Salze von **Alkalimetallen** und von **Erdalkalimetallen** hervorgerufen: Gelb durch Natriumsalze, Rot durch Lithium- oder Strontiumsalze, Grün durch Bariumsalze und Ziegelrot durch Calciumsalze. Diese charakteristische Eigenschaft nutzt man zur Identifizierung von Alkali- und Erdalkalimetallen durch die **Flammenfärbung.**

Lichtemission. Ursache für die Lichterscheinungen ist eine *Anregung* von Elektronen. Durch Zufuhr von Wärme werden Elektronen in den Atomen auf eine höhere, nicht besetzte Energiestufe angehoben. Die angeregten Elektronen fallen sofort wieder auf eine niedrigere, energieärmere Schale zurück. Dabei wird Energie in Form von Licht einer ganz bestimmten Wellenlänge abgegeben. Je größer der Sprung von einer Schale auf eine andere ist, umso kürzer ist die Wellenlänge des abgestrahlten Lichtes und desto höher ist seine Energie. Kurzwelliges blaues Licht ist somit energiereicher als langwelliges rotes Licht.

Linienspektrum. Wenn Sonnenlicht durch ein Prisma fällt, erhält man ein Spektrum aller Farben des Regenbogens. Die einzelnen Farben gehen dabei fließend ineinander über. Man spricht von einem *kontinuierlichen Spektrum.* Bringt man jedoch eine Natrium-Verbindung in eine Flamme und beobachtet sie mit einem *Spektroskop*, so erkennt man eine gelbe Linie. Natrium-Verbindungen zeigen also ein *Linienspektrum.*

Kontinuierliches Spektrum

Linienspektrum von Natrium

Spektralanalyse. Auch andere Alkalimetalle und Erdalkalimetalle haben charakteristische Linienspektren. Um festzustellen, ob eine Stoffprobe Verbindungen der Alkalimetalle oder Erdalkalimetalle enthält, braucht man daher nur die Probe in eine Flamme zu halten. Die Flamme betrachtet man mit einem Spektroskop und vergleicht das ermittelte Spektrum mit den Linienspektren der Elemente.

Die *Spektralanalyse* wurde von den deutschen Wissenschaftlern Robert BUNSEN und Gustav KIRCHHOFF entwickelt. 1860 fanden sie bei der spektroskopischen Untersuchung von Mineralwasser Spektrallinien von zwei bis dahin noch unbekannten Elementen. Die Namen der Elemente gehen auf die Farben ihrer Spektrallinien zurück: Rubidium (lat. *ruber*: rot) und Caesium (lat. *caesius*: himmelblau).

Flammenfärbung als Vorprobe. Die Flammenfärbung und die Spektralanalyse nutzt man als Vorprobe, um eine erste Orientierung für weitere analytische Untersuchungen zu bekommen. Wenn Gemische aus vielen Bestandteilen zusammengesetzt sind, ist die Flammenfärbung oft nicht eindeutig. Im Spektroskop ist dann eine Vielzahl von Spektrallinien erkennbar; eine genaue Identifizierung der Stoffe ist aber nicht möglich.

> Salze von Alkali- und Erdalkalimetallen zeigen charakteristische Flammenfärbungen. Diese können zur Identifizierung der Metall-Ionen genutzt werden.

1 Welche Metallsalze können für ein Feuerwerk mit grünen, gelben und roten Leuchterscheinungen verwendet werden?
2 Natriumdampf-Lampen weisen als Straßenbeleuchtung für Fußgängerüberwege einen gelben Farbton auf.
a) Welchen Vorteil bringen Natriumdampf-Lampen?
b) Wie wird dieser Farbton erzeugt?

Flammenfärbung

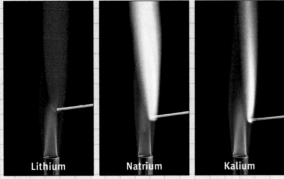

Flammenfärbung der Alkalimetalle

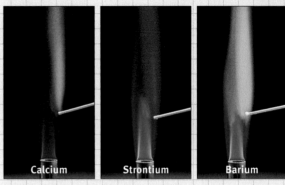

Flammenfärbung der Erdalkalimetalle

V1: Flammenfärbung

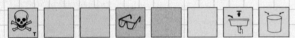

Materialien: Gasbrenner, Magnesiastäbchen, Becherglas (100 ml), Uhrgläser, Cobaltglas, Spektroskop;
Lithiumchlorid (Xn), Natriumchlorid, Kaliumchlorid, Strontiumchlorid, Bariumchlorid (T), Salzsäure (verd.).

Durchführung:

1. Tauche das Magnesiastäbchen in das Becherglas mit Salzsäure. Erhitze das Stäbchen dann so lange, bis keine Flammenfärbung mehr zu erkennen ist.
2. Feuchte das Stäbchen noch einmal mit Salzsäure an. Nimm damit etwas Lithiumchlorid vom Uhrglas auf und halte es in die Flamme.
3. Betrachte die Flamme durch ein Spektroskop.
4. Wiederhole den Versuch mit den anderen Salzen. Beobachte die Flamme bei Kaliumchlorid auch mit dem Cobaltglas.

Aufgaben:

a) Notiere deine Beobachtungen.
b) Erkläre, warum das Magnesiastäbchen vor der Untersuchung der Salze ausgeglüht werden muss.
c) Wozu ist das Cobaltglas da?

Atom-Emissions-Spektroskopie (AES)

Die Atom-Emissions-Spektroskopie (AES) ist eine instrumentelle Analysenmethode, die vielfach in der Wasser-, Lebensmittel-, und Metallanalytik angewandt wird um Metall-Ionen schnell und mit großer Empfindlichkeit zu bestimmen.
Die Probe wird zunächst zerstäubt und in einen Brenner gesaugt. Dort werden die Atome angeregt. In einem Detektor wird die emittierte Strahlung gemessen. Für jedes Element ist die Wellenlänge der Strahlung charakteristisch und die Intensität proportional zu seiner Konzentration in der Probenlösung. So können bis zu 70 Elemente simultan bestimmt werden.

Exkurs   Borax-Perle

Beim Erhitzen von Borax ($Na_2B_4O_7 \cdot 10\ H_2O$) entsteht eine glasartige Schmelze, die nach dem Abkühlen die so genannte Borax-Perle bildet. In der Schmelze enthaltene Metall-Ionen bewirken dabei eine charakteristische Färbung, die als Vorprobe genutzt wird.

Ein Magnesiastäbchen wird geglüht und noch heiß in Borax getaucht. Dann wird das Stäbchen unter ständigem Drehen wieder in die Flamme gehalten, bis das Salz geschmolzen ist. Nach dem Erstarren der klaren Schmelze taucht man die Perle in die zu analysierende Substanz. Dann wird die Borax-Perle erneut geschmolzen.

Aus der Färbung der Borax-Perle kann man Rückschlüsse auf die vorliegenden Ionen ziehen. Liegen mehrere Metallsalze nebeneinander vor, bilden sich Mischfarben. Die Aussagekraft der Vorprobe ist daher begrenzt.

Nachweis von Eisen-, Chrom-, Cobalt- und Mangan-Ionen

Klassische Nachweisreaktionen

Nachzuweisender Stoff	Nachweismittel	Beobachtung, Ergebnis
Wasserstoff	Luft	Knallgasprobe
Sauerstoff	glimmender Holzspan	verbrennt lebhaft
Wasser	wasserfreies Kupfersulfat	blaue Färbung Wasser + weißes Kupfersulfat blaues Kupfersulfat
Kohlenstoffdioxid	Calciumhydroxid-Lösung Bariumhydroxid-Lösung	weißer Niederschlag weißer Niederschlag $CO_2\,(g) + Ba^{2+}\,(aq) + 2\,OH^-\,(aq) \longrightarrow$ $BaCO_3\,(s) + H_2O\,(l)$
C/C-Mehrfach-bindung (Alkene, Alkine)	Bromwasser oder saure Bromid/Bromat-Lösung	Entfärbung $R_1{-}CH{=}CH{-}R_2 + Br_2\,(l) \longrightarrow$ $R_1{-}CHBr{-}CHBr{-}R_2$
	alkalische Permanganat-Lösung	brauner Niederschlag (Braunstein)
Hydroxyl-Gruppe (Alkanole)	Borsäure	grüne Flamme (bei Methanol) oder leuchtende Flamme mit grünem Flammensaum $3\,R{-}CH_2OH + H_3BO_3 \longrightarrow$ $(R{-}CH_2O)_3B + 3\,H_2O$
	kurzkettige Alkansäure	Ester mit fruchtartigem Geruch $R_1{-}CH_2OH + R_2{-}COOH \longrightarrow$ $R_1{-}CH_2OOC{-}R_2 + H_2O$
Aldehyd-Gruppe (Alkanale, Glucose)	FEHLING-Lösung I und FEHLING-Lösung II	brauner bis roter Niederschlag (Bildung von Cu_2O)
	TOLLENS-Reagenz (ammo-niakalische Silbernitrat-Lösung)	dunkler Niederschlag oder Silberspiegel
	SCHIFF-Reagenz	Alkanale: Violettfärbung Glucose: keine Reaktion
Carboxyl-Gruppe (Alkansäuren)	Universalindikator	Hellrotfärbung $R{-}COOH \longrightarrow RCOO^- + H^+$
	unedle Metalle	Bildung von Wasserstoff $2\,R{-}COOH\,(aq) + Mg\,(s) \longrightarrow$ $2\,R{-}COO^-\,(aq) + Mg^{2+}\,(aq) + H_2\,(g)$
	kurzkettiger Alkohol	Ester mit fruchtartigem Geruch
Stärke	LUGOL-Lösung	blauschwarze Färbung
Eiweiß (Feststoff)	konzentrierte Salpetersäure	Gelbfärbung (Xanthoprotein-Reaktion)
Eiweiß-Lösung	Kalilauge und Kupfersulfat-Lösung	Violettfärbung (Biuret-Reaktion)

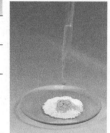

Klassische Nachweisreaktionen

V1: Gasförmige Stoffe und Wasser

Materialien: Gasbrenner, Reagenzglas mit seitlichem Ansatz, Gummistopfen, Pinzette, Spatel;
Marmorstücke, Salzsäure (10 %; Xi), Caliumhydroxid-Lösung (Xi), Wasserstoffperoxid (10 %; Xn), Braunstein (Xn), weißes Kupfersulfat (Xn, N), Wasserstoff (F+).

Durchführung:

1. Gib ein Stück Marmor und verdünnte Salzsäure in das Reagenzglas mit seitlichem Ansatz. Verschließe das Reagenzglas und leite das entstehende Gas in Calciumhydroxid-Lösung ein.
2. Gib in einem Reagenzglas zu 2 ml Wasserstoffperoxid eine geringe Menge Braunstein. Halte einen glimmenden Holzspan in das Reagenzglas.
3. Halte ein vollständig mit Wasserstoff gefülltes Reagenzglas senkrecht über die Flamme des Gasbrenners und beobachte die Verbrennung des Wasserstoffs. Wiederhole den Versuch mit einem je zur Hälfte mit Wasserstoff und mit Luft gefüllten Reagenzglas.
4. Gib in beide Reagenzgläser, in denen der Wasserstoff verbrannt wurde, eine Spatelspitze weißes Kupfersulfat.

Aufgaben:

a) Notiere deine Beobachtungen.
b) Welche Stoffe wurden in den Versuchen nachgewiesen?
c) Stelle die Reaktionsgleichungen für die Bildung und den Nachweis von Kohlenstoffdioxid auf. Gib die Reaktionsart an.
d) Stelle die Reaktionsgleichung für die Zersetzung von Wasserstoffperoxid auf. Welche Rolle spielt Braunstein bei dieser Reaktion?
e) Welche Reaktion läuft bei der Knallgasprobe ab? Stelle die Reaktionsgleichung auf.
f) Formuliere die Wortgleichung für die Umsetzung von weißem Kupfersulfat mit Wasser. Woran erkennt man den positiven Verlauf der Reaktion?
g) Wie kann man Wasserstoff im Labor herstellen?

V2: Mehrfachbindungen

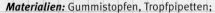

Materialien: Gummistopfen, Tropfpipetten;
BAEYER-Reagenz (Kaliumpermanganat-Lösung mit Zusatz von Natriumcarbonat), Bromwasser (gesättigt; T, Xi), Hexen (F, N).

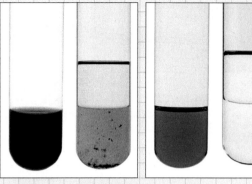

Nachweis von Mehrfachbindungen

Durchführung:

1. Gib in einem Reagenzglas zu 1 ml Hexen 1 ml BAEYER-Reagenz und schüttle die Mischung.
2. Wiederhole den Versuch mit Bromwasser.

Auswertung:

a) Notiere deine Beobachtungen.
b) Woran erkennt man, dass Mehrfachbindungen nachgewiesen wurden?
c) Stelle die Reaktionsgleichung für die Umsetzung von Hexen mit Bromwasser auf.

V3: Kurzkettige Alkanole mit Borsäure

Materialien: Gasbrenner, Tropfpipetten;
Methanol (T, F), Ethanol (F), Propanol (F, Xi), Schwefelsäure (konz.; C), Borsäure.

Durchführung:

1. Gib in ein Reagenzglas eine Spatelspitze Borsäure, 10 Tropfen Methanol und 3 Tropfen der konzentrierten Schwefelsäure.
2. Erhitze die Mischung langsam. Sobald sich Dämpfe bilden, werden diese an der Öffnung des Reagenzglases entzündet.
3. Wiederhole den Versuch mit Ethanol und Propanol.

Aufgaben:

a) Notiere deine Beobachtungen.
b) Vergleiche die Flammenfarbe der drei Borsäurealkylester.
c) Stelle die Wortgleichung und die Reaktionsgleichung für die Umsetzung von Methanol mit Borsäure (H_3BO_3) auf.
d) Wie kann man Methanol mithilfe dieser Nachweisreaktion von anderen kurzkettigen Alkanolen unterscheiden?

V4: Alkohole als Ester

Materialien: Gasbrenner, Tropfpipetten, Gummistopfen, Wasserbad;
Methanol (T, F), Ethanol (F), Propanol (F, Xi), Pentanol (Xn), Essigsäure (50 %, C), Schwefelsäure (konz.; C).

Duchführung:
1. Gib in ein Reagenzglas jeweils 1 ml des Alkohols und 1 ml der Essigsäure sowie 5 Tropfen konzentrierte Schwefelsäure.
2. Erhitze die Gemische eine kurze Zeit, verschließe danach die Reagenzgläser mit einem Gummistopfen und lasse sie 20 Minuten im Wasserbad bei etwa 50 °C stehen.
3. Prüfe danach den Geruch.

Aufgaben:
a) Wonach riechen die verschiedenen Ester?
b) Stelle die Reaktionsgleichungen für die Umsetzung von Ethanol sowie von Pentanol mit Essigsäure auf.

V5: Aldehyd-Gruppe

Materialien: Tropfpipetten, Wasserbad;
Glucose-Lösung, Propanal (F, Xi), Silbernitrat-Lösung (1 %), Ammoniak-Lösung (ved.), FEHLING-Lösung I, FEHLING-Lösung II (C), SCHIFF-Reagenz.

Durchführung:
TOLLENS-Probe:
1. Gib in ein Reagenzglas 5 Tropfen Silbernitrat-Lösung und 5 Tropfen Ammoniak-Lösung sowie 1 ml Glucose-Lösung.
2. Erwärme das Reaktionsgemisch etwa 10 Minuten.
3. Wiederhole den Versuch mit Propanal.

FEHLING-Probe:
1. Mische je 5 Tropfen FEHLING-Lösung I und 5 Tropfen FEHLING-Lösung II in einem Reagenzglas und gib 1 ml Glucose-Lösung dazu. Erwärme etwa 10 Minuten.
2. Wiederhole den Versuch mit Propanal.

SCHIFF-Probe:
1. Mische 1 ml Glucoselösung und 1 ml SCHIFF-Reagenz.
2. Wiederhole den Versuch mit Propanal.

Aufgaben:
a) Notiere deine Beobachtungen.
b) Wie können Alkanale und Glucose-Lösung experimentell unterschieden werden?

 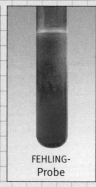 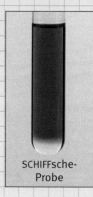

| TOLLENS-Probe | FEHLING-Probe | SCHIFFsche-Probe |

Nachweisreaktionen für Aldehyde

V6: Carboxyl-Gruppe

Materialien: Reagenzglas mit seitlichem Ansatz, Gummistopfen, Tropfpipetten, Gasbrenner, Wasserbad;
Universalindikator-Papier, Magnesiumspäne (F), Ameisensäure (10 %; Xi), Essigsäure (verd.), Pentan-1-ol (Xn), Schwefelsäure (konz.; C).

Durchführung:
1. Prüfe Ameisensäure und Essigsäure mit Universalindikator-Papier.
2. Fülle etwas Ameisensäure in das Reagenzglas mit seitlichem Ansatz und gib einige Magnesiumspäne hinzu. Fange das entstehende Gas auf und führe die Knallgasprobe durch.
3. Gib 1 ml Essigsäure und 1 ml Pentan-1-ol sowie fünf Tropfen konzentrierter Schwefelsäure in ein Reagenzglas. Erwärme kurz, lasse die Mischung bei etwa 50 °C im Wasserbad 20 Minuten stehen.
4. Prüfe danach den Geruch.

Aufgaben:
a) Notiere alle Beobachtungen.
b) Erkläre, weshalb mit den durchgeführten Nachweisreaktionen stets nur die Carboxylgruppe und nicht die konkrete Säure nachgewiesen wurde.
c) Formuliere die Reaktionsgleichungen für die Umsetzung von Magnesium mit Ameisensäure und für den Nachweis des entstandenen Gases.
d) Stelle die Reaktionsgleichung für die Umsetzung von Essigsäure mit Pentan-1-ol auf. Welche Rolle spielt bei diesem Versuch die konzentrierte Schwefelsäure?
e) Beschreibe, wie eine Hydrolyse des entstandenen Esters experimentell durchgeführt werden kann.
f) Stelle die Strukturformel der Ameisensäure auf. Welche weitere funktionelle Gruppe tritt neben der Carboxyl-Gruppe auf? Welche Reaktionen sind zu erwarten?

3.3 Fällungsreaktion

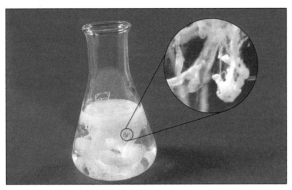

Reaktion von NaCl-Lösung mit AgNO₃-Lösung

Name	Formel	Löslichkeit in 100 g Wasser
Calciumchlorid	$CaCl_2$	74,5 g
Kaliumchlorid	KCl	34,4 g
Kaliumbromid	KBr	65,6 g
Natriumchlorid	$NaCl$	35,9 g
Silbernitrat	$AgNO_3$	215,5 g
Silberbromid	$AgBr$	0,000013 g
Silberchlorid	$AgCl$	0,00015 g
Silberiodid	AgI	0,0000003 g

Löslichkeit von Salzen in Wasser bei 20 °C

Eine wichtige Rolle bei den Nachweisreaktionen für viele Kationen und Anionen spielt die Bildung eines Niederschlags. Diese Reaktionen beruhen auf der unterschiedlichen Löslichkeit von Salzen.

Löslichkeit. Viele Salze sind gut wasserlöslich. So lösen sich in 100 g Wasser beispielsweise 35,9 g Natriumchlorid oder 215,5 g Silbernitrat. Eine Reihe von Salzen ist dagegen sehr schlecht wasserlöslich. Von Silberchlorid lösen sich nur 0,000 15 g in 100 g Wasser. Versucht man, eine größere Menge Silberchlorid zu lösen, bleibt ein Rest ungelöst als Bodensatz zurück.

Fällungsreaktion. Gibt man zu einer Natriumchlorid-Lösung eine Silbernitrat-Lösung, so beobachtet man zunächst eine Trübung. Schließlich entstehen weiße Flocken von Silberchlorid. Die Bildung des Niederschlags beruht auf folgender Reaktion:

$$Na^+ (aq) + Cl^- (aq) + Ag^+ (aq) + NO_3^- (aq) \longrightarrow$$
$$AgCl (s) + Na^+ (aq) + NO_3^- (aq)$$

Die Natrium-Ionen und die Nitrat-Ionen liegen nach der Reaktion unverändert vor; sie müssen daher in der Reaktionsgleichung nicht berücksichtigt werden. Damit vereinfacht sich die Gleichung:

$$Cl^- (aq) + Ag^+ (aq) \longrightarrow AgCl (s)$$

Chemische Reaktionen, bei denen Ionen ein schwerlösliches Salz bilden, das als Niederschlag ausfällt, werden als *Fällungsreaktionen* bezeichnet.

Silber-Ionen ergeben auch mit anderen Halogenid-Ionen charakteristisch gefärbte Niederschläge: Bei der Reaktion mit Bromid-Ionen entsteht ein hellgelber Niederschlag, mit Iodid-Ionen beobachtet man eine gelbe Fällung:

$$Br^- (aq) + Ag^+ (aq) \longrightarrow AgBr (s)$$

Wegen der Bildung schwerlöslicher Silberhalogenid-Niederschläge kann Silbernitrat-Lösung als *Reagenz* für Chlorid-Ionen, für Bromid-Ionen und für Iodid-Ionen verwendet werden. Andere Anionen, etwa Carbonat-Ionen, stören den Nachweis, weil sie mit Silber-Ionen ebenfalls eine Fällung ergeben. Daher versetzt man die Probe vor der Zugabe des Reagenzes mit einigen Tropfen Salpetersäure. Dadurch wird die Bildung eines Niederschlags von Silbercarbonat verhindert.

Man kann mit der Bildung von schwerlöslichem Silberchlorid nicht nur Chlorid-Ionen, sondern auch Silber-Ionen nachweisen: Gibt man zu einer Lösung mit Silber-Ionen eine Natriumchlorid-Lösung, so bildet sich ebenfalls der weiße Niederschlag von Silberchlorid.

Auch andere Anionen lassen sich mithilfe von Fällungsreaktionen nachweisen. So verwendet man für den Nachweis von Sulfid-Ionen Blei-Ionen. Wegen der Giftigkeit von Blei-Ionen benutzt man dabei allerdings keine Lösung, sondern Bleiacetat-Papier. Es färbt sich bei der Reaktion durch die Bildung von Bleisulfid schwarz.

> Viele Nachweisreaktionen sind Fällungsreaktionen, bei denen ein schwerlösliches Salz ausfällt. Eine wichtige Nachweisreaktion ist die Bildung eines Silberhalogenid-Niederschlags mit Chlorid-, Bromid- oder Iodid-Ionen.

1 Erläutere an einem selbst gewählten Beispiel den Begriff Fällungsreaktion.

2 Warum entsteht beim Zutropfen von Silbernitrat-Lösung in destilliertes Wasser kein Niederschlag?

3 Eine unbekannte Lösung wird mit Silbernitrat-Lösung versetzt. Es entsteht ein gelber Niederschlag. Formuliere die vereinfachte Reaktionsgleichung.

Fällungsreaktionen

Nachweis für	Reagenz, Hilfsmittel	Beobachtung, abgelaufene Reaktion	
Chlorid-Ionen Cl^-	verdünnte Salpetersäure, Silbernitrat-Lösung	weißer Niederschlag (löslich in Ammoniak-Lösung) $$Cl^- (aq) + Ag^+ (aq) \longrightarrow AgCl (s)$$	
Bromid-Ionen Br^-	verdünnte Salpetersäure, Silbernitrat-Lösung	hellgelber Niederschlag (löslich in Natriumthiosulfat-Lösung) $$Br^- (aq) + Ag^+ (aq) \longrightarrow AgBr (s)$$	
Iodid-Ionen I^-	verdünnte Salpetersäure, Silbernitrat-Lösung	gelber Niederschlag $$I^- (aq) + Ag^+ (aq) \longrightarrow AgI (s)$$	
Sulfat-Ionen SO_4^{2-}	Bariumchlorid-Lösung	weißer Niederschlag $$SO_4^{2-} (aq) + Ba^{2+} (aq) \longrightarrow BaSO_4 (s)$$	
Carbonat-Ionen CO_3^{2-}	Bariumchlorid-Lösung	weißer Niederschlag Bei Zugabe von verdünnter Salzsäure löst sich der Niederschlag auf. $$CO_3^{2-} (aq) + Ba^{2+} (aq) \longrightarrow BaCO_3 (s)$$	
Sulfid-Ionen S^{2-}	Bleiacetat-Papier	schwarzer Niederschlag $$S^{2-} (aq) + Pb^{2+} (aq) \longrightarrow PbS (s)$$	

1 In den Kellerräumen einer Apotheke wurden vier unbeschriftete Vorratsflaschen mit weißen kristallinen Substanzen entdeckt. Weiterhin wurden Etiketten mit den Beschriftungen Natriumcarbonat, Magnesiumsulfat, Kaliumchlorid und Natriumnitrat gefunden. Entwickle einen Versuchsplan für die eindeutige Identifizierung dieser Substanzen.

2 Im Labor wird ein salzartiger Rückstand gefunden. Man vermutet ein Gemisch aus Bariumchlorid und etwas Natriumiodid.
a) Welche Vorproben liefern Hinweise auf Natrium-Ionen und auf Barium-Ionen?
b) Wie könnte man die Anionen nebeneinander nachweisen?

V1: Chlorid-Ionen

Materialien: Tropfpipetten;
Salpetersäure (verd.; C), Silbernitrat-Lösung (1 %).
Proben: stark verdünnte Kochsalz-Lösung, stark verdünnte Salzsäure, Leitungswasser, Mineralwasser, destilliertes Wasser.

Durchführung:
1. Fülle Reagenzgläser zu einem Drittel mit den zu untersuchenden Proben.
2. Gib jeweils drei Tropfen Salpetersäure und drei Tropfen Silbernitrat-Lösung hinzu und schüttle.
3. Betrachte die Reagenzgläser vor einem dunklen Hintergrund.

Aufgaben:
a) Beschreibe den sich bildenden Niederschlag.
b) Formuliere die Reaktionsgleichung für die Reaktion.
c) Bestimme den Chloridgehalt der Proben mithilfe der folgenden Abbildung.

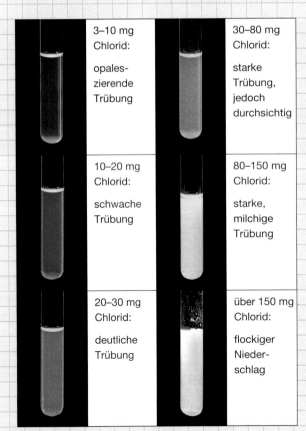

3–10 mg Chlorid: opaleszierende Trübung	**30–80 mg Chlorid:** starke Trübung, jedoch durchsichtig
10–20 mg Chlorid: schwache Trübung	**80–150 mg Chlorid:** starke, milchige Trübung
20–30 mg Chlorid: deutliche Trübung	**über 150 mg Chlorid:** flockiger Niederschlag

Bestimmung des Chloridgehalts. *Die Zahlenangaben beziehen sich auf einen Liter Lösung.*

V2: Bromid-Ionen und Iodid-Ionen

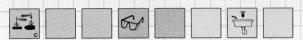

Materialien: Tropfpipetten;
Salpetersäure (verd.; C), Silbernitrat-Lösung (1 %).
Proben: stark verdünnte Lösungen von Kaliumbromid und von Kaliumiodid.

Durchführung:
1. Fülle Reagenzgläser zu einem Drittel mit den zu untersuchenden Proben.
2. Gib jeweils drei Tropfen Salpetersäure und drei Tropfen Silbernitrat-Lösung hinzu und schüttle vorsichtig.
3. Vergleiche die Niederschläge in beiden Lösungen.

Aufgaben:
a) Beschreibe die sich bildenden Niederschläge.
b) Formuliere die Reaktionsgleichungen.
c) Worin unterscheiden sich die Niederschläge von Silberchlorid, Silberbromid und Silberiodid?

V3: Löslichkeit von Silberhalogeniden in Ammoniak-Lösung und in Natriumthiosulfat-Lösung

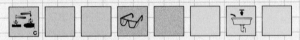

Materialien: Tropfpipetten;
Salpetersäure (verd.; C), Silbernitrat-Lösung (1 %), Ammoniak-Lösung (verd.), Natriumthiosulfat-Lösung (verd.).
Proben: stark verdünnte Lösungen von Kaliumchlorid, Kaliumbromid und Kaliumiodid.

Durchführung:
1. Fülle ein Reagenzglas zu einem Viertel mit Kaliumchlorid-Lösung.
2. Gib drei Tropfen Salpetersäure und drei Tropfen Silbernitrat-Lösung hinzu und schüttle vorsichtig.
3. Versetze den Niederschlag tropfenweise mit Ammoniak-Lösung und schüttle vorsichtig.
4. Untersuche Kaliumbromid-Lösung und Kaliumiodid-Lösung ebenso.
5. Wiederhole die Versuche mit Natriumthiosulfat-Lösung an Stelle der Ammoniak-Lösung.

Aufgaben:
a) Beschreibe und deute deine Beobachtungen.
b) Eine Laborantin ist sich nicht sicher, ob in einer Lösung Chlorid-Ionen oder Bromid-Ionen vorliegen. Wie muss sie vorgehen, um Klarheit zu erlangen?

V4: Sulfat-Ionen und Carbonat-Ionen

Materialien: Tropfpipetten;
Bariumchlorid-Lösung (Xn), Salzsäure (verd.).
Proben: verdünnte Lösungen von Natriumsulfat und von Natriumcarbonat.

Durchführung:
1. Fülle die Reagenzgläser zu einem Drittel mit den zu untersuchenden Proben.
2. Gib einige Tropfen Bariumchlorid-Lösung und Salzsäure hinzu und schüttle vorsichtig.

Aufgaben:
a) Beschreibe die sich bildenden Niederschläge.
b) Formuliere die Reaktionsgleichungen.
c) Begründe die Zugabe von Salzsäure.

V5: Gesteinsuntersuchung

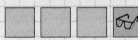

Materialien: Tropfpipetten;
Salzsäure (verd.).
Proben: Marmor, Basalt, Granit.

Durchführung: Gib auf die Gesteinsproben je 4 Tropfen verdünnte Salzsäure.

Aufgaben:
a) Notiere deine Beobachtungen.
b) In welchen Proben sind Carbonate enthalten?
c) Formuliere die Reaktionsgleichung für die Reaktion mit Marmor.

V6: Sulfid-Ionen

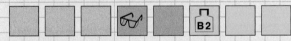

Materialien: Glasstab;
Bleiacetat-Papier.
Proben: stark verdünnte Natriumsulfid-Lösung, Leitungswasser, Tümpelwasser.

Durchführung: Gib mit dem Glasstab einen Tropfen der jeweiligen Probe auf das Bleiacetatpapier (B2).

Aufgaben:
a) Notiere deine Beobachtungen.
b) Formuliere die Reaktionsgleichung.
c) Welche Proben enthalten Sulfid-Ionen?

V7: Analyse von Mineralwasser

Materialien: Tropfpipetten, Glasstab;
Bariumchlorid-Lösung (Xn), Salzsäure (verd.), Bleiacetat-Papier, Salpetersäure (verd.; C), Silbernitrat-Lösung (1 %), Ammoniak-Lösung (verd.), Natriumthiosulfat-Lösung (verd.).
Proben: stilles Mineralwasser, kohlensäurehaltiges Mineralwasser.

Durchführung:
1. Plane deine Vorgehensweise.
2. Untersuche die Mineralwasserproben auf vorhandene Anionen.

Aufgaben:
a) Notiere deine Beobachtungen in tabellarischer Form.
b) Stelle die Reaktionsgleichungen auf.
c) Vergleiche deine Ergebnisse mit den Angaben auf dem Etikett auf der Mineralwasserflasche. Erkläre auftretende Abweichungen.

V8: Analyse unbekannter Proben

Materialien: Tropfpipetten, Glasstab;
Bariumchlorid-Lösung (Xn), Salzsäure (verd.), Bleiacetat-Papier, Salpetersäure (verd.; C), Silbernitrat-Lösung (1 %), Ammoniak-Lösung (verd.).
Proben: demineralisiertes Wasser, Lösungen von Natriumchlorid, Kaliumiodid, Natriumcarbonat, Natriumsulfat.

Durchführung:
1. Gib je 5 ml der Probe-Lösungen in ein Reagenzglas.
2. Vertausche die Reagenzgläser und notiere die jetzt vorliegende Reihenfolge der Lösungen im Reagenzglasständer. Tausche den Reagenzglasständer mit einer anderen Arbeitsgruppe.
3. Bestimme durch geeignete Nachweisreaktionen die einzelnen Lösungen. Entwickle dazu einen Versuchsplan und führe dann die Analyse durch.

Aufgaben:
a) Notiere deine Beobachtungen in tabellarischer Form.
b) Stelle die Reaktionsgleichungen auf.
c) Vergleiche die Ergebnisse mit den Aufzeichnungen der Gruppe, mit der die Reagenzglasständer getauscht wurden.

3.4 Farbreaktionen

Blaukraut und Rotkraut mit Zitrone

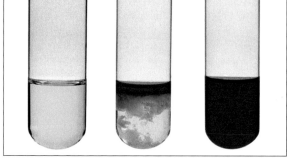

Nachweis von Kupfer-Ionen

Den Zungenbrecher „Rotkraut bleibt Rotkraut und Blaukraut bleibt Blaukraut, ..." kennt jedes Kind. Doch eigentlich ist die darin enthaltene Aussage nicht korrekt, denn Blaukraut bleibt *nicht* Blaukraut, sondern ändert seine Farbe bei Zugabe von Zitronensaft oder Essig und wird zu Rotkraut.

Säure/Base-Indikatoren. Der in Rotkraut enthaltende Farbstoff zeigt an, ob die Lösung sauer oder alkalisch reagiert. Ähnliche Farbstoffe kommen im Sauerkirschsaft, im Rotwein und im Malventee vor. Es handelt sich um *Säure/Base-Indikatoren* (lat.: *indicare*, anzeigen).
Ein weit verbreiteter Indikator ist *Lackmus*, der im sauren Bereich eine rote und im alkalischen Bereich eine blaue Farbe zeigt. Im Labor verwendet man häufig *Methylorange* mit roter Farbe im sauren und gelber Farbe im alkalischen Bereich. Neben diesen Mehrfarben-Indikatoren gibt es auch Einfarben-Indikatoren: So ist *Phenolphthalein* im sauren und im neutralen Bereich farblos und im basischen rot.
Universalindikatoren bestehen dagegen aus einer Mischung verschiedener Indikatoren und zeigen jeden pH-Wert mit einer eigenen Farbe an. Die entsprechende Farbskala wird dabei auf der Verpackung mitgeliefert.

In der Analytik verwendet man Säure/Base-Indikatoren zum Nachweis von **Wasserstoff-Ionen** und von **Hydroxid-Ionen**. Mit einem Universalindikator lässt sich über den pH-Wert dann sogar die Konzentration der H^+-Ionen und der OH^--Ionen bestimmen.

Nachweis von weiteren Ionen. Neben Wasserstoff-Ionen und Hydroxid-Ionen lassen sich auch manche Metall-Ionen und Säurerest-Ionen mittels Farbreaktionen nachweisen: Gibt man zu einer Kupfersalz-Lösung Ammoniak-Lösung, so tritt ein hellblauer Niederschlag auf, der sich bei weiterer Zugabe von Ammoniak-Lösung wieder auflöst. Dabei entsteht eine tiefblaue Lösung. Die Reaktion kann als Nachweis für Kupfer-Ionen verwendet werden.
Phosphat-Ionen lassen sich nachweisen, indem man die Probe mit Salpetersäure ansäuert und Ammoniummolybdat-Lösung hinzu gibt. Beim Erwärmen bildet sich ein gelber Niederschlag.

> Mit Säure/Base-Indikatoren lassen sich Wasserstoff-Ionen und Hydroxid-Ionen nachweisen.
> Universalindikatoren ermöglichen Aussagen über ihre Konzentration. Durch Farbreaktionen können auch andere Ionen nachgewiesen werden.

1 Begründe ob folgende Lösungen sauer, neutral oder alkalisch reagieren:
a) Rotfärbung mit Methylorange,
b) farblose Lösung mit Phenolphthalein,
c) grüne Farbe mit Bromthymolblau,
d) Blaufärbung durch Lackmus.
2 Wodurch unterscheiden sich Einfarben-Indikatoren von Mehrfarben-Indikatoren?
3 Informiere dich über Möglichkeiten zur Bestimmung der Wasserqualität in Aquarien mithilfe von Teststäbchen oder Nachweis-Kits.

Indikator	Lackmus	Bromthymolblau	Methylorange	Phenolphthalein
saure Lösung	rot	gelb	rotorange	farblos
neutrale Lösung	violett	grün	gelb	farblos
alkalische Lösung	blau	blau	gelb	rot

Farben von einigen Indikatoren

Farbreaktionen

V1: Untersuchung von Indikatoren

Materialien: Pipetten, Messer, Gasbrenner; frisches Rotkraut, Sauerkirschsaft, Malventee, schwarzer Tee, Rote-Bete-Saft, Lackmus-Lösung, Salzsäure (verd., Xi), Ammoniak-Lösung (C).

Durchführung:

1. Schneide das Rotkraut in kleine Stücke und koche es mit etwas Wasser im Becherglas. Dekantiere den Rotkrautsaft.
2. Gib den Malventee und den schwarzen Tee jeweils in etwas kochendes Wasser. Dekantiere diese Teeaufgüsse.
3. Fülle den Rotkrautsaft in drei Reagenzgläser. Gib in das erste Reagenzglas einige Tropfen Salzsäure und in das dritte einige Tropfen Ammoniak-Lösung.
4. Verfahre ebenso mit den anderen pflanzlichen Indikatoren.

Aufgabe: Notiere deine Beobachtungen. Erstelle dazu eine Tabelle.

V2: Nachweis von Phosphat-Ionen

Materialien: Gasbrenner, Becherglas (100 ml), Pipette; Lösungen verschiedener Reinigungsmittel und Waschmittel (2 g in 30 ml destilliertem Wasser lösen und mit Schwefelsäure ansäuern), Phosphorsäure (10 %; Xi), Ammoniummolybdat-Lösung (2 %), Kaliumnitrat-Lösung (verd.), Salpetersäure (konz.; C), Salpetersäure (10 %; C), Schwefelsäure (verd.; C).

Durchführung:

1. 3 ml der zu untersuchenden Waschmittel- oder Reinigungsmittel-Lösung werden mit 1 ml verd. Salpetersäure und 2 ml Ammoniummolybdat-Lösung versetzt. Anschließend wird vorsichtig erwärmt.
2. Wiederhole den Versuch mit weiteren Waschmitteln und Reinigungsmitteln.
3. Zum Vergleich werden in einem Reagenzglas 3 ml Phosphorsäure mit 0,5 ml konz. Salpetersäure und 1 ml Ammoniummolybdat-Lösung versetzt und dann vorsichtig erwärmt.

Aufgaben:

a) Notiere deine Beobachtungen.
b) In welchem Wasch- und Reinigungsmittel sind Phosphat-Ionen enthalten?

V3: Nachweis von Nitrat-Ionen mit Teststäbchen

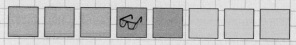

Materialien: Messer, Gurke, Kartoffel, Tomate und weitere Früchte aus konventionellem und ökologischem Landbau; Nitrat-Teststäbchen.

Durchführung:

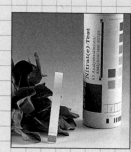

1. Schneide die Gurke an. Halte ein Nitrat-Teststäbchen an die aus der Schnittfläche austretende Flüssigkeit.
2. Lies den Nitrat-Gehalt durch Vergleich mit der Skala ab.
3. Untersuche ebenso die anderen Früchte.

Aufgaben:

a) Notiere deine Beobachtungen.
b) Vergleiche die Herkunft und den Nitrat-Gehalt der Früchte. Haben Früchte aus dem ökologischen Landbau einen geringeren Nitrat-Gehalt?

V4: Nachweis von Nitrat-Ionen (Ringprobe)

   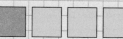

Materialien: Pipette; Kaliumnitrat (O), frisch bereitete Eisensulfat-Lösung ($FeSO_4$, Xn), Schwefelsäure (konz.; C).

Durchführung:

1. Löse in einem Reagenzglas etwas Kaliumnitrat in Wasser und gib 20 Topfen Eisensulfat-Lösung hinzu. Schüttle kurz.
2. Unterschichte nun vorsichtig mit Schwefelsäure: Spanne das Reagenzglas dazu leicht schräg ein und lasse die Schwefelsäure aus der Pipette an der Innenwand des Reagenzglases herunterlaufen. Die beiden Lösungen dürfen sich nicht durchmischen.
3. Beobachte nach einigen Minuten.

Aufgabe: Notiere deine Beobachtungen.

Experimentelle Hausaufgabe:
Bestimmung des Glucosegehaltes

Besorge dir einen Glucose-Teststreifen für Urin in der Apotheke und bestimme den Glucosegehalt deines Urins. Werte das Ergebnis aus. Liegt dein Wert im Normalbereich?

3.5 Titration – ein quantitatives Verfahren

Die Untersuchung eines Stoffes beginnt meist mit einer *qualitativen Analyse*. Damit lassen sich die Elemente bestimmen, die in einer Probe enthalten sind. Will man darüber hinaus die Mengenanteile einzelner Bestandteile einer Probe ermitteln, so muss man eine *quantitative Analyse* durchführen. Ein Beispiel ist die *Titration*.

Gibt man gleiche Volumina Salzsäure und Natronlauge zusammen, so ist die entstehende Lösung nicht in allen Fällen neutral. Eine neutrale Lösung erhält man nur, wenn die Anzahl der Wasserstoff-Ionen in der Säure mit der Anzahl der Hydroxid-Ionen in der Lauge übereinstimmt und alle H^+-Ionen und OH^--Ionen in der Lösung zu Wasser reagieren:

$$H^+ (aq) + OH^- (aq) \longrightarrow H_2O (l)$$

Um die für eine Neutralisation notwendigen Volumina an Säure und an Lauge zu ermitteln, muss man daher wissen, wie viele Teilchen in der Lösung vorliegen.

Stoffmengenkonzentration. Eine Gehaltsangabe für Lösungen, die eine Aussage über die Teilchenzahl macht, ist die *Stoffmengenkonzentration c* (engl.: *concentration*). Sie gibt an, welche Stoffmenge eines Stoffes in einem bestimmten Volumen vorliegt:

$$c = \frac{n}{V}; \quad \text{Einheit:} \ \frac{mol}{l}$$

Will man die Stoffmengenkonzentration einer Natronlauge berechnen, die 8 g Natriumhydroxid in 100 ml Lösung enthält, so muss man zunächst die Stoffmenge n aus der Masse und der molaren Masse ermitteln. Die molare Masse für Natriumhydroxid beträgt $40 \frac{g}{mol}$.

$$n (NaOH) = \frac{m (NaOH)}{M (NaOH)} = \frac{8\,g}{40 \frac{g}{mol}} = 0,2\,mol$$

Die Stoffmengenkonzentration ergibt sich nun aus der Stoffmenge n und dem Volumen V:

$$c (NaOH) = \frac{n (NaOH)}{V (Lösung)} = \frac{0,2\,mol}{0,1\,l} = 2 \frac{mol}{l}$$

Titration. Im Labor verwendet man oft Lösungen mit genau bekannter Stoffmengenkonzentration, so genannte *Maßlösungen*. Mit ihrer Hilfe lassen sich unbekannte Konzentrationen anderer Lösungen bestimmen. Diese Art der quantitativen Analyse nennt man *Maßanalyse*. Ein maßanalytisches Verfahren, um den Gehalt an Säuren oder Basen zu bestimmen, ist die **Säure/Base-Titration.**

Soll die Konzentration einer Natronlauge ermittelt werden, versetzt man ein bestimmtes Volumen die-

Herstellen einer Maßlösung

ser Lösung mit einigen Tropfen Indikator-Lösung. Dann gibt man tropfenweise eine Maßlösung von Salzsäure zu, bis der Indikator gerade umschlägt und der *Neutralpunkt* erreicht ist. Das Volumen der benötigten Maßlösung wird abgelesen.
Bei der Auswahl des Indikators muss man darauf achten, dass der Neutralpunkt im Umschlagsbereich des Indikators liegt. Für die Titration von Natronlauge mit Salzsäure kommt etwa Bromthymolblau in Frage.

Auswertung einer Titration. Am Neutralpunkt ist die Anzahl der Wasserstoff-Ionen in der Lösung genauso groß wie die Anzahl der Hydroxid-Ionen, also gilt:

$$n (H^+) = n (OH^-)$$

Da die Stoffmenge das Produkt von Stoffmengenkonzentration und Volumen ist, ergibt sich:

$$c (HCl) \cdot V (HCl) = c (NaOH) \cdot V (NaOH)$$

Wurden beispielsweise 25 ml Natriumhydroxid-Lösung mit Salzsäure der Konzentration $c = 0,2 \frac{mol}{l}$ titriert und dabei bis zum Neutralpunkt 17,2 ml Maßlösung verbraucht, erhält man nach Umstellung der Gleichung:

$$c (NaOH) = \frac{c (HCl) \cdot V (HCl)}{V (NaOH)}$$

$$c (NaOH) = \frac{0,2 \frac{mol}{l} \cdot 17,2\,ml}{25\,ml} = 0,14 \frac{mol}{l}$$

Die Stoffmengenkonzentration der untersuchten Natriumhydroxid-Lösung beträgt also $0,14 \frac{mol}{l}$.

Die Titration ist eine quantitative Analysenmethode. Die Stoffmengenkonzentration einer Säure oder Base wird durch tropfenweise Zugabe einer Maßlösung in Gegenwart eines Indikators bestimmt.

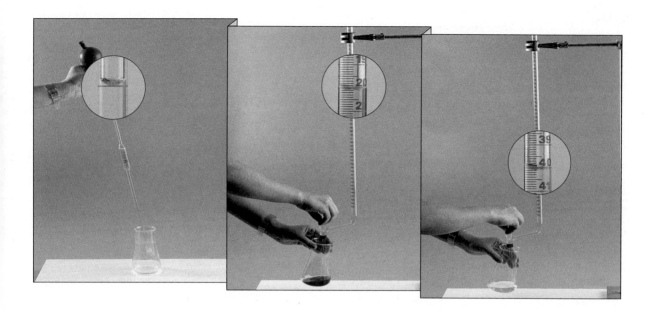

Durchführung und Auswertung einer Titration

1. Man gibt ein bestimmtes Volumen der zu untersuchenden Lösung mit einer Vollpipette in einen Erlenmeyerkolben und fügt wenige Tropfen eines geeigneten Indikators hinzu.
2. Dann füllt man die Maßlösung in die Bürette und liest den Flüssigkeitsstand ab.
3. Danach lässt man die Maßlösung aus der Bürette in die Analysenlösung tropfen. Dabei muss der Erlenmeyerkolben ständig geschwenkt werden, um eine gute Durchmischung der beiden Lösungen zu gewährleisten.
4. Wenn der Indikator umschlägt, ist die Titration beendet. Der Flüssigkeitsstand wird an der Bürette erneut abgelesen und der Verbrauch an Maßlösung berechnet.
5. Die Titration wird mehrfach wiederholt. Aus den Einzelergebnissen bildet man den Mittelwert.
6. Die Auswertung erfolgt nach der Größengleichung:
c (Säure) · V (Säure) = c (Base) · V (Base)

Rechenbeispiel

20 ml Salzsäure werden mit einer Natriumhydroxid-Lösung der Stoffmengenkonzentration $c = 0{,}1 \frac{mol}{l}$ titriert. Der Verbrauch an Maßlösung beträgt 17,3 ml. Berechne die Stoffmengenkonzentration der Salzsäure.

1. Die gegebenen und die gesuchten Werte werden notiert:

gegeben:
c (NaOH) = $0{,}1 \frac{mol}{l}$
V (NaOH) = 17,3 ml
V (HCl) = 20 ml
gesucht: c (HCl)

2. Die Größengleichung wird nach der gesuchten Größe umgestellt:

n(HCl) = n(NaOH)

c (HCl) · V (HCl) = c (NaOH) · V (NaOH)

c (HCl) = $\dfrac{c \text{ (NaOH)} \cdot V \text{ (NaOH)}}{V \text{ (HCl)}}$

3. Die bekannten Größen werden in die Größengleichung eingesetzt und die gesuchte Größe wird berechnet:

c (HCl) = $\dfrac{0{,}1 \frac{mol}{l} \cdot 17{,}3 \text{ ml}}{20 \text{ ml}}$ = $0{,}087 \frac{mol}{l}$ l

Die Salzsäure besitzt eine Stoffmengenkonzentration von $c = 0{,}087 \frac{mol}{l}$.

---

1 5 g Natriumhydroxid werden in Wasser gelöst und die Lösung mit Wasser auf 500 ml aufgefüllt. Bestimme die Stoffmengenkonzentration der Natriumhydroxid-Lösung.

2 500 ml Lösung enthalten 1 g Kaliumnitrat (KNO_3). Berechne die Stoffmengenkonzentration der Lösung.

3 a) Welche Stoffmenge an H^+-Ionen ist in 25 ml Salzsäure der Konzentration $0{,}1 \frac{mol}{l}$ enthalten?

b) Wie viele Milliliter Natriumhydroxid-Lösung mit der Konzentration $0{,}125 \frac{mol}{l}$ benötigt man, um die saure Lösung von a) zu neutralisieren?

Gehaltsangaben

Im Chemielabor wird oft mit unterschiedlich konzentrierten Lösungen gearbeitet. Dabei gibt man die Anteile der Mischungspartner meist entweder als Stoffmengenkonzentration in $\frac{mol}{l}$ oder als Massenanteil, meist in Prozent, an.

Stoffmengenkonzentration. Die Stoffmengenkonzentration c ist der Quotient aus der Stoffmenge des gelösten Stoffes und dem Volumen der Lösung:

$$c = \frac{n \text{ (gelöster Stoff)}}{V \text{ (Lösung)}} \qquad \text{Einheit: } \frac{mol}{l}$$

Beispiel: In einem Liter einer Natriumchlorid-Lösung mit der Konzentration $c = 1{,}5 \frac{mol}{l}$ sind 1,5 mol Natriumchlorid gelöst.

Massenanteil. Der Massenanteil w ist definiert als der Quotient aus der Masse des gelösten Stoffes und Masse der Lösung. Im Nenner steht daher die Summe aus der Masse des gelösten Stoffes und der Masse des Lösungsmittels:

$$w = \frac{m \text{ (gelöster Stoff)}}{m \text{ (Lösung)}}$$

Beispiel: 1 kg einer Natriumchlorid-Lösung mit dem Massenanteil $w = 15\%$ ($= 0{,}15$) enthält 150 g Natriumchlorid und 850 g Wasser.

Umrechnung. Um zwischen der Stoffmengenkonzentration und dem Massenanteil umzurechnen, muss man beide Größengleichungen umstellen:

$$c = \frac{n}{V}; \quad n = \frac{m}{M} \Rightarrow c = \frac{m}{V \cdot M} \Rightarrow m = c \cdot V \cdot M$$

$$w = \frac{m}{m \text{ (Lösung)}} \Rightarrow m = w \cdot m \text{ (Lösung)}$$

Durch Gleichsetzung beider Gleichungen erhält man:

$$c \cdot V \cdot M = w \cdot m \text{ (Lösung)}$$

$$c = \frac{w \cdot m \text{ (Lösung)}}{V \cdot M} \quad \text{und} \qquad w = \frac{c \cdot V \cdot M}{m \text{ (Lösung)}}$$

Zur Umrechnung der Stoffmengenkonzentration in den Massenanteil benötigt man also die molare Masse M und die Dichte $\frac{m}{V}$ der Lösung. Die Dichte liegt bei verdünnten wässerigen Lösungen meist nahe bei $1 \frac{g}{cm^3}$.

Für Salzwasser mit einem Natriumchloridgehalt von 2,9 % ($= 0{,}029$) und einer Dichte von $1{,}022 \frac{g}{cm^3}$ ergibt sich für die Konzentration:

$$c = \frac{0{,}029 \cdot 1022 \frac{g}{l}}{58{,}8 \frac{g}{mol}} = 0{,}5 \frac{mol}{l}$$

Die Stoffmengenkonzentration von Salzwasser mit einem Massenanteil von 2,9 % beträgt $0{,}5 \frac{mol}{l}$.

Volumenmessung

Bei quantitativen analytischen Untersuchungen ist es notwendig, Messungen exakt durchzuführen. Bereits kleine Fehler können das Ergebnis erheblich verfälschen. Daher muss man die Genauigkeit der Messwerte beurteilen können.

Zur Messung des Volumens von Flüssigkeiten verwendet man im Labor Geräte, die sich in der Messgenauigkeit deutlich unterscheiden. So sind die Skalen an Bechergläsern nur Orientierungshilfen; sie erlauben keine genaue Messung. Auch bei Messzylindern ist die Genauigkeit nicht sehr hoch. Besonders präzise Volumenmessungen gestatten dagegen die Messgeräte, die man bei Titrationen verwendet: Messkolben und Vollpipetten erlauben die Messung nur eines bestimmten Volumens. Sie besitzen am Hals eine Eichmarke, bis zu der die Pipette oder der Kolben gefüllt werden muss, um das angegebene Volumen zu erhalten. Büretten und Messpipetten haben eine geeichte Skala, mit der man beliebige Volumina innerhalb des Messbereichs ablesen kann. Die Skala ist dabei so angelegt, dass beim Auslaufen die in der Spitze verbleibende Flüssigkeit nicht mitgerechnet wird. Pipetten oder Büretten dürfen daher auf keinen Fall ausgeblasen werden.

Beim Ablesen müssen sich die Augen auf der gleichen Höhe wie der Flüssigkeitsstand befinden. Der Flüssigkeitsspiegel ist in den Messgeräten aufgrund von Adhäsionskräften zwischen Glas und Flüssigkeit am Rand stets nach oben gewölbt. Um das Volumen richtig zu bestimmen, muss die Skala an der Unterseite der Wölbung abgelesen werden. Beim Ablesen mancher Büretten hilft auch der Schellbachstreifen: Durch Lichtbrechungseffekte zeigt eine Spitze exakt die Höhe des Flüssigkeitsspiegels an. Entsteht durch falsches Ablesen ein Messfehler von nur 0,1 ml, so ist das bei einem Volumen von 10 ml bereits 1 % des Messwertes. Bei der weiteren Auswertung einer Titration kann ein solcher Fehler vervielfacht werden und dann das Ergebnis stark verfälschen.

Titration

V1: Titration von Natronlauge

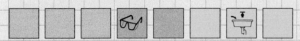

Materialien: Erlenmeyerkolben (200 ml, weit), Pipette (20 ml), Pipettierhilfe, Bürette, kleiner Trichter, Becherglas (100 ml);
Probelösung: Natronlauge ($c \approx 0{,}1 \frac{mol}{l}$),
Maßlösung: Salzsäure ($0{,}1 \frac{mol}{l}$), Bromthymolblau-Lösung.

Durchführung:

1. Miss mit der Pipette 20 ml Natronlauge genau ab und lass die Lösung in den Erlenmeyerkolben laufen.
   Hinweis: Die Pipette darf *nicht* ausgeblasen werden, sie ist auf Auslauf geeicht.
2. Setze einige Tropfen Indikator-Lösung zu.
3. Fülle die Bürette mit Salzsäure-Maßlösung. Lass einige Tropfen in das Becherglas ablaufen, damit der Bürettenauslauf gefüllt ist. Lies den Flüssigkeitsstand in der Bürette ab.
4. Unter ständigem Umschwenken des Erlenmeyerkolbens lässt man nun Salzsäure in die Natronlauge tropfen, bis die Farbe des Indikators umschlägt. Lies das Volumen an der Bürette ab.

Aufgabe: Berechne die Stoffmengenkonzentration der Natronlauge.

A1: a) Bei der Titration von 50 l Natronlauge verbraucht man 25 l Salzsäure ($c = 1 \frac{mol}{l}$). Bestimme die Stoffmengenkonzentration der Hydroxid-Ionen in der Lauge.
b) Begründe, warum zur Auswertung einer Säure/Base-Titration folgende Formel verwendet werden darf:
$c(H^+) \cdot V(Säure) = c(OH^-) \cdot V(Lauge)$

A2: Ein Stückchen Calcium wird in 100 ml Salzsäure ($c = 0{,}1 \frac{mol}{l}$) gegeben. Nach Beendigung der Reaktion werden 20 ml der Lösung mit Natronlauge ($c = 0{,}1 \frac{mol}{l}$) neutralisiert. Man benötigt 12 ml.
a) Welche Stoffmenge an Salzsäure ist durch die Reaktion mit Calcium verbraucht worden?
b) Welche Masse hatte das Calcium-Stück?

A3: Bei der Titration von je 25 ml Natronlauge werden einmal 20 ml Schwefelsäure ($c(H_2SO_4) = 1 \frac{mol}{l}$), ein andermal 40 ml Salzsäure ($c(HCl) = 1 \frac{mol}{l}$) verbraucht. Erkläre den Unterschied.

V2: Titration von Haushaltsessig

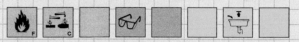

Materialien: Vollpipette (20 ml), Pipettierhilfe, Erlenmeyerkolben (200 ml, weit), Bürette;
Speiseessig (etwa 5 %), Natronlauge ($1 \frac{mol}{l}$; C), Phenolphthalein-Lösung (F).

Durchführung:

1. Gib mit der Vollpipette 20 ml Speiseessig in den Erlenmeyerkolben und versetze die Probe mit einigen Tropfen Phenolphthalein-Lösung.
2. Fülle die Bürette mit Natronlauge.
3. Titriere die Probe, bis der Indikator gerade eine schwache Rosafärbung zeigt.

Aufgaben:
a) Berechne die Stoffmengenkonzentration der Essigsäure im Speiseessig.
b) Vergleiche dein Rechenergebnis mit der Angabe auf dem Etikett einer Flasche handelsüblichen Speiseessigs. Vereinfachend kann man annehmen, dass die Angabe in Volumenprozent in etwa mit dem Gehalt in Massenprozent übereinstimmt.

V3: Bestimmung des Säuregehalts von Jogurt

Materialien: Erlenmeyerkolben (200 ml, weit), Bürette, Waage, Löffel;
Magermilch-Jogurt, Natronlauge ($0{,}1 \frac{mol}{l}$), Phenolphthalein-Lösung (F).

Durchführung:

1. Gib etwa 50 ml Wasser in den Erlenmeyerkolben und rühre 20 g Jogurt ein. Gib einige Tropfen Indikator-Lösung zu.
2. Befestige die Bürette an einem Stativ, fülle sie mit der Natronlauge-Maßlösung und titriere die Jogurt-Probe, bis die Mischung rosa gefärbt bleibt.

Aufgaben:
a) Welche Stoffmenge an OH^--Ionen wird benötigt?
b) Welche Stoffmenge an Säure ist demnach in 100 g Jogurt enthalten?
c) Berechne die Stoffmengenkonzentration der Säure.
d) Welchem Massenanteil an Milchsäure ($CH_3-CHOH-COOH$) entspricht dieser Säuregehalt?

Erstellen einer Facharbeit

Recherche im Internet

Fertiggestellte Facharbeit

Wie hoch ist der Nitratgehalt in Lebensmitteln? Manchmal möchte man mehr wissen, als man im Chemieunterricht erfährt. Mit der Anfertigung einer Facharbeit kann man sich mit einem Thema über den Unterricht hinaus auseinandersetzen. Sie stellt dabei eine *weitestgehend selbstständige Arbeit* dar.

Welche Anforderungen an Umfang, an den praktischen Anteil und an die Formalien einer solchen Arbeit gestellt werden, sollte vor Beginn mit der Lehrerin oder dem Lehrer besprochen werden.

Arbeitsthema formulieren:

- Sammle erste Ideen und grenze ein Thema ein.
- Formuliere ein vorläufiges Thema; später kannst du es noch ändern oder konkretisieren.
- Besprich mit dem Betreuer das Thema und die inhaltlichen Aspekte. Berücksichtige dabei auch die notwendigen experimentellen Arbeiten.

Tipp: Nimm dir nicht zu viel vor. Beschränke dich auf das Wesentliche.

Material sammeln und auswerten:

- Recherchiere in der Fachliteratur und im Internet.
- Überprüfe die Verlässlichkeit der Quellen im Internet.
- Konkretisiere die Quellen, auf die du dich stützt. Erstelle Exzerpte mit Quellenangabe.
- Werte das Material aus: Suche übereinstimmende zentrale Aussagen. Worin sind eventuell auftretende Differenzen begründet?
- Kläre ab, welche konkreten Versuche durchgeführt werden müssen. Erstelle Materiallisten und Versuchsbeschreibungen. Informiere dich über die Gefahren und über die Entsorgung.
- Führe Experimente frühzeitig durch, damit du dich auf ihre Ergebnisse beziehen kannst.
- Fasse abschließend die theoretischen wie die experimentellen Ergebnisse zusammen.

Tipp: Verzichte nicht auf die Befragung von Experten.

Erstellung der Arbeit:

- Erstelle eine Gliederung. Wähle prägnante und aussagekräftige Überschriften zu den einzelnen Punkten.
- Beschreibe in der Einleitung den Kontext und das Ziel der Arbeit.
- Führe im Hauptteil die einzelnen Aspekte des Themas detailliert aus. Beschreibe die angewandten Methoden. Sind Probleme aufgetreten? Wie wurden sie gelöst? Bewerte deine Ergebnisse kritisch.
- Gib im Schlussteil eine Zusammenfassung der wesentlichen Ergebnisse. Weise auf offene Fragen hin.
- In den Anhang gehören die Protokolle der Experimente, das Literatur- und Quellenverzeichnis sowie eine Erklärung, dass du die Arbeit selbstständig angefertigt hast und dass nur die angegebenen Quellen genutzt wurden.

Tipp: Beginne zeitig mit der Textfassung. Sowohl die Gliederung als auch der eigentliche Text lassen sich im Laufe der Arbeit noch variieren.

Formale Gestaltung und Layout:

- Erstelle die Arbeit mit einem Textverarbeitungsprogramm.
- Berücksichtige die vereinbarten Formalien: Gesamtumfang, Papierformat, Seitenränder, Seitennummerierung, Schriftgröße, einseitiger Druck, Heftung der Arbeit.
- Gib dir besondere Mühe bei der Gestaltung des Titelblattes der Arbeit.

Tipp: Lass die Arbeit am Ende von einem Bekannten kritisch gegenlesen.

Erstellen einer Facharbeit
1. Arbeitsthema formulieren und absprechen.
2. Literaturrecherchen und Laborarbeit durchführen und auswerten.
3. Gliederung erstellen und Textfassung entwerfen.
4. Layout erstellen, Arbeit ausdrucken und Korrektur lesen lassen.

Durchführung von Projekten

Arbeit in einer Projektgruppe

Darstellung der Ergebnisse

Ein interessanter Aspekt der Arbeit im Chemielabor ist die Untersuchung von Alltagsprodukten auf einzelne Inhaltsstoffe. Solche Untersuchungen sind oft aufwendig; sie eignen sich daher gut für arbeitsteilige Methoden wie die Projektarbeit.

Auf den folgenden Seiten finden sich Anregungen für entsprechende Aufgabenstellungen. Die konkrete Arbeit muss in der Projektgruppe verabredet und dann mit der Lehrerin oder dem Lehrer abgesprochen werden.
Bei der Vorbereitung eines Projekts werden in der Klasse **Projektgruppen** gebildet, die unter einem *Gesamtthema* die Bearbeitung von einzelnen *Teilthemen* übernehmen.

Themenfindung in den Projektgruppen:
- Alle Gruppenmitglieder diskutieren konkrete Fragestellungen aus dem Gesamtthema. Jedes Gruppenmitglied bringt seine Vorschläge ein.
- Die Projektgruppe entscheidet dann gemeinsam, welches Teilthema bearbeitet werden soll.

Tipp: Das Thema soll so gewählt werden, dass sich alle Gruppenmitglieder in die Arbeit einbringen können.

Planung des Projekts:
- Entscheidet in der Projektgruppe, welche Aufgaben *gemeinsam* erledigt werden, und verteilt Aufgaben an *einzelne* Gruppenmitglieder.
- Die Arbeitsverteilung wird in einem *schriftlichen* Plan festgehalten, der auch genaue Vorgaben enthält, bis zu welchem Zeitpunkt die jeweilige Arbeit erledigt sein muss.
- Die Planung wird dem Lehrer oder der Lehrerin vorgestellt. In diesem Gespräch entscheidet sich letztlich, ob sich alle Vorstellungen umsetzen lassen.

Tipp: Wichtig ist, dass jedes Gruppenmitglied seine Aufgaben im Rahmen des Teilprojektes genau kennt und termingerecht erledigt.

Projektdurchführung:
- Arbeitet während der Projektdurchführung nach dem vereinbarten Plan einzeln oder in eurer Projektgruppe.
- Besprecht regelmäßig gemeinsam den Fortschritt der Arbeit.
- Helft euch gegenseitig bei Schwierigkeiten. Kommt ihr selbst nicht weiter, dann holt euch beim Lehrer Hilfe.

Tipp: Erledigt verlässlich alle übernommenen Arbeiten.

Abschluss des Projektes:
- Tragt die Ergebnisse *rechtzeitig* zusammen.
- Begründet, welche Vorhaben sich als nicht realisierbar herausgestellt haben.
- Entscheidet, in welcher Form die Ergebnisse vorgestellt werden sollen.

Tipp: Für die Durchführung weiterer Projekte sollte in der Projektgruppe kritisch Bilanz gezogen werden.

Präsentation der Ergebnisse:
- An der Präsentation muss die gesamte Gruppe gemeinsam arbeiten.
- Alle Gruppenmitglieder müssen einen Teil der Arbeit vorstellen.
- Das Ziel ist erreicht, wenn durch die Präsentation andere Schüler von den Ergebnissen überzeugt werden.

Arbeiten mit der Projektmethode
1. Thema und Aufgabe formulieren, Projektgruppen bilden.
2. Gemeinsam Informationen sammeln und Thema strukturieren.
3. Arbeitsplan aufstellen und schriftlich fixieren.
4. Arbeiten nach Plan einzeln und in der Gruppe; regelmäßige gemeinsame Fortschrittsberichte.
5. Ergebnisse zusammenstellen und bewerten.
6. Präsentation als Vortrag, Poster, Film oder in anderer Form.

Alles Dünger oder was?

Blaukorn Universaldünger

NPK-Dünger mit Magnesium
12+12+17 (+2)
sowie Bor und Zink

12 %	Gesamtstickstoff
12 % P_2O_5	Phosphat
17 % K_2O	Kaliumoxid
2 % MgO	Magnesiumoxid

Dünger-Etikett

Nach einem alten indianischen Brauch erntet man kräftige und gesunde Tomaten, wenn unter jeder Pflanze ein toter Fisch vergraben wird. Bei der Verwesung des Fisches gelangen Mineralstoffe in den Boden, die von der Pflanze als Nährstoffe genutzt werden können und so die Ernte verbessern.

Heute verwendet man zur Verbesserung des Nährstoffangebots im Boden Düngemittel, die in vielen unterschiedlichen Zusammensetzungen angeboten werden.

A1: Informationen über Dünger und Düngung

- Sucht im Internet und in der Bücherei Informationen zu folgenden Themen:
  – Pflanzennährstoffe
  – Gesetz vom Wachstumsminimum
  – Zusammensetzung verschiedener Dünger
  – Funktion der einzelnen Bestandteile
  – Dosierung und Ausbringung von Düngemitteln
  – Stickstoffkreislauf
  – einfache Hausrezepte zur Düngerherstellung
  – historische Entwicklung der Stickstoffdünger
- Tragt eure Ergebnisse in Form von Kurzreferaten vor.

V1: Nachweis von Kationen in Volldünger und in Tannendünger

- Stellt mithilfe des Buches eine Tabelle von Vorproben und Nachweisreaktionen für Kationen zusammen. Listet die notwendigen Reagenzien auf und gebt die Hinweise auf Gefahren sowie die Ratschläge für die Entsorgung an. Welche Beobachtungen sind bei einem positiven Verlauf des jeweiligen Nachweises zu erwarten?
- Besprecht mit dem Lehrer, welche Experimente ihr durchführen wollt.
- Erstellt einen Arbeitsplan, führt die Experimente durch und notiert eure Beobachtungen.
- Stellt die Ergebnisse für die einzelnen Düngerproben in Kurzreferaten vor.

V2: Nachweis von Anionen in Volldünger und in Tannendünger

- Stellt mithilfe des Buches eine Tabelle von Nachweisreaktionen für Anionen zusammen. Gebt für jeden Nachweis die notwendigen Reagenzien, die Hinweise auf Gefahren und die Entsorgungsratschläge an. Auf welche Beobachtungen muss man bei den einzelnen Reaktionen achten?
- Besprecht mit dem Lehrer, welche Experimente ihr durchführen wollt.
- Erstellt einen Arbeitsplan, führt die Experimente durch und notiert eure Beobachtungen.
- Stellt die Ergebnisse für die einzelnen Düngerproben in Kurzreferaten vor.

Nachweis von Ammonium-Ionen

Eine Probe des zu untersuchenden Feststoffs wird auf ein Uhrglas gegeben und dann mit einigen Tropfen Natronlauge versetzt. Danach deckt man die Probe mit einem zweiten Uhrglas ab, an dessen Inenseite sich ein angefeuchteter Sreifen Universalindikator-Papier befindet.

Wenn die Probe Ammonium-Ionen enthält, färbt sich der Indikator durch das sich bildende Ammoniak-Gas blau.

Boden

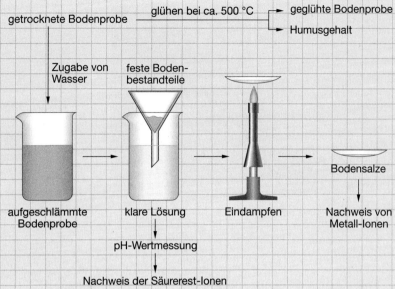

getrocknete Bodenprobe — glühen bei ca. 500 °C → geglühte Bodenprobe / Humusgehalt

Zugabe von Wasser

feste Bodenbestandteile

aufgeschlämmte Bodenprobe → klare Lösung → Eindampfen → Bodensalze / Nachweis von Metall-Ionen

pH-Wertmessung

Nachweis der Säurerest-Ionen

Bodenprofil　　　　　*Bodenuntersuchung*

Pflanzen brauchen für ihr Wachstum verschiedene Nährstoffe. Durch die intensive landwirtschaftliche Nutzung werden dem Boden ständig Mineralien entzogen und die Bedingungen für das Pflanzenwachsum verschlechtern sich zunehmend.

Eine wichtige Aufgabe der Landwirtschaft ist es daher, die Fruchtbarkeit des Bodens zu erhalten oder zu verbessern. Voraussetzung dazu ist eine genaue Kenntnis der Bodenbeschaffenheit und des Gehalts an verfügbaren Nährstoffen. Daraus kann der Fachmann Schlussfolgerungen für die erforderlichen Maßnahmen zur Düngung ziehen und konkrete Dosierungshinweise geben.

A1: Ermittlung der Bodenbeschaffenheit

- Welche Bodenarten gibt es? Was versteht man unter Mutterboden? Wodurch unterscheiden sich Kalkböden, Sandböden und Humusböden aus chemischer Sicht? Weshalb unterscheidet sich die Bodenbeschaffenheit an der Oberfläche von der in tieferen Schichten?
- Was sind die wichtigsten anorganischen und organischen Bestandteile von Ackerboden? Welche Bedeutung haben sie für die Landwirtschaft?
- Welche Bedeutung hat der pH-Wert des Bodens für das Pflanzenwachstum? Warum sind Moorböden und Waldböden saurer als andere Böden?
- Zur Charakterisierung von Böden verwendet man sogenannte Zeigerpflanzen, die einen bestimmten pH-Wert im Boden bevorzugen. Erstellt eine Tabelle, mit der man den pH-Wert des Bodens ähnlich wie mit der Farbtabelle des Universalindikators bestimmen kann.

V1: Experimentelle Bestimmung: Humusgehalt des Bodens, pH-Wert, die Ionen in den Bodensalzen

- Stellt eine Tabelle von Vorproben und von Nachweisreaktionen für Kationen und für Anionen zusammen. Gebt für jeden Nachweis die notwendigen Reagenzien, die Hinweise auf Gefahren und die Entsorgungsratschläge an.
  Auf welche Beobachtungen muss man bei den einzelnen Reaktionen achten?
- Besprecht mit dem Lehrer, welche Experimente ihr durchführen wollt.
- Informiert euch, wie man Bodenproben entnimmt. Beschafft Proben von Ackerboden oder Gartenboden und Blumenerde und trocknet sie.
- Glüht eine Bodenprobe in einer Porzellanschale unter gelegentlichem Umrühren etwa 15 Minuten lang. Wiegt die Probe vor und nach dem Erhitzen. Berechnet daraus den Humusgehalt des Bodens.
- Schlämmt eine Bodenprobe mit Wasser auf und lasst sie einen Tag lang ruhig stehen. Dekantiert dann die über dem Bodensatz stehende Flüssigkeit vorsichtig ab und dampft einen Teil davon langsam ein.
- Führt die Experimente zur Bestimmung der Ionen durch und notiert eure Beobachtungen.
- Stellt die Ergebnisse für die einzelnen Bodenproben übersichtlich zusammen und vergleicht sie untereinander.
- Welche Nutzpflanzen könnten auf den einzelnen Böden besonders gut gedeihen? Begründet mit den experimentellen Ergebnissen.

Cola – ein koffeinhaltiges Erfrischungsgetränk

Kolabaum und Kolanuss

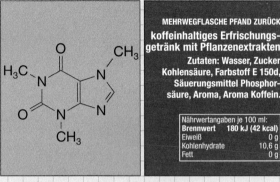

Koffein – Inhaltsstoff von Cola-Getränken

Seit mehr als einhundert Jahren erfreuen sich Cola-Getränke ungebrochener Beliebtheit. Als Erfinder gilt der amerikanische Pharmazeut John Styth PEMBERTON. Er entwickelte in den 1860er Jahren eine Rezeptur für einen Sirup aus koffeinhaltigen Kolanüssen und Blättern des Kolastrauches. Der Sirup wurde mit zuckerhaltigem Sodawasser verdünnt und so als Mittel gegen Abgeschlagenheit, Müdigkeit und Völlegefühl verkauft.

Etwa 20 Jahre später wurden die kokainhaltigen Kokablätter von der Zutatenliste gestrichen. Seither gelang dem nun als koffeinhaltige Limonade verkauften Getränk ein Siegeszug in über 160 Länder der Erde. Das Erfrischungsgetränk ist auch heute noch Zeichen einer sich als modern und weltoffen gebenden Jugendkultur.

A1: Informationen rund um Cola-Getränke

- Recherchiert die Geschichte und Entwicklung von Cola-Getränken. Nutzt dafür auch das Internet. Erstellt ein Poster, auf dem eure Ergebnisse chronologisch angeordnet sind. Stellt das Poster in einem Kurzvortrag vor.
- Erstellt eine Tabelle mit den Inhaltsstoffen verschiedener Cola-Sorten. Orientiert euch an den Angaben auf dem Etikett. Ordnet die Stoffe mengenmäßig. Vorschlag für den Tabellenkopf:
  Cola-Getränk, Inhaltsstoff, Eigenschaften und Wirkungen.
  Hinweis: Besorgt euch eine Liste der E-Nummern, um die so verschlüsselten Angaben auf den Etiketten lesen zu können.
- Informiert euch über alternative Erfrischungsgetränke. Welche Getränke wären unter gesundheitlichen und ernährungsphysiologischen Gesichtspunkten empfehlenswerte Alternativen zu Cola-Getränken?
- Erstellt ein Poster über eure Getränke-Empfehlungen für die Party des Jahres und bereitet einen Kurzvortrag dazu vor.

V1: Inhaltsstoffe – chemisch untersucht

a) Zuckergehalt eines Cola-Getränkes

- Der Zuckergehalt eines Cola-Getränkes soll durch den Vergleich mit der Dichte von Zuckerlösungen verschiedener Konzentrationen bestimmt werden. Überlegt euch, welche Lösungen hergestellt werden müssen.
  Hinweis: Vor dem Vergleich mit dem Cola-Getränk muss allerdings das Kohlenstoffdioxid entfernt werden, da es das Ergebnis verfälschen würde. Dazu wird das Cola-Getränk 15 Minuten lang auf 80 °C erhitzt.

b) Weitere Inhaltsstoffe eines Cola-Getränkes

- Plant weitere Versuche zu den Eigenschaften und den Inhaltsstoffen von Cola-Getränken. Ihr könnt beispielsweise die elektrische Leitfähigkeit bestimmen, den pH-Wert messen oder versuchen, die Phosphat-Ionen nachzuweisen.

c) Chromatografie des Cola-Farbstoffes

- Untersucht chromatografisch, ob es sich bei den Farbstoffen von Cola-Getränken um ein Stoffgemisch oder um einen Reinstoff handelt.
- Sucht im Internet nach Hinweisen, wie man Cola-Getränke entfärben kann. Probiert die angegebenen Möglichkeiten aus und bewertet sie.

Pendergrasts historische Cola-Rezeptur um 1900:

1 Unze Zitrat-Koffein, 1 Unze Vanille-Extrakt, 2½ Unzen Essenzen aus Orangenöl, Limonenöl, Muskatnussöl, Zimtöl, Korianderöl, Nerolinöl und Alkohol, 4 Unzen Coca, 3 Unzen Zitronensäure, 30 lbs Zucker, 2½ Gallonen Wasser, in ausreichender Menge Karamell.

Hinweise: (1 Unze = 28,35 g; 1 lb (Pound) = 453,6 g; 1 Quart = 1,136 l; 1 Gallone = 3,78 l)

Zahncreme

Erste industrielle Zahncreme

Löwenapotheke in Dresden 1912

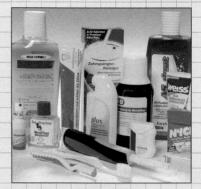

Zahnpflegeprodukte heute

Seit Ende des 19. Jahrhunderts wurde mit dem zunehmenden Gesundheits- und Hygienebewusstsein auch eine regelmäßige Zahnpflege propagiert. Dazu entwickelte der Apotheker Ottomar HEINSIUS von MAYENBURG im Jahre 1907 in einem kleinen Laboratorium auf dem Dachboden der Löwenapotheke am Dresdner Altmarkt eine Zahncreme, die unter dem Namen Chlorodont bekannt wurde. Als Grundmaterial diente Naturkalkstein, der auf chemischem Wege in ein feines zahngerechtes Scheuermittel umgewandelt wurde. Zahngerecht bedeutet, Zahnbeläge zu beseitigen, ohne den Zahnschmelz anzugreifen. Außerdem enthielt die Zahncreme ätherische Öle und Stoffe, die die Speichelproduktion anregen.

1911 wurde die inzwischen industriell gefertigte Chlorodont-Zahnpaste mit großem Erfolg auf der I. Internationalen Hygiene-Ausstellung in Dresden vorgestellt. In den 1920er Jahren entwickelten sich die aus dem kleinen Laboratorium hervorgegangenen Leo-Werke zum größten europäischen Hersteller von Zahncreme.

Chlorodont ist inzwischen vom deutschen Markt verschwunden; geblieben ist aber das Bewusstsein, dass wir unsere Zähne pflegen müssen. Denn sie sind nicht nur bei der Zerkleinerung unserer Nahrung wichtig, sondern sind auch für die Lautbildung beim Sprechen und für den gesamten Gesichtsausdruck von entscheidender Bedeutung.

A1: Geschichte der Zahnpflege
- Wie wurden in früheren Zeiten die Zähne gepflegt?
- Recherchiert, seit wann es Zahncreme gibt. Stellt in einer Übersicht die Vorgänger unserer heutigen Zahncremes zusammen.
- Seit wann gibt es Heilverfahren für kranke Zähne?
- Ab welcher Zeit gibt es in Sachsen Zahnärzte? Wer nahm sich früher kranker oder zerstörter Zähne an?
- Wann wurde der erste Zahnersatz verwendet?

A2: Erhaltung der Zahngesundheit
- Recherchiert, wann und wie man die Zähne am besten putzt, sodass sie lange gesund bleiben.
- Ist jede Zahncreme für die Zähne und das Zahnfleisch gleich gut geeignet? Begründet.
- Welche Bedeutung hat der Inhaltsstoff Fluor? In welcher Form liegt das Halogen Fluor in Zahncreme vor?
- Warum reicht Zähnputzen mit der Zahnbürste und Zahncreme allein nicht aus? Welche weiteren Utensilien soll man regelmäßig benutzen?

V1: Untersuchung von Zahncreme
a) Ermittlung von Inhaltsstoffen
- Beschafft euch Zahncreme verschiedener Hersteller. Vergleicht die angegebenen Inhaltsstoffe.
- Recherchiert, welche Funktion die einzelnen Bestandteile für die Pflege der Zähne haben.

b) Nachweis von Kationen und Anionen
- Stellt in einer Tabelle die Nachweise für negativ geladene Säurerest-Ionen und für positiv geladene Metall-Ionen zusammen. Gebt die jeweils notwendigen Reagenzien mit den Gefahrenhinweisen und den Empfehlungen für die Entsorgung an. Welche Beobachtungen müssen bei positivem Ergebnis zu erkennen sein?
- Besprecht mit dem Lehrer, welche Versuche ihr durchführen wollt, und führt die Nachweise durch.
  Hinweis: Für die Vorproben und den Nachweis der Carbonat-Ionen ist keine besondere Aufbereitung der Zahncreme notwendig. Für die übrigen Nachweise müssen die Zahncremes unter kräftigem Schütteln in Wasser gelöst werden.
- Notiert eure Beobachtungen und stellt die Ergebnisse zusammen. Vergleicht mit den Angaben des Herstellers. Welche Nachweise sind nicht gelungen? Begründet.

Totes-Meer-Salz

Das Tote Meer

Staaten am Toten Meer

Uferregion am Toten Meer

Das Tote Meer ist ein abgeschlossener, rund 600 km² großer Salzsee zwischen Israel und Jordanien. Entgegen seinem Namen ist das Tote Meer aber biologisch nicht tot; jedoch beschränkt sich das Leben weitgehend auf Mikroorganismen, insbesondere auf anaerobe Bakterien.

Das Tote Meer wird vom Jordan gespeist, hat aber keinen Abfluss. Im trockenen Wüstenklima verdunstet das Wasser. So reichern sich Mineralien im Wasser an; das Wasser des Toten Meeres ist daher extrem salzhaltig. Der Wasserspiegel des Toten Meeres liegt heute auf einer Höhe von etwa 400 Metern unter dem Meeresspiegel; er sinkt aber langsam weiter ab.

Zu den interessantesten kulturhistorischen Orten am Toten Meer zählen die Oase En Gedi sowie Massada, Jericho und die Höhlen von Qumran. Hier wurden zahlreiche Ausgrabungen zur kulturhistorischen Entwicklung und zur Frühgeschichte des Christentums gemacht.

A1: Eigenschaften von Meerwasser
- Ermittelt die Menge an gelöstem Salz im Wasser des Toten Meeres und anderer Gewässer wie Ostsee, Nordsee, Atlantik, Pazifik, Indischer Ozean, Mittelmeer und Rotes Meer. Vergleicht die Werte.
- Stellt die verschiedenen Meerwasser her, indem ihr die entsprechenden Mengen Natriumchlorid in einem Liter Wasser löst. Wie viel Salz kann maximal in einem Liter Wasser gelöst werden?
- Ermittelt die Dichte der hergestellten Meerwassermischungen. Gelegentlich liest man, ein Mensch könne im Toten Meer nicht ertrinken. Nehmt Stellung zu dieser Aussage.
- Wie gewinnt man Salz aus Meerwasser?
- Wie kann man Trinkwasser aus Meerwasser herstellen? Beschreibt unterschiedliche Verfahren.

A2: Entwicklungsgeschichte des Toten Meeres
- Informiert euch über die Entstehung und die Entwicklung des Toten Meeres.
- Welche Weltreligionen sind eng mit dem Toten Meer verbunden? Beschreibt dazu wichtige Ereignisse oder bekannte Plätze rund um das Tote Meer.
- Welche Rolle spielt das Tote Meer hinsichtlich der wirtschaftlichen Bedeutung für die Anrainerstaaten?

V1: Chemische Zusammensetzung des Salzes
- Besorgt euch eine Probe Totes-Meer-Salz aus der Apotheke oder aus dem Reformhaus.
- Untersucht die Probe auf Halogenid-Ionen.
- Führt einen Nachweis auf Sulfat-Ionen durch.
- Überprüft, ob das Salz Phosphat-Ionen enthält.
- Prüft die Probe mit Nitrat-Stäbchen.
- Untersucht die Probe mit der Flammenfärbung. Nehmt ein Spektroskop zu Hilfe.
- Recherchiert, welche Ionen im Totes-Meer-Salz enthalten sind und vergleicht mit euren Ergebnissen.

A3: Wirkungen des Toten Meeres
- Warum wirkt das Wasser so lebensfeindlich?
- Das Tote-Meer-Salz wird als Wirkstoff in Kosmetika eingesetzt. In welchen Produkten findet man es? Welche Wirkungen erwartet man?
- Für dermatologische Erkrankungen wie Schuppenflechte wird der Aufenthalt am Toten Meer empfohlen. Informiert euch über Möglichkeiten der Behandlung vor Ort.
- Am Toten Meer sind die Reifungszeiten für landwirtschaftliche Produkte im Vergleich mit anderen Regionen viel kürzer. Findet Ursachen dafür.
- Welche Probleme ergeben sich durch den hohen Salzgehalt für die Schifffahrt auf dem Toten Meer?

Oberflächenwasser und Trinkwasser

Trinkwasser – nicht immer ein ...   *... ungetrübtes Vergnügen*   *Untersuchung vom Wasserproben*

Wasser spielt in unserem Leben eine besondere Rolle, sei es als Lösungsmittel, als Wärmespeicher oder als Lebensraum für Pflanzen und Tiere.

Trinkwasser ist das wichtigste Lebensmittel des Menschen. Nicht immer ist es einfach, Wasser in guter Qualität zur Verfügung zu stellen. Daher ist die Kontrolle der Trinkwasserqualität immer wichtiger geworden. Damit ist gleichzeitig die Bedeutung der Trinkwasseranalytik gewachsen. So sind heute die Messung des pH-Werts und die Bestimmung zahlreicher Inhaltsstoffe feste Bestandteile der Routineuntersuchungen des Trinkwassers.

A1: Wasserarten
- Recherchiert, welche Arten von Wasser es auf der Erde gibt. Wofür werden die einzelnen Wasserarten verwendet? Welche Probleme treten dabei auf?
- Welche Gewässergüteklassen gibt es? Wodurch sind sie gekennzeichnet?

A2: Trinkwasser
- Stellt in einer Übersicht die Möglichkeiten für die Gewinnung von Trinkwasser zusammen. Recherchiert, woher das in eurer Schule verwendete Trinkwasser kommt. Plant eine Exkursion in ein Wasserwerk. Lasst euch den Aufbereitungsprozess erklären.
- Recherchiert, wozu in privaten Haushalten Trinkwasser verwendet wird. Vergleicht mit dem Trinkwasserverbrauch in Entwicklungsländern.
- Woran orientieren sich die Grenzwerte für die Inhaltsstoffe von Trinkwasser? Warum spricht man vom Trinkwasser als „kostbarem Gut"?
- Zunehmend mehr Hausbesitzer nutzen Regenwasser beispielsweise für die Waschmaschine oder die WC-Spülung. Welche Vorteile haben Regenwasseranlagen? Gibt es auch Nachteile?

A3: Oberflächenwasser
- Welche Bäche, Flüsse oder Seen gibt es in der Nähe eurer Schule? Erkundet die Randbebauung und Nutzung dieser Gewässer und deren Umgebung.
- Welche Abwässer gelangen in die Gewässer? Gibt es Abwasseraufbereitungsanlagen? Nach welchem Prinzip arbeitet sie?
- Die gemeinsame Nutzung von Gewässern trägt zur Völkerverständigung bei. Erläutert das am Beispiel der Ostsee.
- Recherchiert die Bedeutung des Sauerstoffgehalts und des BSB_5-Werts für ein Gewässer.

V1: Wasseranalyse
- Stellt in einer Übersicht zusammen, wie man den pH-Wert, den Sauerstoffgehalt, die elektrische Leitfähigkeit, den BSB_5-Wert und die im Lehrbuch angegebenen Säurerest-Ionen bestimmt.
  Hinweis: Geeignete Nachweismittel sind in Zoohandlungen erhältlich.
- Besprecht mit dem Lehrer oder der Lehrerin, welche Experimente durchgeführt werden können.
- Recherchiert, wie man am besten Wasserproben aus einem Gewässer entnehmen kann. Präpariert einige Flaschen für die Wasserentnahme und entnehmt an geeigneten Stellen Proben. Überlegt, welche Untersuchungen vor Ort durchgeführt werden müssen.
- Entnehmt Wasserproben an unterschiedlichen Stellen des Gewässers. Führt mit allen Proben die vereinbarten Versuche durch.
- Führt zum Vergleich die entsprechenden Versuche mit Trinkwasser durch.
- Tragt die Ergebnisse für die unterschiedlichen Standorte zusammen und stellt sie mithilfe einer Gewässerkarte dar.

Der Sauerstoffgehalt im Wasser

Viktoria-Wasserfälle

Sauerstoffversorgung im Aquarium

Stehendes Gewässer

Alle Oberflächengewässer enthalten Sauerstoff in unterschiedlichen Konzentrationen. So ist in einem Wasserfall der Sauerstoffgehalt des Wassers relativ hoch, in einem Aquarium muss dagegen ständig Luftsauerstoff eingeblasen werden.

Fast alle Wasserorganismen benötigen Sauerstoff. Daher ist der Sauerstoffgehalt eines Gewässers ein Maß für die Lebensbedingungen in dem Wasser und damit ein Indikator für die Qualität des Gewässers.

Abschätzung des Sauerstoffgehalts. Bei Untersuchungen der Gewässerqualität spielt die Messung der Sauerstoffkonzentration eine wichtige Rolle. Grobe Schätzwerte erhält man auf einfache Weise: Man versetzt eine Wasserprobe in einem Reagenzglas, das fast bis zum Rand gefüllt ist, mit 1 ml 40%iger Manganchlorid-Lösung ($MnCl_2$) und anschließend mit 1 ml konzentrierter Natronlauge. Dann verschließt man das Reagenzglas blasenfrei und schwenkt es zur Durchmischung um. An der Färbung des sich bildenden Niederschlags kann man den Sauerstoffgehalt abschätzen:

Farbe des Niederschlags	Sauerstoffgehalt	Konzentrationsbereich
braun	sauerstoffreich	9 bis 12 $\frac{mg}{l}$
hellgelb	sauerstoffarm	3 bis 6 $\frac{mg}{l}$
farblos	sauerstofffrei	unter 1 $\frac{mg}{l}$

Lösen von Sauerstoff. Der Sauerstoff kann auf zweierlei Weise ins Wasser gelangen: Entweder löst sich Sauerstoff aus der Luft im Wasser oder der Sauerstoff stammt aus der Fotosynthese der im Wasser lebenden Pflanzen.

Die *Photosynthese* der Wasserpflanzen ist vom einfallenden Sonnenlicht abhängig. Bei Tageslicht – insbesondere bei Sonnenschein – ist der Sauerstoffgehalt eines Gewässers größer als in der Nacht. Am frühen Morgen ist er am geringsten, denn über Nacht produzieren die Pflanzen nicht nur keinen Sauerstoff, sondern sie verbrauchen Sauerstoff bei der Atmung.

Abhängigkeit der Sauerstoffkonzentration. Niedrige Temperaturen begünstigen die Aufnahme von Sauerstoff über die Wasseroberfläche. Eine Erwärmung des Wassers durch starke Sonneneinstrahlung und hohe Außentemperaturen führt dagegen zu einem zu niedrigen Sauerstoffgehalt. Das Einleiten von erwärmtem Kühlwasser aus Industrieanlagen wird daher oft zu einem Problem.

Von einer Verringerung des Sauerstoffgehalts sind zuerst die Organismen mit einem besonders hohen Sauerstoffbedarf betroffen. Kommt es infolge des Sauerstoffmangels zum Absterben von Lebewesen, so wird dadurch der Sauerstoffgehalt weiter verringert: Der biologische Abbau der organischen Substanz erfolgt *aerob*, also unter Verbrauch von Sauerstoff.

Oft sind Gewässer durch landwirtschaftliche Maßnahmen überdüngt. Bei günstigen Bedingungen kommt es dann zu einem besonders starken Algenwachstum. Verschlechtern sich die äußeren Bedingungen, sterben die Algen ab; der Abbau der großen Menge an organischer Substanz reduziert dann den Sauerstoffgehalt sehr stark. Fehlt Sauerstoff, vermehren sich die *anaeroben* Bakterien, Fäulnisprozesse nehmen überhand. Das Gewässer ist „tot".

BSB$_5$-Wert. Der *b*iologische *S*auerstoff*b*edarf gibt den Verbrauch an gelöstem Sauerstoff durch Kleinstlebewesen im Verlauf von *fünf* Tagen an. Der sogenannte BSB$_5$-Wert macht also eine quantitative Aussage über den Abbau der organischen Stoffe in einem Gewässer. *Je höher der BSB$_5$ Wert ist, umso stärker ist das Wasser organisch belastet.*

Zur Ermittlung des BSB$_5$-Wertes bestimmt man den Sauerstoffgehalt zu Beginn der 5-Tage-Frist. Danach lässt man eine zweite Probe des gleichen Wassers fünf Tage lang im Dunkeln stehen und misst dann erneut den Sauerstoffgehalt.

Trinkwasseraufbereitung

Grundwasserbrunnen

Sandfilter

Wasserreservoir

Als **Trinkwasser** wird Wasser bezeichnet, das für den menschlichen Genuss geeignet ist. Nach den EU-Richtlinien soll es „appetitlich sein und zum Genuss anregen. Es soll farblos, klar, kühl, geruchlos und geschmacklich einwandfrei sein. Trinkwasser muss frei von Krankheitserregern sein und darf keine gesundheitsschädigenden Eigenschaften haben. Es soll keimarm sein."

Trinkwasser kann aus Grundwasser, Oberflächenwasser oder Uferfiltrat gewonnen werden. Oberflächenwasser muss meist aufwendiger gereinigt werden. Bei der *Trinkwasseraufbereitung* werden Verunreinigungen entfernt. Es wird auch sichergestellt, dass sich die Beschaffenheit des Wassers während der Verteilung und des Gebrauchs nicht verändert. Unerwünschte Keime aus dem Wasser werden durch Desinfektion entfernt. Gleichzeitig wird der pH-Wert so eingestellt, dass keine Korrosion an den Wasserrohren auftritt.
Je nach den Eigenschaften des Wassers und der Art der Verschmutzung werden unterschiedliche physikalische und chemische Verfahren angewendet.

Filtration und Absorption. Um suspendierte Feststoffe zu entfernen, wird das Wasser langsam durch ein Sandbett geleitet. In Aktivkohlefiltern werden Stoffe entfernt, die den Geschmack und den Geruch des Wassers beeinträchtigen. Zur Reinigung werden die Sandfilter regelmäßig mit Wasser und Luft rückgespült. Die Aktivkohle wird von Zeit zu Zeit ausgetauscht.

Entfernung von Eisen. Falls der Eisengehalt des Wassers höher als $0{,}15\ \frac{mg}{l}$ ist, muss es enteisent werden. Dabei werden Fe^{2+}-Ionen durch Belüftung in Fe^{3+}-Ionen überführt, die als schwerlösliches Eisenhydroxid $(Fe(OH)_3)$ ausfallen. Der Niederschlag wird abfiltriert und das Eisen so praktisch vollständig entfernt.

Entsäuerung. Wasser mit einem hohen Säuregehalt – hauptsächlich Kohlensäure – wirkt korrosiv und beschädigt so metallische und zementgebundene Werkstoffe

des Rohrnetzes. Durch Filtration über carbonathaltiges Gestein, durch Zugabe alkalischer Substanzen wie Calciumhydroxid oder durch spezielle Ausgasungsverfahren wird überschüssige Kohlensäure neutralisiert.

Wasserhärte. Grundwässer mit einem hohen Gehalt an Calcium- und Magnesium-Verbindungen müssen enthärtet werden. Dieses sehr „harte" Wasser ist für Wasch- und Reinigungsprozesse ungeeignet, denn dabei kommt es zur Bildung von Kalkseife; die Reinigungsleistung wird dadurch reduziert. Die Enthärtung erfordert aufwendige Verfahren; sie erfolgt beispielsweise durch Ionentauscher. Bei der Aufbereitung von Oberflächenwässern aus Flüssen oder Seen ist die Enthärtung oft nicht notwendig.

Desinfektion. Zur Desinfektion des Trinkwassers setzt man Natriumhypochlorit (NaOCl) oder Ozon ein. Bevorzugt wird heute die Ozondesinfektion, da sie nicht nur Bakterien und Viren abtötet, sondern auch den Geruch und Geschmack des Wassers verbessert. Zu den modernsten Verfahren der Desinfektion zählt das UV-Verfahren. Dabei wird das zu entkeimende Trinkwasser kurzzeitig intensiver UV-Strahlung ausgesetzt. Die energiereiche Strahlung tötet die Mikroorganismen ab.

Am Ende der Trinkwasseraufbereitung wird die Qualität durch ein Wasserlabor untersucht. Werden alle Anforderungen erfüllt, steht einem ungetrübten Genuss nichts mehr im Wege.

1 Wie viel kostet ein Kubikmeter Trinkwasser von deinem Wasserversorger? Vergleiche diesen Wert mit anderen Trinkwasseranbietern.
2 Recherchiere die Grenzwerte von Inhaltsstoffen im Trinkwasser aus deiner Region. Informationen erhältst du dazu vom örtlichen Wasserversorger.
3 Die Preise für die Trinkwasserversorgung sind in den letzten Jahren immer weiter gestiegen. Diskutiere mögliche Ursachen dafür.

Quiz

A1 a) Erkläre die Begriffe des Fensters.
b) Notiere auf der Vorderseite von Karteikarten den Begriff, auf der Rückseite die Erklärung.

A2 Stelle in einer Tabelle alle dir bekannten Säure/Base-Indikatoren zusammen. Welche Farbreaktionen sind im sauren, im neutralen und im alkalischen Bereich zu erwarten?

A3 Wodurch unterscheiden sich die Niederschläge von Silberchlorid, Silberbromid und Silberiodid.

A4 Hexan und Hexen werden mit Bromwasser versetzt. Begründe die unterschiedlichen Reaktionen.

A5 Wie kann man mithilfe der Flammenfärbung und durch Fällungsreaktionen die Salze Magnesiumchlorid, Calciumchlorid, Natriumbromid und Kaliumiodid unterscheiden?

A6 a) Berechne die Stoffmengenkonzentration einer Kalilauge, die 25 g Kaliumhydroxid in 250 ml Lösung enthält.
b) Welche Masse Kaliumhydroxid wird zur Herstellung von einem Liter Kaliumhydroxid-Lösung der Konzentration 0,2 $\frac{mol}{l}$ benötigt?

A7 Unterscheide zwischen qualitativer und quantitativer Analyse. Nenne Beispiele.

Know-how

A8 Ein Schüler will eine unbekannte Lösung auf Chlorid-Ionen prüfen. Dazu säuert er die Lösung mit Salzsäure an und versetzt sie danach mit Silbernitrat-Lösung.
a) Was wird er feststellen? Begründe.
b) Warum muss beim Nachweis von Chlorid-Ionen angesäuert werden?

A9 Gib Möglichkeiten an, wie die folgenden Stoffe experimentell unterschieden werden können:
a) Natriumsulfat, Natriumchlorid, Natriumhydroxid;
b) Ethanol, Ethanal, Ethansäure;
c) Glucose, Stärke, Eiweiß;
d) Schwefel, Magnesium, Stärke.

A10 Im Labor steht eine Flasche mit Hexen und eine weitere Flasche mit Hexin. Was nicht vorkommen darf, ist geschehen: Die Flaschen sind nicht beschriftet. Wie kann man zwischen den beiden Flüssigkeiten unterscheiden?

Die wichtigsten Begriffe

- Flammenfärbung
- Farbreaktion
- Fällungsreaktion
- Qualitätive Analyse
- Quantitative Analyse
- Stoffmengenkonzentration
- Säure-Base-Titration
- Maßlösung

A11 In vier mit A, B, C und D gekennzeichneten Reagenzgläsern sind verdünnte Lösungen von Salzsäure, Essigsäure, Kaliumchlorid und Natriumhydroxid enthalten. Entwickle einen Untersuchungsplan, nach dem man experimentell herausfinden kann, in welchem Glas sich welcher Stoff befindet.

A12 a) Zur Neutralisation von 20 ml Salzsäure unbekannter Konzentration verbraucht man 27,2 ml Natronlauge mit der Konzentration 0,1 $\frac{mol}{l}$. Berechne die Konzentration der Salzsäure.
b) 25 ml Natronlauge werden mit Schwefelsäure (0,1 $\frac{mol}{l}$) titriert. Der Verbrauch beträgt 20 ml. Berechne die Konzentration der Natronlauge.
c) Eine Probe von 20 ml Calciumhydroxid-Lösung wird mit Salzsäure (0,1 $\frac{mol}{l}$) titriert. Dabei werden 5,3 ml Salzsäure verbraucht. Berechne die Konzentration der Calciumhydroxid-Lösung. Wie viel Milligramm Calciumhydroxid enthält die Probe?

Natur – Mensch – Technik

A13 Warum verkalken bevorzugt *Warm*wasserleitungen? Formuliere die Reaktionsgleichung.

A14 In Haushaltsessig beträgt die Konzentration an Essigsäure etwa 1 $\frac{mol}{l}$. Der pH-Wert liegt bei 3. Mit Essig kann man ohne Probleme Speisen würzen. Salzsäure mit einer Konzentration 1 $\frac{mol}{l}$ hat dagegen einen pH-Wert 0. Man sollte bei der Verwendung von Salzsäure eine Schutzbrille tragen. Worauf beruhen die unterschiedlichen Eigenschaften der beiden Säure-Lösungen gleicher Konzentration?

A15 Oft bestimmt der Kalkgehalt des Bodens entscheidend das Pflanzenwachstum. Beim Düngen verwendet man bei Kalkmangel Calciumcarbonat.
a) Welche Wirkungen werden dadurch erreicht?
b) Warum soll man den Kalk in den Boden einarbeiten?
c) Beschreibe die Vorgänge im Boden, bei denen sich der eingesetzte Kalk allmählich auflöst. Stelle die Reaktionsgleichung auf.

Den Stoffen analytisch auf der Spur

1. Analyse

Durch eine Analyse wird die Zusammensetzung eines Stoffgemisches oder einer Substanz ermittelt.

a) Qualitative Analyse: Bestimmung der Art des Stoffes oder der Bestandteile eines Stoffgemischs; dabei werden Elemente, Ionen oder funktionelle Gruppen identifiziert.

b) Quantitative Analyse: Bestimmung der Menge eines Stoffes in einer Probe; dabei werden Masse oder Volumen oder die Stoffmengenkonzentration ermittelt.

2. Qualitative Analyseverfahren

a) Flammenfärbung: Vorprobe zur Identifizierung von Metallen und Metall-Ionen; dabei wird die nicht-leuchtende Flamme des Gasbrenners charakteristisch gefärbt.

Element	Flammenfärbung
Lithium	karminrot
Natrium	gelb
Kalium	violett
Calcium	ziegelrot
Strontium	karminrot
Barium	fahlgrün

b) Fällungsreaktionen: Chemische Reaktionen, bei denen Ionen in einer Lösung als schwerlösliches Salz ausgefällt werden; dabei entsteht ein charakteristisch gefärbter Niederschlag, der zur Identifizierung dient.

Ion	Reagenz	Niederschlag
Cl^-	Silbernitrat-Lösung	weiß
Br^-	Silbernitrat-Lösung	hellgelb
I^-	Silbernitrat-Lösung	gelb
SO_4^{2-}	Bariumchlorid-Lösung	weiß
CO_3^{2-}	Bariumchlorid-Lösung	weiß
PO_4^{3-}	Ammoniummolybdat-Lösung	gelb
S^{2-}	Bleiacetat-Papier	schwarz

Nachweis von Halogeniden. Beim Nachweis von Chlorid-Ionen, Bromid-Ionen und Iodid-Ionen wird zunächst mit verdünnter Salpetersäure angesäuert. Dazu werden die Halogenide mit Silbernitrat-Lösung versetzt und als Silberhalogenide gefällt. Die Unterscheidung erfolgt anhand der Farbe.

Unterscheidung von Bariumsalzen. Die Niederschläge von Bariumcarbonat und Bariumsulfat kann man an der Farbe nicht unterscheiden. Zur Identifizierung versetzt man beide Salze mit verdünnter Salzsäure: Bariumcarbonat ist in verdünnter Salzsäure löslich, Bariumsulfat unlöslich.

c) Farbreaktionen: Chemische Reaktionen, bei denen bei Zugabe eines Reagenzes eine charakteristische Farbänderung auftritt.

Ion	Reagenz	Farbe
H^+	Universalindikator	rot
	Bromthymolblau	gelb
OH^-	Universalindikator	blau
	Bromthymolblau	blau
	Phenolphthalein	rosarot
Cu^{2+}	Ammoniak-Lösung	blauviolett
Fe^{3+}	Kaliumthiocyanat	tiefrot

d) Identifizierungsreaktionen für organische Stoffe

Funktionelle Gruppe	Reagenz	Reaktionsmerkmal
Mehrfachbindungen	Bromwasser	Entfärbung durch Addition von Brom
Hydroxyl-Gruppe	Borsäure	grüne Flamme oder gelbgrüne Flamme des gebildeten Esters
	niedere Alkansäuren	Bildung von Fruchtestern
Aldehyd-Gruppe	FEHLINGsche Lösung	rotgelber Niederschlag
	Ammoniakalische Silbernitrat-Lösung	Schwarzfärbung der Lösung oder Silberspiegel
Carboxyl-Gruppe	Universalindikator	Rot-Färbung
	unedles Metall	Bildung von Wasserstoff (Knallgasprobe)
	niedere Alkohole	Bildung von Fruchtestern

3. Quantitative Analyseverfahren

Die **Säure/Base-Titration** ist ein maßanalytisches Verfahren zur Bestimmung der Stoffmengenkonzentration. Dabei tropft man eine Maßlösung bekannter Konzentration zu einem bestimmten Volumen an Probelösung, bis ein Indikator umschlägt.

Berechnung der Stoffmengenkonzentration:
Am Neutralisationspunkt gilt:

n (Säure) = n (Base)

c (Säure) $\cdot$ V (Säure) = c (Base) $\cdot$ V (Base)

$$c \text{ (Säure)} = \frac{c \text{ (Base)} \cdot V \text{ (Base)}}{V \text{ (Säure)}}$$

4 Kunststoffe – Werkstoffe unserer Zeit

Mit Brettern aus Holz und mit Segeln aus Leinen gäbe es keinen Surfsport. Das Surfen ist eine typische Sportart des Kunststoffzeitalters.

Ein Surfbrett wird extrem belastet. Es soll bruchsicher, verwindungssteif und beständig gegen Sonne, Luft und Wasser sein. Gleichzeitig soll es aber sehr leicht und schwimmfähig sein. Damit das Brett gut auf den Wellen gleitet, muss es eine sehr glatte Unterseite besitzen, andererseits darf der Surfer auf dem Brett nicht ausrutschen. Nicht zuletzt soll das Surfbrett in der optimalen Form kostengünstig hergestellt werden können.

Nur mit *organischen Werkstoffen* lassen sich alle diese Anforderungen erfüllen.

Zentrale Fragen:
- Wie sind Kunststoffe aufgebaut und wie stellt man sie her?
- Wie lassen sich Kunststoffe nach ihrem Aufbau und ihren Eigenschaften ordnen?
- Welche Vorteile und Nachteile haben Kunststoffe?

4.1 Kunststoffe – steckbrieflich gesucht

Jahrtausende versorgten sich die Menschen mit Werkstoffen aus der Natur, indem sie organische Produkte wie Holz und Leder, Pflanzenfasern und Tierhaare verwendeten. Sie benutzten damit Werkstoffe, die hauptsächlich aus Cellulose und Eiweißen bestehen.

Die Moleküle dieser Stoffe sind nach einem gemeinsamen Prinzip konstruiert: Kleine Moleküle verbinden sich in langen Ketten miteinander und bauen so Riesenmoleküle auf, die man auch **Makromoleküle** nennt.

Anfang des 20. Jahrhunderts entschlüsselte der deutsche Chemiker STAUDINGER die Struktur von Makromolekülen und entwickelte Vorstellungen zur Synthese solcher Moleküle. Damit begann ein neues Kapitel der organischen Chemie, das Zeitalter der **Kunststoffe.**

**Steckbrief:
Polyethen (PE)**

Eigenschaften: je nach Typ weich bis sehr hart, chemikalienbeständig, geschmacks- und geruchsfrei, bruchfest.
Verwendung: Folien, Tragetaschen, Behälter für Kosmetika und Chemikalien, Isoliermaterial für Kabel und Drähte, Mülltonnen, Benzintanks, Sportgeräte, künstliche Gelenke, Zahnräder, Rohre.

**Steckbrief:
Polyvinylchlorid (PVC)**

Eigenschaften: bruchfest, durch Weichmacher elastisch, schwer entflammbar.
Verwendung: Fensterrahmen, Rohre, Isolierfolien, Abdeckfolien, Boden- und Wandbeläge, Hefter, Ordner, Büromaschinengehäuse, Schallplatten, Regenmäntel, Zeltbahnen, Gummistiefel, Klebebänder, Schläuche.

**Steckbrief:
Polystyrol (PS)**

Eigenschaften: hart, spröde, geruchs- und geschmacksfrei.
Verwendung: Jogurtbecher, Einweggeschirr, Trinkbecher, Gefrierdosen, Innenauskleidung von Kühlschränken, Blumentöpfe, Gehäuse für Küchengeräte und HiFi-Anlagen, Lautsprecherboxen.
Geschäumtes PS: Isolier- und Verpackungsmaterial (Styropor®).

**Steckbrief:
Polyamid (PA)**

Eigenschaften: bruch- und reißfest, wärmebeständig.
Verwendung: Bratfolien, Besteck, Zahnräder, Schalter, Getriebeteile, Schiffsschrauben, Stoßstangen, Radblenden, Golf- und Tennisschläger, Knochenprothesen.
Polyamid-Fasern: Textilien, Tauwerk (Perlon®, Nylon, Aramid-Fasern).

**Steckbrief:
Polyester**

Polyesterfasern: Textilien, Tauwerk, Segel (Trevira®, Diolen®).
Polyesterfolien: Videobänder, Tonbänder, Disketten.
Polycarbonat (PC): hochfester und wärmebeständiger Polyester. Sturzhelme, kochfestes Geschirr, CDs.
Polyesterharze: Lacke, Gießharze, Boots- und Karosserieteile.

4.2 Die Struktur bestimmt die Eigenschaft

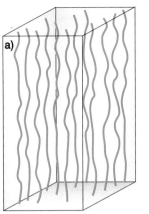
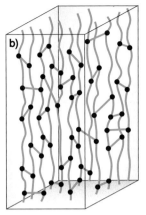
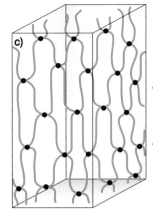
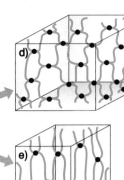

Verschiedene Strukturen in Kunststoffen: a) Thermoplaste, b) Duroplaste, c) Elastomere;
d) Elastomer-Struktur bei Druck, e) Elastomer-Struktur bei Zug

Nach ihrem Verhalten beim Erhitzen und ihrer Reaktion auf Druck und Zug lassen sich Kunststoffe unterschiedlichen Gruppen zuordnen. Man unterscheidet *Thermoplaste, Duroplaste* und *Elastomere*.

Thermoplaste. Acrylglas wird beim Erhitzen auf etwa 100 °C weich und schmilzt, Acrylglas ist also in der Hitze *plastisch verformbar*. Kunststoffe mit dieser Eigenschaft werden als *Thermoplaste* bezeichnet. Auch *Polyethen, Polystyrol* und *Polyvinylchlorid* gehören zu den Thermoplasten.

Thermoplaste bestehen aus langkettigen Makromolekülen. Zwischen den Molekülen liegen schwache VAN-DER-WAALS-Bindungen vor. Beim Erwärmen können die Molekülketten aneinander vorbeigleiten.
Thermoplaste, die bei Raumtemperatur weich sind, bestehen überwiegend aus verknäuelten Makromolekülen. Manche Thermoplaste sind bei Raumtemperatur dagegen hart. Bei ihnen sind die Makromoleküle in bestimmten Bereichen parallel geordnet. Man spricht von einem teilkristallinen Zustand.

Duroplaste. Steckverbindungen an elektrischen Kabeln werden oft sehr heiß, dürfen sich dabei aber nicht verformen. Kunststoffe, die diese Werkstoffeigenschaft besitzen, nennt man *Duroplaste*. Zu ihnen gehören *Melaminharze, Bakelit, Epoxidharze* und *Polyesterharze*.

Die Makromoleküle eines *Duroplasten* sind über Elektronenpaarbindungen fest miteinander verknüpft. Die Struktur bleibt auch beim Erhitzen erhalten. Erst bei höheren Temperaturen werden C–C-Bindungen dieses Netzwerkes gespalten und der Kunststoff zersetzt sich. Duroplastische Werkstücke sind also nicht plastisch verformbar, sie müssen ihre endgültige Form schon bei der Herstellung erhalten. Sie lassen sich dann durch Feilen, Sägen, Bohren oder Fräsen mechanisch bearbeiten.

Elastomere. Reifen und Sitzpolster sollen weich und elastisch, aber doch fest sein. Sie werden aus *Elastomeren* hergestellt. Diese Stoffe geben äußerem Zug oder Druck nach, kehren aber anschließend wieder in ihre alte Form zurück.
Die Struktur von Elastomeren ähnelt der von Duroplasten, Elastomere sind jedoch viel weitmaschiger vernetzt. Durch Zug werden die Molekülketten in die Länge gezogen, halten aber an den Vernetzungspunkten zusammen. Äußerer Druck staucht die Molekülketten. Da die Vernetzungspunkte erhalten bleiben, wird die Struktur nur vorübergehend verzerrt. Ist der Zug jedoch zu stark oder die Temperatur zu hoch, wird die Struktur zerstört. So zerreißt ein Gummiring, wenn man ihn zu sehr spannt, und bei einer Notbremsung qualmen die Reifen.

> Thermoplaste, Duroplaste und Elastomere unterscheiden sich in ihrem Verhalten beim Erhitzen und in ihrer Reaktion auf Druck und Zug.

1 a) Welche Eigenschaften besitzen Thermoplaste, Duroplaste und Elastomere?
b) Wie lassen sich diese Eigenschaften aus der Kenntnis des molekularen Aufbaus erklären?
2 Bringe Gegenstände aus Kunststoff mit und stelle sie im Unterricht als Beispiele für Thermoplaste, Duroplaste und Elastomere vor.

4.3 Polymerisation

Durch Polymerisation bilden sich Makromoleküle.

Bei der Herstellung eines Kunststoffs reagieren zahlreiche gleichartige Moleküle, die **Monomere,** in einer **Polyreaktion** miteinander (griech. *poly:* viele). Aus diesen Monomeren bilden sich Makromoleküle oder **Polymere.** Die wichtigsten Polyreaktionen sind die Polymerisation und die Polykondensation.

Polymerisation. Der Kunststoff *Polyethen* bildet sich aus Ethen ($CH_2=CH_2$). Unter dem Einfluss von Licht, Wärme oder eines Katalysators spaltet sich eine Bindung der C=C-Zweifachbindung auf und die Einzelmoleküle verbinden sich zu langen Ketten. Da viele Monomere zu einem Molekül zusammentreten, spricht man von *Polymerisation.* Das Produkt bezeichnet man als *Polymerisat.* Ganz entsprechend bildet sich *Polypropen* durch Polymerisation von Propen-Molekülen ($CH_2=CHCH_3$). Für eine Polymerisation formuliert man eine zusammengefasste Reaktionsgleichung, in der der Faktor **n** die Anzahl der Monomeren angibt. Die Reaktionsgleichung für die Bildung von *Polyethen* lautet dann:

$$n \ \underset{H}{\overset{H}{C}}=\underset{H}{\overset{H}{C}} \longrightarrow \left[\underset{\underset{H}{|}}{\overset{\overset{H}{|}}{C}} - \underset{\underset{H}{|}}{\overset{\overset{H}{|}}{C}} \right]_n$$

Vereinfacht schreibt man auch: $n \ CH_2=CH_2 \longrightarrow \left[CH_2-CH_2 \right]_n$

Entsprechend der Polymerisation von Ethen bildet sich durch Polymerisation von Propen-Molekülen der Kunststoff *Polypropen.* Die Reaktionsgleichung gibt man meist so an:

$$n \ CH_2=\underset{\underset{CH_3}{|}}{CH} \longrightarrow \left[CH_2 - \underset{\underset{CH_3}{|}}{CH} \right]_n$$

Viele Kunststoffteile im Haushalt, in der Industrie und an wissenschaftlichen Geräten bestehen aus Polyethen oder Polypropen. Sie werden zu Folien, Fasern, Röhren und Gefäßen verschiedenster Form verarbeitet. Diese Gegenstände sind beständig gegen Säuren und Laugen. Sie sind auch für den Kontakt mit Lebensmitteln geeignet.

PVC. Poly**v**inyl**c**hlorid erhält man durch Polymerisation von Vinylchlorid (Monochlorethen, $CH_2=CHCl$). PVC ist ein vielseitig verwendbarer Werkstoff. Er wird unter anderem zu Folien, Bodenbelägen, Abwasserrohren und Kunststofffenstern verarbeitet. PVC ist jedoch in die Umweltdiskussion geraten: Bei PVC-Bränden wird Chlorwasserstoff freigesetzt. Auch befürchtet man die Bildung von giftigen Dioxinen. Probleme bestehen auch bei Entsorgung oder Recycling der anfallenden Altmaterialien.

> Polymerisate entstehen aus ungesättigten Monomeren. Die dabei ablaufende Polyreaktion bezeichnet man als Polymerisation.

Polymer	Monomer	
	Name	Strukturformel
Polyethen (PE)	Ethen	$\underset{H}{\overset{H}{\diagdown}}C=C\underset{H}{\overset{H}{\diagup}}$
Polypropen (PP)	Propen	$\underset{H}{\overset{H}{\diagdown}}C=C\underset{CH_3}{\overset{H}{\diagup}}$
Polymethyl-methacrylat (PMMA)	Methacryl-säure-methyl-ester	$\underset{H}{\overset{H}{\diagdown}}C=C\underset{\underset{CH_3O}{C=O}}{\overset{CH_3}{}}$
Polyacryl-nitril (PAN)	Acrylnitril	$\underset{H}{\overset{H}{\diagdown}}C=C\underset{C\equiv N}{\overset{H}{\diagup}}$
Polytetra-fluorethen (PTFE)	Tetra-fluorethen	$\underset{F}{\overset{F}{\diagdown}}C=C\underset{F}{\overset{F}{\diagup}}$
Polystyrol (PS)	Styrol	$\underset{H}{\overset{H}{\diagdown}}C=C\underset{C_6H_5}{\overset{H}{\diagup}}$
Poly-oxymethylen (POM)	Methanal	$\underset{H}{\overset{H}{\diagdown}}C=O$

Polymere und ihre Monomere

1 Gib die Reaktionsgleichung für die Polymerisation von Propen an.

2 Plexiglas ist der Handelsname eines Kunststoffs, der aus Methacrylsäuremethylester entsteht. Zeichne einen Ausschnitt aus einem Polymer-Molekül.

3 a) Zeichne einen Ausschnitt eines PVC-Moleküls.
b) Formuliere eine Reaktionsgleichung für die Verbrennung von PVC. Gehe dabei von der Formel des Vinylchlorids (C_2H_3Cl) aus. Als Produkte entstehen Kohlenstoffdioxid, Wasser und Chlorwasserstoff.

4 Styrol und Ethen bilden ein Mischpolymerisat. Zeichne ein Molekülstück, das die beiden Monomere abwechselnd enthält.

5 Informiere dich im Internet über Polyvinylchlorid (PVC). Stelle Argumente zur Debatte über die Verwendung von PVC zusammen.

V1: Erkennen von Kunststoffen

Materialien: Heizplatte, Stahlblech (10 cm x 10 cm), Messzylinder, Waage, Stopfen, Tiegelzange, Temperaturfühler oder Thermochromstifte, Universalindikator-Papier, Gasbrenner;
Aceton (F, Xi), Heptan (F, Xn, N), Kunststoffproben.

Durchführung:

1. Prüfe Streifen von Kunststoffen durch mehrmaliges Abknicken auf ihr Bruchverhalten.
2. Bestimme die Dichte der Proben.
3. Lass abgewogene Kunststoffstreifen in Reagenzgläsern mit Aceton bzw. Heptan für mehrere Stunden verschlossen stehen. Trockne die Proben dann und bestimme erneut ihre Masse.
4. Erhitze Kunststoffproben im Reagenzglas. Halte ein angefeuchtetes Stück Universalindikator-Papier in die entweichenden Dämpfe.
5. Halte kleine Kunststoffproben mit der Tiegelzange in die Flamme. Beobachte auch das Brennverhalten außerhalb der Flamme.
6. Decke eine Heizplatte mit einem Stahlblech ab und lege einige Kunststoffproben darauf. Erwärme das Stahlblech langsam und bestimme die Temperaturbereiche, bei denen die einzelnen Proben schmelzen.

Aufgaben:

a) Stelle die Ergebnisse tabellarisch zusammen.
b) Identifiziere die Proben anhand der unten stehenden Tabelle.
c) Welcher Kunststoff lässt sich durch sein Schwimmverhalten in Wasser von anderen Kunststoffen unterscheiden?

V2: Herstellung eines Kunststoffs

Materialien: 2 Tropfpipetten, Gasbrenner;
Butandiolmonoacrylat, Cumolhydroperoxid (O, T, N).

Durchführung:

1. Mische in einem Reagenzglas 2 ml Butandiolmonoacrylat und drei Tropfen Cumolhydroperoxid.
2. Erhitze die Probe kurz über einer kleinen Brennerflamme.
3. Beobachte die auftretenden Veränderungen.

Aufgaben:

a) Beschreibe deine Beobachtungen.
b) Die Moleküle von Butandiolmonoacrylat lassen sich vereinfacht durch $R_1-CH=CH_2$ wiedergeben. Formuliere die Verknüpfung dieser Moleküle zu Makromolekülen.

Kunststoff	Bruch-verhalten	Dichte in $\frac{g}{cm^3}$	Löslichkeit in Aceton	Heptan	Verhalten bei trockenem Erhitzen / *Reaktion der Dämpfe*	Verhalten in der Flamme / *Geruch der Verbrennungsprodukte*	Schmelz-bereich in °C
Polyethen	b	0,92–0,96	u/q	u/q	wird klar, schmilzt, zersetzt sich /	gelbe Flamme, tropft brennend ab	105–120
Polypropen	h	0,91	u	u/q	*neutral*		
Polystyrol	h	1,05	l	q/l	schmilzt, verdampft / *neutral*	brennt stark rußend / *süßlich*	80–100
PVC (hart)	h	1,4	u/q	u	schmilzt, verkohlt / *sauer*	schwer entflammbar, gelbe Flamme mit grünem Saum, rußend / *stechend, brenzlig*	75–110
PVC (weich)	g	1,2–1,3	q	u			
Polymethyl-methacrylat (Acrylglas)	h	1,2	l	u	schmilzt, verdampft / *neutral*	brennt knisternd, tropft ab, leuchtende Flamme, rußend / *fruchtartig*	85–105
Polyamid	b/h	1,1	u	u	schmilzt, verkohlt / *alkalisch*	bläuliche Flamme, tropft fadenziehend ab / *hornartig*	185–255
Polycarbonat	h	1,2–1,4	q	u	schmilzt, verkohlt / *sauer*	leuchtende Flamme, rußend, brennt nicht weiter, verkohlt / *phenolartig*	220–230
Polytetra-fluorethen	b	2,1	u	u	wird klar, schmilzt nicht / *sauer*	brennt und verkohlt nicht, grüner Flammensaum / *stechend*	320–330

Bestimmungstabelle für einige Kunststoffe (biegsam, **g**ummielastisch, **h**art, **l**öslich, **u**nlöslich, **q**uellbar**)**

V3: Nachweis von Kohlenstoff und Wasserstoff

Materialien: Trichter, Schlauchstücke, Waschflasche, Wasserstrahlpumpe, Verbrennungsrohr, Porzellanschiffchen, Tiegelzange, Gasbrenner;
Kalkwasser, weißes Kupfersulfat (Xn, N; B2), brennbare Kunststoffprobe.

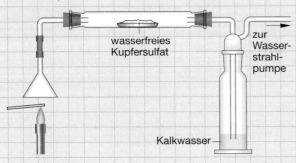

Durchführung:
1. Baue die Apparatur auf, fülle die Waschflasche dabei zu einem Fünftel mit Kalkwasser.
2. Sauge die Verbrennungsgase der Probe durch das Verbrennungsrohr.

Aufgaben:
a) Notiere deine Beobachtungen.
b) Welche Beobachtung steht für den Nachweis von Wasserstoff, welche für Kohlenstoff?
c) Formuliere die Reaktionsgleichungen für beide Nachweisreaktionen.

V4: Nachweis von Halogenen

Hinweis: Bei dem Versuch können Spuren von Krebs erzeugenden halogenierten Kohlenwasserstoffen entstehen.

Materialien: Tiegelzange, Kupferdraht, Gasbrenner; Kunststoffproben, Jogurtbecher, Margarinebecher.

Durchführung:
1. Glühe den Kupferdraht in der nicht leuchtenden Flamme aus, bis die Flamme farblos ist.
2. Bringe eine kleine Kunststoffprobe mit dem Draht in die Flamme.
Hinweis: Halogenhaltige Substanzen färben die Flamme grün. Der Nachweis ist als BEILSTEIN-Probe bekannt.

Aufgabe: Welcher Kunststoff ergibt eine positive BEILSTEIN-Probe?

V5: Synthese von Polymilchsäure

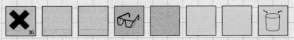

Materialien: Becherglas (100 ml), Messzylinder (100 ml), Gasbrenner, Thermometer, Glasstab, Trockenschrank; Milchsäure-Lösung (90 %; Xi).

Durchführung:
1. Gib 10 ml Milchsäure-Lösung in das Becherglas und stelle es für etwa 24 Stunden bei 200 °C in den Trockenschrank.
2. Lass die Probe auf Raumtemperatur abkühlen.
3. Erwärme einen Teil der Probe in einem Reagenzglas auf 150 °C und ziehe mit dem Glasstab Fäden aus der Masse.

Aufgaben:
a) Beschreibe die Veränderung der Milchsäure durch längeres Erhitzen.
b) Woraus kann auf eine Polymerisation der Milchsäure geschlossen werden?
c) Benenne die Milchsäure nach IUPAC-Regeln.

V6: Hydrolyse von Polymilchsäure

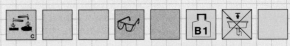

Materialien: Rundkolben (250 ml), Becherglas (200 ml), Destillationsaufsatz, Rückflusskühler, Heizhaube, Waage, Reibschale;
Natriumhydroxid-Lösung (10 g Natriumhydroxid in 50 ml Wasser und 25 ml Ethanol; C), Polymilchsäure.

Durchführung:
1. Gib die Natriumhydroxid-Lösung in den Rundkolben.
2. Zerkleinere 3 g Polymilchsäure in der Reibschale und gib die Probe in den Rundkolben.
3. Erhitze die Probe etwa 15 Minuten am Rückflusskühler zum Sieden.
4. Gieße die abgekühlte Probe in 100 ml Wasser.

Aufgaben:
a) Beschreibe das Ergebnis.
b) Woraus ist zu entnehmen, dass die Polymilchsäure zersetzt worden ist?
c) Formuliere die Reaktionsgleichung für die Hydrolyse der Polymilchsäure.

4.4 Polykondensation

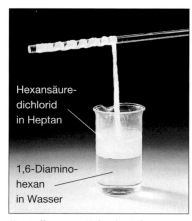

Hexansäure-
dichlorid
in Heptan

1,6-Diamino-
hexan
in Wasser

Herstellung von Nylon im Labor

$$n\ H-\underline{O}-C-(CH_2)_4-C-\underline{O}-H\ +\ n\ H-\underline{N}-(CH_2)_6-\underset{|}{\overset{H}{N}}-H$$

Hexandisäure   1,6-Diaminohexan

$$\left[-C-(CH_2)_4-\overset{O}{\underset{O}{\underset{\|}{C}}}-N-(CH_2)_6-\underset{H}{\overset{H}{N}}-\right]_n\ +\ 2n\ H_2O$$

Polyamid

Zusammengefasste Reaktionsgleichung der Polykondensation zu Nylon

Am 15. Mai 1940 kamen in den USA die ersten Nylonstrümpfe auf den Markt. Innerhalb weniger Stunden wurden fünf Millionen Paare verkauft, obwohl die „Nylons" doppelt so teuer waren wie Seidenstrümpfe. **Nylon** war die erste vollsynthetische Faser.

Polykondensation. Im Jahre 1934 entwickelte der amerikanische Chemiker CAROTHERS ein Syntheseverfahren für Nylon, das von zwei Komponenten ausgeht: Die Moleküle der einen Komponente besitzen zwei reaktionsfähige *Amino-Gruppen* ($-NH_2$), die Moleküle der anderen Komponente haben je zwei reaktionsfähige *Carboxyl-Gruppen* ($-COOH$). Zu Beginn der Reaktion verbinden sich zwei Moleküle über eine Amino-Gruppe und eine Carboxyl-Gruppe miteinander. Bei dieser *Kondensationsreaktion* wird ein Wasser-Molekül freigesetzt. Das entstandene Produkt hat an der einen Seite eine freie Carboxyl-Gruppe und an der anderen Seite eine freie Amino-Gruppe. Es kann daher in einer Polyreaktion beidseitig mit weiteren Monomeren reagieren. Durch diese *Polykondensation* erhält man ein *Polyamid*.

Schmelzspinn-Verfahren. Nylon und das chemisch verwandte Perlon® gehören zu den thermoplastischen Kunststoffen. Sie werden nach dem Schmelzspinn-Verfahren zu Fasern verarbeitet. Dazu presst man den geschmolzenen Kunststoff durch feine Düsen. Die heraustretenden Fäden erstarren. Anschließend werden sie auf das Zehnfache ihrer Länge gestreckt und auf Spulen aufgewickelt. Beim Strecken werden die Makromoleküle parallel zueinander ausgerichtet. Dabei

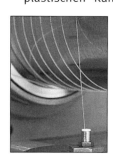

bilden sich Wasserstoffbrückenbindungen zwischen den Molekülketten aus. Durch das Strecken werden die Fasern besonders reißfest. Obwohl Nylonfäden viel dünner als Fäden aus Naturseide sind, ist ihre Reißfestigkeit wesentlich höher.

Polyester. Auch Dialkohole und Dicarbonsäuren reagieren durch Polykondensation zu Makromolekülen. Es entstehen *Polyester*. Aus solchen Kunststoffen werden Textilfasern wie Trevira® und Diolen® hergestellt.

Aus ungesättigten Dicarbonsäuren und mehrwertigen Alkoholen bilden sich *ungesättigte* Polyester. Man verarbeitet sie zu Gießharzen, die sich mit einer zweiten Komponente durch Polymerisation aushärten lassen. Aus mit Glasfasermatten verstärkten Gießharzen werden Bootskörper, Tanks und andere Hohlformen hergestellt.

> Bei einer Polykondensation werden Monomere mit zwei funktionellen Gruppen unter Abspaltung kleiner Moleküle miteinander verknüpft.

1 Was versteht man unter einer Polykondensation?
2 a) Unter welchen Bedingungen entstehen kettenförmige Polyester?
b) Was sind die Voraussetzungen für die Bildung von vernetzten Polyestern?
3 a) Beschreibe das Schmelzspinn-Verfahren.
b) Bei welcher Gruppe von Kunststoffen lässt sich das Schmelzspinn-Verfahren anwenden? Begründe.
4 Warum erhalten Nylonfasern erst dann ihre endgültige Reißfestigkeit, wenn der Faden gestreckt wird?
5 Erläutere das Aushärten von ungesättigten Polyestern.
6 Warum verarbeitet man bei der Herstellung von Bootskörpern auch Glasfasermatten?

Nylon

Suche:

Fasern und Membranen

Ergebnisse:

→ **Seide, ein Naturprodukt**

Die Raupen des Maulbeerspinners, einer Schmetterlingsart, pressen aus ihren Spinn-
drüsen einen bis zu 3,5 km langen Faden. Sie erzeugen daraus einen Kokon, indem
sie sich verpuppen. Die Seidenindustrie weicht die Kokons in heißem Wasser ein und
wickelt die Seidenfäden ab. Von jedem Kokon können etwa 1000 m verwendet werden.
Aus mehreren Fäden wird dann ein verwertbarer Seidenfaden gesponnen. Seidenfäden
bestehen aus makromolekularen Eiweiß-Molekülen. Seide wird von alkalischen Lösungen und enzymhaltigen Waschmitteln leicht angegriffen. Gegenüber Säuren ist Seide
dagegen beständiger.

→ **Kunstseide, eine halbsynthetische Faser**

Fäden und Gewebe, die man als Kunstseide bezeichnet, werden aus Cellulose hergestellt. In ihrem chemischen Aufbau ist Kunstseide (Reyon) also nicht mit Naturseide
vergleichbar. Kunstseide entspricht von der molekularen Zusammensetzung her eher
der Baumwolle, die auch ein Cellulose-Produkt ist.

Bei der Produktion von Kunstseide stellt man zunächst reine Cellulose (Zellstoff) her.
Zellstoff lässt sich nach unterschiedlichen Verfahren in eine gelöste Form überführen.
Die dickflüssige Masse wird dann durch Spinndüsen gepresst und in einem Streck-
spinn-Verfahren zu Fäden verarbeitet.
Im Gegensatz zur Naturseide ist Kunstseide empfindlich gegenüber Säuren, wird aber
von alkalischen Lösungen nicht so leicht angegriffen.

**Weltweite Verwendung
von Fasern**

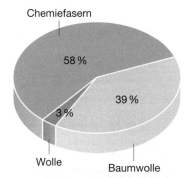

Chemiefasern

58 %

39 %

3 %

Wolle   Baumwolle

→ **Hightech-Produkte der Textilindustrie**

Die ideale Kleidung für Sport und Freizeit soll gleichzeitig winddicht und wasserabweisend, aber trotzdem dampfdurchlässig und atmungsaktiv sein. Solche Textilien sind
unter den Begriffen Mikrofaser und Klimamembrane auf dem Markt.

Mikrofasern:

Mikrofasern werden aus Polyester oder nylonähnlichen Fäden hergestellt. Sie sind
dreimal feiner als Seidenfäden. Nur drei Kilogramm Mikrofaserfäden reichen einmal um
den Äquator. Mikrofasern werden zu sehr feinporigen Geweben verarbeitet. Sie weisen
Wind und Regen ab, lassen aber Wasserdampf, der beim Schwitzen entsteht, durch.
Die Poren der Membran sind nämlich 3000-mal kleiner als Regentropfen, aber immer
noch 3000-mal größer als ein Wasser-Molekül.

Klimamembrane:

Eine Klimamembran ist eine sehr dünne Folie. Sie wird auf die Innenseite eines Textil-
gewebes aufgeklebt. Im Handel befinden sich im Wesentlichen zwei Membran-Typen.
Eine **Goretex**®-Membran besteht aus einer nur 0,02 mm dünnen Folie aus Polyfluor-
ethen. Durch Strecken der Folie bilden sich feinste Poren. Auf einem Quadratzenti-
meter sind es etwa 1,4 Milliarden.
Völlig porenfrei ist die **Sympatex**®-Membran aufgebaut. Sie wird aus einem Polyester
hergestellt, der Wasserdampf besonders gut durchlässt. Diese Kunststofffolie ist sogar
nur 0,001 mm dick. 20 g reichen für einen ganzen Anorak.

Aufgaben

1 Was ist Naturseide, was ist Kunstseide?
2 Erläutere die Abbildungen zur Klimamembran.

Kunststoffe aus der Bakterienzelle

Synthetische Polymere sind so stabil, dass Kunststoffmüll über Jahre hinweg nicht verrottet. Chemiker versuchen deshalb, biologisch abbaubare Kunststoffe herzustellen. Schon heute werden Becher und Teller angeboten, die man nach ihrer Verwendung aufessen kann, weil sie aus gebackenem Stärke-Kleister bestehen. Manche Jogurtbecher werden aus **Polymilchsäure** gepresst, die man aus dem Naturprodukt Milchsäure gewinnt. Auch Polymilchsäure ist biologisch abbaubar, weil Bodenbakterien sie zerlegen und als Nährstoff verwenden können.

Manche Bakterien *produzieren* sogar selbst biologisch abbaubare Polymere: Sie stellen aus dem Monomer 3-Hydroxybuttersäure **Polyhydroxybuttersäure** (PHB) her. Polyhydroxybuttersäure gehört zur Stoffklasse der Polyester, sie weist ähnliche Eigenschaften auf wie die synthetischen Polyester.

Bis zu 96 % ihres Trockengewichtes kann der PHB-Anteil bei manchen Bakterien betragen. Polyhydroxybuttersäure dient den Bakterien als Reservestoff, der bei Bedarf in Hydroxybuttersäure zerlegt werden kann.

Vermutlich wird aber Polyhydroxybuttersäure als nachwachsender und biologisch abbaubarer Kunststoff unser Kunststoffproblem nicht lösen können, denn dazu müssten riesige Mengen Stärke, Zucker oder Fett als Nährstoff für die Bakterien landwirtschaftlich erzeugt werden. Dafür müssten umfangreiche Monokulturen angelegt werden, die üblicherweise einen hohen Einsatz von Pestiziden und Düngemitteln erforderlich machen. Außerdem ginge der Boden für unsere eigene Nahrungsmittelproduktion verloren.

1 Welcher Reaktionstyp liegt bei der Bildung von Polyhydroxybuttersäure vor? Begründe deine Antwort.

$$H-\underline{O}{-}CH-CH_2-C-\underline{O}{-}H + H-\underline{O}{-}CH-CH_2-C-\underline{O}{-}H \longrightarrow H-\underline{O}{-}CH-CH_2-C-\underline{O}{-}CH-CH_2-C-\underline{O}{-}H + H-\underline{O}-H$$

Polystyrol-Schaumstoff – viel Raum und wenig Masse

Mit Leichtigkeit können selbst Kinder einen riesigen Packen Dämmmaterial aus Polystyrol-Schaumstoff stemmen, denn dieses Produkt besteht zu 98 % aus Luft. *Polystyrol* wird aus Styrol (C_6H_5–CH=CH_2) polymerisiert. Im Alltag werden solche Schaumstoffe meist mit dem Handelsnamen *Styropor®* bezeichnet.

Das Ausgangsmaterial für die Herstellung eines Polystyrol-Schaumstoffkörpers kommt in Form von Polystyrol-Kügelchen

in den Handel. Durch einen Trick gelingt es, ein Produkt mit extrem geringer Dichte zu erzeugen: In diese Kügelchen ist ein kleiner Anteil an Pentan eingeschlossen. Das Pentan verdampft, wenn man eine feste Form mit Polystyrol-Kügelchen in siedendem Wasser erhitzt. Dabei bläht der Pentan-Dampf die Kügelchen auf und verklebt sie miteinander. Selbst kompliziert geformte Körper lassen sich auf diese Weise herstellen.

Styropor® ist vielseitig verwendbar:

– Körper aus Styropor® haben einen großen Auftrieb. Darum verwendet man sie, um Boote unsinkbar zu machen. Auch Schwimmwesten und Rettungsringe haben meist einen Kern aus Styropor®.

– Styropor® ist ein schlechter Wärmeleiter. Beim Hausbau und in Kühlschränken setzt man daher Styropor® zur Wärmeisolierung ein.

– Styropor® ist nicht nur leicht, sondern auch weich und elastisch. Man fertigt daher Verpackungsmaterial aus diesem Material, weil es sich den Formen des Transportguts anpassen lässt.

1 Bestimme das Volumen und die Masse eines Styropor®-Körpers und berechne seine Dichte.
2 Warum ist Styropor® ein guter Wärmeisolator?

4.5 Bakelit und andere Duroplaste

Artikel aus Duroplasten

1. Stufe:
Reaktion zu einem Vorprodukt geringer Kettenlänge.

$$n \quad \underset{\text{Phenol}}{\text{(Phenol)}} + n \quad \underset{\text{Form-aldehyd}}{\text{(Formaldehyd)}} \longrightarrow \left[\text{(Phenol-}CH_2\text{)} \right]_n + H_2O$$

2. Stufe:
Bildung eines Duroplastes Solche vernetzte Strukturen lassen sich nur durch Formelausschnitte darstellen. Reaktionsgleichungen können nicht mehr geschrieben werden.

Bildung von Phenolharz durch Polykondensation

Schon 1907 hatte der Belgier BAEKELAND aus *Phenol* und *Formaldehyd* mit Natriumhydroxid als Katalysator einen Kunststoff hergestellt. Wegen seines harzartigen Aussehens wird er als **Phenolharz** bezeichnet. Ab 1910 wurde daraus ein technisch verwertbarer Werkstoff entwickelt, den man zu Ehren von BAEKELAND als **Bakelit** bezeichnete. Heute ist Bakelit jedoch weitgehend durch andere Duroplaste ersetzt.

Herstellung. Bei der Synthese eines Phenolharzes gehen Phenol und Formaldehyd eine Polykondensationsreaktion ein. Dabei werden die Phenol-Reste über CH_2-Gruppen miteinander verknüpft, gleichzeitig werden Wasser-Moleküle abgespalten. Zunächst entstehen Makromoleküle mit geringer Kettenlänge. Durch weitere Reaktionen mit Formaldehyd bilden sich vernetzte Strukturen. Es entsteht ein Duroplast.

Verwendung. Neben den Phenolharzen sind auch Duroplaste im Handel, die aus Formaldehyd und den Monomeren Harnstoff und Melamin hergestellt werden. Sie werden zur Produktion von Steckdosen und Sichtblenden elektrischer Schalter verwendet. Diese Produkte sind bis etwa 300 °C temperaturbeständig.

Der Trabant, scherzhaft „Rennpappe" genannt

Duroplastische Kunststoffe werden oft mit Geweben und Faserbahnen zu *Schichtpressstoffen* verarbeitet. Für die Karosserie des früher in der DDR produzierten Trabants wurden 65 Lagen zu einer nur 4 mm starken Schicht zusammengepresst.

Eine besondere Rolle unter den Duroplasten spielen die *Epoxidharze*. Sie zeichnen sich durch hohe chemische Beständigkeit, große Härte, Schlagfestigkeit und Abriebfestigkeit aus. Aus Epoxidharzen werden hochwertige Kunststoffteile für Waschmaschinen und Kühlschränke, für Kannen, Fässer und viele weitere Gebrauchsartikel hergestellt. Aber auch in der Produktion hochwertiger Lacke und Klebematerialien spielen Epoxidharze eine Rolle.

Auch viele *Gießharze* bestehen aus Epoxid-Kunststoffen. Man verwendet sie in der Elektrotechnik, um verschiedene Geräteteile fest miteinander zu verbinden und sie gleichzeitig elektrisch voneinander zu isolieren.

Duroplaste können nicht recycelt werden, denn sie lassen sich aufgrund der vernetzten Struktur weder ein zweites Mal verformen noch in verwertbare Monomere zerlegen. Duroplast-Teile gehören also in den Restmüll.

> Duroplastische Kunststoffe wie Phenolharze und Epoxidharze werden durch Polykondensation hergestellt.

1 a) Zeichne auf, wie sich zwei Phenol-Moleküle durch Reaktion mit einem Formaldehyd-Molekül miteinander verbinden.
b) Warum spricht man in diesem Fall von einer Kondensationsreaktion?
c) Welche molekulare Struktur ruft bei Phenolharzen die duroplastischen Eigenschaften hervor?
2 Was versteht man unter einem Schichtpressstoff?
3 Harnstoff hat die Formel $H_2N-CO-NH_2$. Zeige, wie sich aus Harnstoff und Formaldehyd ein Makromolekül bilden kann.
4 Informiere dich im Internet über Epoxidharze. Stelle in einer Übersicht häufige Verwendungsweisen dar.

4.6 Gummi – das wichtigste Elastomer

Roh-
kautschuk

$$\cdots CH_2-\underset{\underset{CH_3}{|}}{C}=CH-CH_2-CH_2-\underset{\underset{CH_3}{|}}{C}=CH-CH_2-CH_2-\underset{\underset{CH_3}{|}}{C}=CH-CH_2\cdots$$

$$\cdots CH_2-\underset{\underset{CH_3}{|}}{C}=CH-CH_2-CH_2-\underset{\underset{CH_3}{|}}{C}=CH-CH_2-CH_2-\underset{\underset{CH_3}{|}}{C}=CH-CH_2\cdots$$

Vulkanisation ↓ Schwefel

Gummi

$$\cdots CH_2-\underset{\underset{S_x}{|}}{\overset{\overset{CH_3}{|}}{C}}-CH-CH_2-CH_2-\underset{\underset{S_x}{|}}{\overset{\overset{CH_3}{|}}{C}}-CH-CH_2-CH_2-\underset{\underset{S_x}{|}}{\overset{\overset{CH_3}{|}}{C}}-CH-CH_2\cdots$$

$$\cdots CH_2-\underset{\underset{S_x}{|}}{\overset{\overset{CH_3}{|}}{C}}-CH-CH_2-CH_2-\underset{\underset{S_x}{|}}{\overset{\overset{CH_3}{|}}{C}}-CH-CH_2-CH_2-\underset{\underset{S_x}{|}}{\overset{\overset{CH_3}{|}}{C}}-CH-CH_2\cdots$$

Latex-Gewinnung
Struktur von Kautschuk-Molekülen und Vulkanisation

Wird die Rinde eines Kautschukbaums verletzt, so fließt Latex, eine milchige Flüssigkeit, heraus. Sie enthält fein verteilte Tröpfchen von **Kautschuk,** einem Polymer, das in regelmäßigen Abständen *C=C-Zweifachbindungen* enthält. Die Makromoleküle des Kautschuks werden aus dem Monomer *Isopren* (2-Methylbuta-1,3-dien) gebildet:

$$\underset{}{CH_2}=\underset{\underset{CH_3}{|}}{C}-CH=CH_2$$

Seit 1937 wird in großem Maße **Synthesekautschuk** durch Polymerisation hergestellt. Dabei geht man meist von den Monomeren *Buta-1,3-dien* ($CH_2=CH-CH=CH_2$) und *Styrol* ($C_6H_5-CH=CH_2$) aus. Je nach Mischungsverhältnis der Monomere erhält man Synthesekautschuk mit unterschiedlichen Eigenschaften.

Vulkanisation. Rohkautschuk ist zäh, klebrig und thermoplastisch. Ein dauerhaft gummielastisches Material erhält man erst durch *Vulkanisation.* Dabei wird Rohkautschuk mit Schwefel vermengt und erhitzt. Der Schwefel reagiert mit den C=C-Zweifachbindungen, sodass benachbarte Makromoleküle über *Schwefelbrücken* verbunden werden. Es entsteht **Gummi.**

Reifenherstellung. Autoreifen müssen besonders elastische Seitenwände besitzen, die Laufflächen dagegen sollen rutschfest und abriebfest sein. Man benötigt also Gummisorten unterschiedlicher Elastizität. Sie lassen sich durch Variation des Synthesekautschuks und durch unterschiedliche Schwefelanteile bei der Vulkanisation erreichen. Nach der Vulkanisation sind noch immer reaktionsfähige C=C-Zweifachbindungen vorhanden, die durch Luftsauerstoff angegriffen werden könnten. Dadurch würde

das Material porös und brüchig. Durch den Zusatz von Alterungsschutzmitteln verhindert man, dass das Material seine gummielastische Eigenschaft verliert. Außer Rohkautschuk und Schwefel werden Ruß und Harze als Füllstoffe und Weichmacher für die Reifenherstellung benötigt.

> Kautschuk ist ein Thermoplast, dessen Moleküle C=C-Zweifachbindungen enthalten. Durch Vulkanisation mit Schwefel werden die Moleküle zu einem gummielastischen Material vernetzt.

1 a) Wie gewinnt man Naturkautschuk?
b) Formuliere die Verknüpfung zweier Isopren-Moleküle.
2 a) Formuliere die Verknüpfung eines Buta-1,3-dien-Moleküls mit einem Styrol-Molekül.
b) Warum ist die Polymerisation damit noch nicht beendet?
c) Welche Teilchen können die Polymerisation stoppen?
3 a) Was versteht man unter Vulkanisation?
b) Stelle den Vulkanisationsvorgang auf molekularer Ebene dar.
c) Wie stellt man Gummisorten mit unterschiedlichen Eigenschaften her?
4 a) Welche Rolle spielen die einzelnen Schichten eines Autoreifens?
b) Warum besitzt die Lauffläche ein Profil?
c) Was versteht man unter Aquaplaning?

Lauffläche (aus Kautschuk
Seitenwand (aus Kautschuk
gewickelte Bandage (aus Nylon)
Stahlgürtel
gummierte Faserschicht (aus Polyester)
Drahtkern (in Kautschuk eingebettet)
Seitenwand-Stabilisator (aus Nylon)

4.7 Silicone – Kunststoffe aus Sand

Die ersten Schritte zur Bildung eines Siliconharzes

Silicium steht im Periodensystem unmittelbar unter dem Element Kohlenstoff. Daher bildet es auch ähnliche Verbindungen: Dem Methan (CH_4) entspricht das *Silan* (SiH_4), den Alkanolen entsprechen die *Silanole*.

Auch Makromoleküle lassen sich auf der Grundlage der Silicium-Chemie herstellen. Größere Mengen dieser Kunststoffe, der **Silicone,** wurden erstmals 1947 in Deutschland produziert. Die erforderlichen Zwischenprodukte werden mithilfe von elementarem Silicium erzeugt. Da das Silicium aus Quarzsand (SiO_2) gewonnen wird, bezeichnete man Silicone auch als „Kunststoffe aus Sand".

Silicone sind siliciumorganische Kunststoffe, deren Molekülgerüst aus Silicium-Atomen und Sauerstoff-Atomen besteht. Die übrigen Bindungen an den Silicium-Atomen sind meist von Methyl-Gruppen besetzt.

Herstellung. Das wichtigste Zwischenprodukt für die Synthese von Siliconen ist Dichlordimethylsilan (($CH_3)_2SiCl_2$). Es entsteht bei der Umsetzung von elementarem Silicium mit Chlormethan (CH_3Cl):

$$Si\ (s) + 2\ CH_3Cl\ (g) \xrightarrow{\text{300 °C, Katalysator}} (CH_3)_2SiCl_2\ (l)$$

Durch die Reaktion mit Wasser erhält man daraus das eigentliche Monomer für die Polyreaktion, ein **Silandiol:** $HO-Si(CH_3)_2-OH$. Silandiole entsprechen den Alkandiolen der Kohlenstoff-Chemie, besitzen aber viel reaktionsfreudigere OH-Gruppen. Sie reagieren in einer *Polykondensationsreaktion* miteinander, wobei Wasser abgespalten wird. Dadurch bilden sich kettenförmige Silicon-Moleküle, wie sie in *Siliconölen* und *Siliconfetten* enthalten sind. Die Moleküle der **Silantriole** besitzen dagegen drei OH-Gruppen. Man erhält daraus duroplastische *Siliconharze* mit räumlich vernetzten Makromolekülen.

Eigenschaften und Verwendung. Durch die unpolaren Methyl-Gruppen sind Silicone wasserabweisend. Silicone sind außerdem beständig gegen Ozon- und UV-Strahlen, sie vertragen höhere Temperaturen als Kunststoffe, die aus Kohlenstoff-Verbindungen bestehen.

Da sie auch geruchsfrei, elektrisch isolierend und wärmebeständig sind, werden sie in vielen Bereichen eingesetzt:

- Man verwendet sie als Bremsflüssigkeit, Schmiermittel und Dichtungsmasse.
- In der Medizintechnik werden künstliche Gelenke und Herzklappenventile aus Siliconen angefertigt.
- Die Arzneimittelindustrie und die Kosmetikindustrie stellen aus Siliconen Salbengrundlagen her.
- Textilien, die mit Siliconen imprägniert sind, bleiben atmungsaktiv, lassen sich aber nicht von Wasser benetzen.
- Viele Gebäudeschutzmittel bestehen aus Silicon.

Der ICE – mit einem Schutzanstrich aus Siliconharz

> Silicone sind siliciumorganische Kunststoffe, in denen Silicium-Atome und Sauerstoff-Atome das Grundgerüst der Moleküle bilden.

1 Wie viele Elektronenpaarbindungen bilden Silicium-Atome aus?

2 Worin unterscheiden sich die Polymerketten der Silicone von denen des Polyethens?

3 Warum ist die Reaktion zwischen Silandiol-Molekülen eine Polykondensation?

4 Warum entstehen durch die Polykondensation von Silantriol-Molekülen räumlich vernetzte Molekülstrukturen?

5 Informiere dich im Internet über Silicone und ihre Verwendung.

Silicon

4.8 Klebstoffe – wie halten sie fest?

Klebstoffartikel

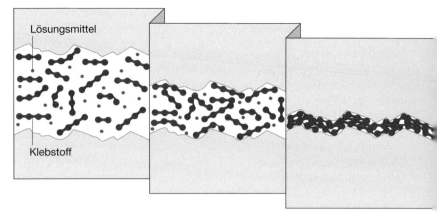

Klebevorgang bei einem Lösungsmittelkleber im Modell

Zum Basteln, Reparieren und Verpacken bietet der Markt heute eine fast unüberschaubare Fülle von Klebern an. Auch in der technischen Fertigung gewinnen Klebstoffe immer größere Bedeutung. Statt zu schweißen oder zu nieten, klebt man die Teile viel einfacher und billiger aneinander. So werden bei der Herstellung eines Autos durchschnittlich 15 verschiedene Klebstoffe eingesetzt. Sie erreichen eine Festigkeit, die den Schweißnähten und Nietverbindungen in nichts nachsteht.

Theorie des Klebens. Zwei Voraussetzungen müssen erfüllt sein, damit eine Klebeverbindung hält:
– Der Klebstoff muss das zu klebende Material gut *benetzen*. Darum wird er meist in flüssiger Form aufgetragen, denn nur so kann er in die kleinsten Unebenheiten eindringen.
– Der Klebstoff muss die zu verbindenden Teile *zusammenhalten*. Den Kontakt vermitteln Anziehungskräfte zwischen den Teilchen des Klebstoffs und denen des zu verbindenden Materials. Man spricht hier von *Adhäsionskräften* (lat. *adhaerere*: haften). Die Teilchen des Klebstoffs müssen aber auch untereinander durch genügend große Kräfte zusammengehalten werden. Das bewirken *Kohäsionskräfte* (lat. *cohaerere*: zusammenhalten).

Klebstoffarten. Klebstoffe lassen sich nach der Art ihres Aushärtens einteilen:
Lösungsmittelklebstoffe enthalten gelöste Makromoleküle. Der eigentliche Klebstoff härtet aus, wenn das Lösungsmittel verdunstet. In diese Gruppe gehören die sogenannten Alleskleber. Sie enthalten beispielsweise in Aceton gelöste Polyester. Heute bevorzugt man in vielen Klebern Wasser als Lösungsmittel, weil organische Lösungsmittel gesundheitsschädlich und leicht entzündlich sein können.

Schmelzkleber sind thermoplastische Kunststoffe, die beim Erwärmen erweichen. Beim Abkühlen erstarrt der Kleber wieder und verbindet die Teile miteinander. Ein handliches Gerät zur Verarbeitung von Schmelzklebern ist die Klebepistole.
Reaktionskleber enthalten Monomere oder Vorstufen von Makromolekülen. Vor ihrem Einsatz werden sie mit einem *Härter* vermischt. Beim Aushärten setzt eine Polymerisation ein. Zu dieser Gruppe von Klebern gehören die Zwei-Komponenten-Kleber.
Nicht härtende Kleber beinhalten in der Regel Kautschuk oder Polyacrylate. Man verwendet sie für Klebebänder, Pflaster und Aufkleber, die sich wieder von der Unterlage abziehen lassen. Ein bekannter Kleber dieser Art ist die Gummilösung, mit der Löcher in Fahrradschläuchen geflickt werden.

> Klebstoffe verbinden Teile durch molekulare Anziehungskräfte miteinander. Für bestimmte Zwecke werden unterschiedliche Klebstoffe eingesetzt.

1 Bringe verschiedene Klebstoffe in den Unterricht mit. Ordne sie einer Klebstoffart zu. Beachte dabei die Verarbeitungshinweise.
2 Erkläre mithilfe des rechten Bildes die einzelnen Phasen des Klebevorgangs. Wo wirken Adhäsionskräfte und wo Kohäsionskräfte?
3 Wie funktioniert ein Schmelzkleber?
4 Für welche Zwecke werden nicht härtende Kleber eingesetzt?
5 a) Was ist ein Zwei-Komponenten-Kleber?
b) Warum werden die Komponenten getrennt geliefert?
6 Welche Sicherheitsvorschriften sind beim Umgang mit Sekundenklebern zu beachten?
7 Warum muss Gummilösung beim Flicken eines Fahrradschlauchs eintrocknen?

4.9 Kunststoffe sind Wertstoffe

Seit Kunststoffe in größerem Umfang verarbeitet und genutzt werden, gibt es auch Probleme mit Kunststoffabfällen. Die Abfälle stammen hauptsächlich aus der kunststoffverarbeitenden Industrie und aus dem Verpackungsmaterial der Kleinbetriebe und Haushalte. Für die Verwertung dieses Materials kommen drei Verfahren in Frage:

- Beim **werkstofflichen Recycling** werden die Kunststoffabfälle zerkleinert, umgeschmolzen und wieder verwendet.
- Was sich nicht in dieser Weise recyclen lässt, wird oft dem **rohstofflichen Recycling** zugeführt. Bei diesem Verfahren werden thermoplastische Kunststoffe in ihre niedermolekularen Bestandteile zerlegt, um sie anschließend zur Herstellung neuer Kunststoffe zu verwenden. Dieses Verfahren funktioniert aber nur dann problemlos, wenn die Kunststoffreste weitgehend sortenrein anfallen und nicht zu sehr verschmutzt sind.
- Kunststoffmüll, der weder werkstofflich noch rohstofflich recycelt werden kann, wird verbrannt. Bei dieser **thermischen Verwertung** wird der Energiegehalt des Materials genutzt.

Das Recycling von Kunststoffen hat zum Ziel, Rohstoffe einzusparen, den Energieeinsatz zu reduzieren und die Müllmenge zu verringern. Die Verfahren sollen möglichst kostengünstig sein und die Umwelt nicht belasten. Seit 1993 hat die *Duales System Deutschland AG* die vom Gesetzgeber übertragene Aufgabe übernommen, Verkaufsverpackungen, die in Haushalten und im Kleingewerbe anfallen, zu sammeln, zu sortieren und zu verwerten. 1998 wurde gesetzlich festgelegt, dass 60 % des anfallenden Kunststoffmülls in der einen oder anderen Weise zu verwerten sind. 36 % der Kunststoffabfälle sollen werkstofflich recycelt werden. Die restlichen 24 % können einem rohstofflichen oder thermischen Verwertungsverfahren zugeführt werden.

Modernste Anlagen ermöglichen heute die vollautomatische Sortierung des Inhalts der *„Gelben Säcke"*. Leichtverpackungen, Weißblech und Aluminium werden abgetrennt. Der Kunststoffmüll wird zerkleinert und sortenrein aufbereitet.

> Kunststoffreste werden gesammelt und werkstofflich oder rohstofflich wieder verwertet. Der Rest wird verbrannt.

1 Mit welchen Techniken lässt sich ein Gemisch aus Kunststoffabfällen sortieren?
2 Stelle Vorteile und Nachteile des werkstofflichen Recyclings, des rohstofflichen Recyclings und der thermischen Verwertung von Kunststoffen zusammen.
3 Bestelle dir bei der Duales System Deutschland AG Informationsmaterial zur Verwertung von Kunststoffen.
4 Informiere dich in deinem Wohnort nach dem dortigen Abfallbeseitigungskonzept.
5 Beschreibe das abgebildete Fließschema zur Wertstoffsortierung.

Polyethenterephthalat (PET)

Polyethen (HDPE)

Polyvinylchlorid (PVC)

Polyethen (LDPE)

Polypropen (PP)

Polystyrol (PS)

Vollautomatische Sortierung und Aufbereitung von Wertstoffen aus den „Gelben Säcken" in der SORTEC-3.0-Anlage in Hannover

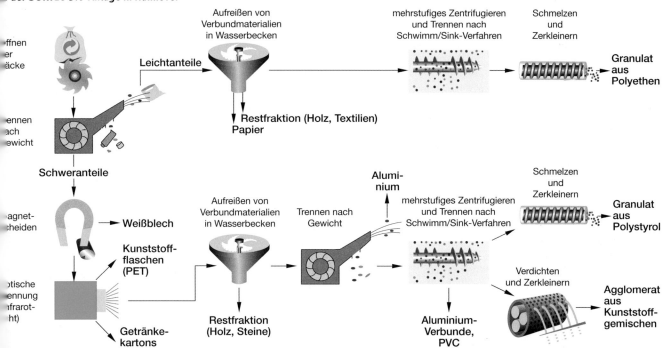

Quiz

A1 a) Erkläre die Begriffe des Fensters.
b) Notiere auf der Vorderseite von Karteikarten den Begriff, auf der Rückseite die Erklärung.

A2 In der Abbildung sind drei Gegenstände wiedergegeben. Ordne das Material, aus dem sie bestehen, den drei Kunststoffgruppen zu und begründe deine Entscheidung.

A3 a) Welcher technisch wichtige Kunststoff enthält das Element Chlor?
b) Wie kann man das Chlor im Kunststoff nachweisen?

A4 Viele Artikel, die früher aus Leder, Holz und anderen Naturstoffen gefertigt wurden, bestehen heute aus Kunststoffen. Nenne einige Beispiele und erkläre diesen Wandel.

A5 Kunststoffe werden durch Polymerisation oder durch Polykondensation hergestellt. Wodurch unterscheiden sich diese Polyreaktionen?

Know-how

A6 Nylonfäden werden im Schmelzspinn-Verfahren hergestellt. Anschließend streckt man sie auf das Zehnfache ihrer Länge. Nach der Streckung sind Nylonfäden zwar nicht mehr dehnbar, aber wesentlich reißfester.
a) Beschreibe das Schmelzspinn-Verfahren.
b) Entwickle eine Modellvorstellung, die auf molekularer Ebene die Reißfestigkeit von gestreckten Nylonfäden erklärt.

A7 Bei der Gummiherstellung wird Kautschuk vulkanisiert.
a) Erläutere das Verfahren der Vulkanisation.
b) Stelle die molekularen Vorgänge, die bei der Vulkanisation ablaufen, durch Strukturformeln dar.
c) Wie wird weiches und wie wird hartes Gummi erzeugt?
d) Warum wird Gummi im Laufe der Zeit spröde?

Die wichtigsten Begriffe

- Makromolekül
- Thermoplast, Duroplast, Elastomer
- Monomer, Polymer
- Polyreaktion
- Polymerisation
- Polykondensation
- Kautschuk
- Vulkanisation
- Silicone
- Klebstoffe
- Kunststoff-Recycling

A8 Baumwollstoffe, die mit Silicon getränkt sind, lassen kein Wasser hindurch.
a) Was versteht man unter einem Silicon?
b) Warum dringt der Wassertropfen nicht durch die Löcher, die sich im Stoff befinden?

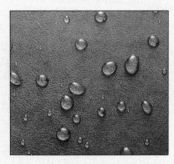

Natur – Mensch – Technik

A9 Bei der Verbrennung von Kunststoffen entstehen verschiedene Verbrennungsprodukte. Welche Verbrennungsprodukte erwartest du bei der Verbrennung von:
a) Polyethen,
b) Polyvinylchlorid?
Gib jeweils die Reaktionsgleichung für die Reaktion an.
c) Warum sind Textilien aus Gore-Tex®-Fasern für die Müllverbrennung problematisch? Was bedeutet dies für die Entsorgung dieses Fasermaterials?

A10 Polyhydroxybuttersäure (PHB) zählt zu den biologisch abbaubaren Kunststoffen. Sie entsteht in einer Polykondensationsreaktion aus 3-Hydroxybuttersäure:

$$H-\underset{|}{\overset{}{O}}-CH-CH_2-\overset{O}{\overset{\|}{C}}-\underset{}{\overset{}{O}}-H$$
$$\overset{CH_3}{|}$$

a) Gib die Reaktionsgleichung für die Kondensation von zwei Monomeren mit Strukturformeln an.
b) Zu welcher Stoffgruppe zählt man das Produkt?

A11 Miesmuscheln erzeugen Fäden aus Eiweißstoffen, mit denen sie sich unter Wasser an Steinen und Hölzern befestigen. Sie sind dann nur äußerst schwer von ihrer Unterlage zu entfernen. Welche Eigenschaft dieses „Klebstoffs" ist wohl für die Technik von besonderem Interesse?

Kunststoffe – Werkstoffe unserer Zeit

1. Einteilung von Kunststoffen

a) Thermoplaste sind aus kettenförmigen Makromolekülen aufgebaut. Sie lassen sich ohne chemische Veränderungen beliebig oft schmelzen und in neue Formen bringen.

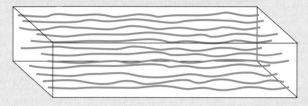

b) Duroplaste haben eine vernetzte Struktur, sie sind hart und spröde. Duroplaste zersetzen sich bei hohen Temperaturen.

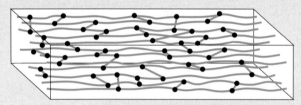

c) Elastomere sind weitmaschig vernetzte, gummielastische Polymere. Sie zersetzen sich bei hohen Temperaturen.

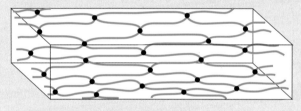

2. Silicone

Silicone sind siliciumorganische Kunststoffe, in denen Silicium-Atome und Sauerstoff-Atome das Gerüst der Makromoleküle bilden.

$$HO-\underset{\underset{CH_3}{|}}{\overset{\overset{CH_3}{|}}{Si}}-OH \ + \ HO-\underset{\underset{OH}{|}}{\overset{\overset{CH_3}{|}}{Si}}-OH \ + \ HO-\underset{\underset{CH_3}{|}}{\overset{\overset{CH_3}{|}}{Si}}-OH \ + \ ...$$

Silandiol   Silantriol   Silandiol

↓ Wasser

$$\cdots\overline{O}-\underset{\underset{CH_3}{|}}{\overset{\overset{CH_3}{|}}{Si}}-\overline{O}-\underset{\underset{|\underline{O}|}{|}}{\overset{\overset{CH_3}{|}}{Si}}-\overline{O}\cdots$$

$$CH_3-\underset{\underset{|\underline{O}|}{|}}{\overset{}{Si}}-CH_3$$

Silicon

3. Polyreaktionen

Kunststoffe sind synthetisch erzeugte Polymere. Ihre Makromoleküle werden aus Monomeren durch Polyreaktionen gebildet.

a) Polymerisation: Die Monomere werden unter Spaltung von C=C-Bindungen miteinander verknüpft.

$$n\ CH_2{=}CH_2 \longrightarrow \underset{Polyethen}{\{CH_2-CH_2\}_n}$$

$\underset{Ethen}{}$

b) Polykondensation: Monomere werden unter Abspaltung kleinerer Moleküle miteinander verknüpft.

$$n\ \underset{Dicarbonsäure}{HOOC-R_1-COOH} \ + \ n\ \underset{Diamin}{H_2N-R_2-NH_2} \longrightarrow$$

$$\left[\underset{\underset{H}{|}}{\overset{\overset{H}{|}}{N}}-R_2-\underset{\underset{|\underline{O}|}{||}}{N}-C-R_1-\overset{\overset{O}{||}}{C}\right]_n + 2n\ H_2O$$

Polyamid

4. Kautschuk und Gummi

Naturkautschuk ist ein Polymerisat des Monomers Isopren (2-Methylbuta-1,3-dien).

$$CH_2{=}\underset{\underset{CH_3}{|}}{C}-CH{=}CH_2$$

Synthesekautschuk wird durch Polymerisation von Buta-1,3-dien ($CH_2{=}CH-CH{=}CH_2$) und Styrol ($C_6H_5-CH{=}CH_2$) gewonnen.

Gummi wird aus Kautschuk durch Vulkanisation hergestellt. Dazu wird der Kautschuk mit Schwefelpulver vermischt und erhitzt. Dabei bilden sich Schwefelbrücken ($-S_x-$) zwischen benachbarten Makromolekülen aus.

5. Klebstoffe

Lösungsmittelkleber bestehen aus Bindemittel und Lösungsmittel. Das Lösungsmittel verdunstet, das Bindemittel verbindet die Teile miteinander.
Beispiel: Papierkleber

Schmelzkleber werden im festen Zustand durch Erwärmen geschmolzen. Beim Abkühlen werden sie wieder hart.

Reaktionskleber erhärten durch chemische Reaktionen.
Beispiel: Zwei-Komponenten-Kleber

Nicht härtende Klebstoffe werden als Film auf eine Unterlage aufgebracht und sind mehrfach benutzbar.
Beispiel: abziehbare Klebestreifen

Gefahrenhinweise und Sicherheitsratschläge für gefährliche Stoffe

Gefahrenhinweise (R-Sätze)

Diese Hinweise geben in einer ausführlicheren Weise als die Gefahrensymbole Auskunft über die Art der Gefahr.

R 1 In trockenem Zustand explosionsgefährlich
R 2 Durch Schlag, Reibung, Feuer oder andere Zündquellen explosionsgefährlich
R 3 Durch Schlag, Reibung, Feuer oder andere Zündquellen besonders explosionsgefährlich
R 4 Bildet hochempfindliche explosionsgefährliche Metallverbindungen
R 5 Beim Erwärmen explosionsfähig
R 6 Mit und ohne Luft explosionsfähig
R 7 Kann Brand verursachen
R 8 Feuergefahr bei Berührung mit brennbaren Stoffen
R 9 Explosionsgefahr bei Mischung mit brennbaren Stoffen
R 10 Entzündlich
R 11 Leichtentzündlich
R 12 Hochentzündlich
R 14 Reagiert heftig mit Wasser
R 15 Reagiert mit Wasser unter Bildung hoch entzündlicher Gase
R 16 Explosionsgefährlich in Mischung mit brandfördernden Stoffen
R 17 Selbstentzündlich an der Luft
R 18 Bei Gebrauch Bildung explosionsfähiger / leicht entzündlicher Dampf-Luftgemische möglich
R 19 Kann explosionsfähige Peroxide bilden
R 20 Gesundheitsschädlich beim Einatmen
R 21 Gesundheitsschädlich bei Berührung mit der Haut
R 22 Gesundheitsschädlich beim Verschlucken
R 23 Giftig beim Einatmen
R 24 Giftig bei Berührung mit der Haut
R 25 Giftig beim Verschlucken
R 26 Sehr giftig beim Einatmen
R 27 Sehr giftig bei Berührung mit der Haut
R 28 Sehr giftig beim Verschlucken
R 29 Entwickelt bei Berührung mit Wasser giftige Gase
R 30 Kann bei Gebrauch leicht entzündlich werden
R 31 Entwickelt bei Berührung mit Säure giftige Gase
R 32 Entwickelt bei Berührung mit Säure sehr giftige Gase
R 33 Gefahr kumulativer Wirkung

R 34 Verursacht Verätzungen
R 35 Verursacht schwere Verätzungen
R 36 Reizt die Augen
R 37 Reizt die Atmungsorgane
R 38 Reizt die Haut
R 39 Ernste Gefahr irreversiblen Schadens
R 40 Irreversibler Schaden möglich
R 41 Gefahr ernster Augenschäden
R 42 Sensibilisierung durch Einatmen möglich
R 43 Sensibilisierung durch Hautkontakt möglich
R 44 Explosionsgefahr bei Erhitzen unter Einschluss
R 45 Kann Krebs erzeugen
R 46 Kann vererbbare Schäden verursachen
R 48 Gefahr ernster Gesundheitsschäden bei längerer Exposition
R 49 Kann Krebs erzeugen beim Einatmen
R 50 Sehr giftig für Wasserorganismen
R 51 Giftig für Wasserorganismen
R 52 Schädlich für Wasserorganismen
R 53 Kann in Gewässern längerfristig schädliche Wirkungen haben
R 54 Giftig für Pflanzen
R 55 Giftig für Tiere
R 56 Giftig für Bodenorganismen
R 57 Giftig für Bienen
R 58 Kann längerfristig schädliche Wirkungen auf die Umwelt haben
R 59 Gefährlich für die Ozonschicht
R 60 Kann die Fortpflanzungsfähigkeit beeinträchtigen
R 61 Kann das Kind im Mutterleib schädigen
R 62 Kann möglicherweise die Fortpflanzungsfähigkeit beeinträchtigen
R 63 Kann das Kind im Mutterleib möglicherweise schädigen
R 64 Kann Säuglinge über die Muttermilch schädigen
R 65 Gesundheitsschädlich: Kann beim Verschlucken Lungenschäden verursachen
R 66 Wiederholter Kontakt kann zu spröder oder rissiger Haut führen
R 67 Dämpfe können Schläfrigkeit oder Benommenheit verursachen
R 68 Irreversibler Schaden möglich

Sicherheitsratschläge (S-Sätze)

Hier werden Empfehlungen gegeben, wie Gesundheitsgefahren beim Umgang mit gefährlichen Stoffen abgewehrt werden können.

S 1 Unter Verschluss aufbewahren

S 2 Darf nicht in die Hände von Kindern gelangen

S 3 Kühl aufbewahren

S 4 Von Wohnplätzen fernhalten

S 5 Unter ... aufbewahren
(geeignete Flüssigkeit vom Hersteller anzugeben)

S 6 Unter ... aufbewahren
(inertes Gas vom Hersteller anzugeben)

S 7 Behälter dicht geschlossen halten

S 8 Behälter trocken halten

S 9 Behälter an einem gut gelüfteten Ort aufbewahren

S 12 Behälter nicht gasdicht verschließen

S 13 Von Nahrungsmitteln, Getränken und Futtermitteln fernhalten

S 14 Von ... fernhalten (inkompatible Substanzen sind vom Hersteller anzugeben)

S 15 Vor Hitze schützen

S 16 Von Zündquellen fernhalten – Nicht rauchen

S 17 Von brennbaren Stoffen fernhalten

S 18 Behälter mit Vorsicht öffnen und handhaben

S 20 Bei der Arbeit nicht essen und trinken

S 21 Bei der Arbeit nicht rauchen

S 22 Staub nicht einatmen

S 23 Gas/Rauch/Dampf/Aerosol nicht einatmen
(geeignete Bezeichnung(en) vom Hersteller anzugeben)

S 24 Berührung mit der Haut vermeiden

S 25 Berührung mit den Augen vermeiden

S 26 Bei Berührung mit den Augen sofort gründlich mit Wasser abspülen und Arzt konsultieren

S 27 Beschmutzte, getränkte Kleidung sofort ausziehen

S 28 Bei Berührung mit der Haut sofort abwaschen mit viel ... (vom Hersteller anzugeben)

S 29 Nicht in die Kanalisation gelangen lassen

S 30 Niemals Wasser hinzugießen

S 33 Maßnahmen gegen elektrostatische Aufladung treffen

S 35 Abfälle und Behälter müssen in gesicherter Weise beseitigt werden

S 36 Bei der Arbeit geeignete Schutzkleidung tragen

S 37 Geeignete Schutzhandschuhe tragen

S 38 Bei unzureichender Belüftung Atemschutzgerät anlegen

S 39 Schutzbrille/Gesichtsschutz tragen

S 40 Fußboden und verunreinigte Gegenstände mit ...
reinigen (Material vom Hersteller anzugeben)

S 41 Explosions- und Brandgase nicht einatmen

S 42 Bei Räuchern/Versprühen geeignetes Atemschutzgerät anlegen (geeignete Bezeichnung(en) vom Hersteller anzugeben)

S 43 Zum Löschen ... (vom Hersteller anzugeben) verwenden (wenn Wasser die Gefahr erhöht, anfügen: „Kein Wasser verwenden")

S 45 Bei Unfall oder Unwohlsein sofort Arzt hinzuziehen (wenn möglich dieses Etikett vorzeigen)

S 46 Bei Verschlucken sofort ärztlichen Rat einholen und Verpackung oder Etikett vorzeigen

S 47 Nicht bei Temperaturen über ... °C aufbewahren (vom Hersteller anzugeben)

S 48 Feucht halten mit ...
(geeignetes Mittel vom Hersteller anzugeben)

S 49 Nur im Originalbehälter aufbewahren

S 50 Nicht mischen mit ... (vom Hersteller anzugeben)

S 51 Nur in gut gelüfteten Bereichen verwenden

S 52 Nicht großflächig für Wohn- und Aufenthaltsräume verwenden

S 53 Exposition vermeiden – vor Gebrauch besondere Anweisungen einholen

S 56 Diesen Stoff und seinen Behälter der Problemfallentsorgung zuführen

S 57 Zur Vermeidung einer Kontamination der Umwelt geeigneten Behälter verwenden

S 59 Information zur Wiederverwendung beim Hersteller/Lieferanten erfragen

S 60 Dieser Stoff und sein Behälter sind als gefährlicher Abfall zu entsorgen

S 61 Freisetzung in die Umwelt vermeiden. Besondere Anweisungen einholen / Sicherheitsdatenblatt zu Rate ziehen

S 62 Bei Verschlucken kein Erbrechen herbeiführen. Sofort ärztlichen Rat einholen und Verpackung oder dieses Etikett vorzeigen

S 63 Bei Unfall durch Einatmen: Verunfallten an die frische Luft bringen und ruhig stellen

S 64 Bei Verschlucken Mund mit Wasser ausspülen (nur wenn Verunfaller bei Bewusstsein ist)

Stoffliste

Stoff	Gefahrensymbole, Sicherheits-symbole, Entsorgungssymbole	Ratschläge R/S-Sätze
Aceton		R: 11–36–66/67 S: 9–16–26
Alkohol (Ethanol)		R: 11 S: 7–16
Ameisensäure $2\% \le w < 10\%$		R: 36/38 S:
Ammoniak-Lösung $10\% \le w < 25\%$		R: 34 S: 26
Ammoniak-Lösung $5\% \le w < 10\%$		R: 36/37/38 S: 26
Ammoniummolybdat		R: S:
Amylase		R: 36–42 S: 22–24
Ascorbinsäure		R: S:
Bariumchlorid		R: 20–25 S: 45
Bariumchlorid-Lösung		R: 22 S:
Bleiacetat-Papier		R: S:
Brennspiritus (96 % Ethanol)		R: 11 S: 7–16
Brom (flüssig)	X	R: 26–35–50 S: 7/9–26–45–61
Bromwasser (ges.)	X	R: 23–24 S: 7/9–26–45
Bromthymolblau		R: S:
Butandiol-monoacrylat		R: S:
Buttersäure (Butansäure)	X	R: 34 S: 26–36–45
Calciumhydroxid		R: 41 S: 22–24–26–39
Cumolhydroperoxid		R: 7–21/22–23–34–48/20/22–51/53 S: 3/7–14–36/37/39–45–50–61
Eisen(II)-sulfat		R: 22 S: 24/25
Essigsäure $w \ge 25\%$		R: 35 S: 23–26–45
Essigsäure $10\% \le w < 25\%$		R: 36/38 S: 23–26–45
Essigsäureethyl-ester (Ethylacetat)		R: 11–36–66/67 S: 16–23–26–33
Ethanol		R: 11 S: 7–16
FEHLING-Lösung I		R: S:
FEHLING-Lösung II		R: 35 S: 26–27–37/39
Heptan		R: 11–38–50/53–65–67 S: 9–16–29–33–60–61–62
Hexen		R: 11–65 S: 9–16–23–29–33
Iod		R: 20/21–50 S: 23–25–61
Iod-Lösung (in Ka-liumiodid-Lösung)		R: S:

Stoff	Gefahrensymbole, Sicherheits-symbole, Entsorgungssymbole	Ratschläge R/S-Sätze
Iod-Tinktur (alkoholische Lösung)		R: 20/21 S: 23–25
Kalilauge $0,5\% \le w < 2\%$		R: 36/38 S: 26
Kaliumbromid		R: S:
Kaliumhydroxid		R: 22–35 S: 2–26–37/39–45
Kaliumiodid		R: S:
Kaliumnitrat		R: 8 S: 16–41
Kaliumpermanganat		R: 8–22–50/53 S: 60–61
Kalkwasser		R: S:
Kupferoxid		R: 22 S: 22
Kupfersulfat		R: 22–36/38–50/53 S: 22–60–61
Kupferblech, -pulver		R: S:
Lithiumchlorid		R: 22–36/38 S:
Magnesium	X	R: 11–15–17 S: 7/8–43
Mangandioxid (Braunstein)		R: 20/22 S: 25
Methanol		R: 11–23/24/25–39 S: 7–16–36/37–45
2-Methylpropan-1-ol		R: 10–37/38–41–67 S: 7/9–13–26–37/39–46
Milchsäure		R: 38–41 S: 26–39
Natriumcarbonat (Soda)		R: 36 S: 22–26
Natriumchlorid		R: S:
Natriumhydrogen-carbonat (Natron)		R: S:
Natriumhydroxid		R: 35 S: 26–37/39–45
Natriumsulfat		R: S:
Natriumsulfid		R: 31–34–50 S: 26–45–61
Natriumthiosulfat		R: S:
Natronkalk		R: 35 S: 26–36/37/39–45
Natronlauge $w \ge 2\%$		R: 35 S: 26–27–37/39–45
Natronlauge $0,5\% \le w < 2\%$		R: 36/38 S: 26
Pentanol		R: 10–20 S: 24/25
Phenolphthalein-Lösung (alkohol.)		R: 11 S: 7–16
Phosphorsäure $w \ge 25\%$		R: 34 S: 26–45
Phosphorsäure $10\% \le w < 25\%$		R: 36/38 S: 26–45

Stoff	Gefahrensymbole, Sicherheitssymbole, Entsorgungssymbole	Ratschläge R/S-Sätze
Propan-1-ol Propan-2-ol		R: 11–41–67 S: 7–16–24–26–39
Propionaldehyd (Propanal)		R: 11–36/37/38 S: 9–16–29
Saccharose		R: S:
Salpetersäure $w \geq 70\,\%$		R: 8–35 S: 23–26/36/37/ 39–45
Salpetersäure $20\,\% \leq w < 70\,\%$		R: 35 S: 23–26–36/37/ 39–45
Salpetersäure $5\,\% \leq w < 20\,\%$		R: 34 S: 26–36/37/39
Salpetersäure $1\,\% \leq w < 5\,\%$		R: 36/38 S:
Salzsäure $w \geq 25\,\%$		R: 34–37 S: 26–45
Salzsäure $10\,\% \leq w < 25\,\%$		R: 36/37/38 S: 28

Stoff	Gefahrensymbole, Sicherheitssymbole, Entsorgungssymbole	Ratschläge R/S-Sätze
Schwefelsäure $w \geq 15.\%$		R: 35 S: 26–30–45
Schwefelsäure $5\,\% \leq w < 15\,\%$		R: 36/38 S: 26
Silbernitrat-Lösung $(w = 1\,\%)$		R: S:
Stearinsäure		R: S:
Universalindikator		R: S:
Wasserstoff-Gas		R: 12 S: 9–16–33
Wasserstoffperoxid $(w = 10\,\%)$		R: 22–41 S: 26–39
Wasserstoffperoxid $(w = 3\,\%)$		R: S:
Zinkchlorid		R: 22–34–50/53 S: 26–36/37/ 39–45–60–61

X: spezielle Entsorgungsreaktion

Größen und ihre Einheiten

Größe		Einheit		
Name	Zei-chen	Name	Zei-chen	Beziehungen
Masse	m	Kilogramm	kg	1 kg = 1000 g 1 g = 1000 mg
Volumen	V	Kubikmeter	m^3	$1\ m^3 = 1000\ dm^3$ $1\ dm^3 = 1\ l$
		Liter	l	1 l = 1000 ml $1\ ml = 1\ cm^3$
Dichte	ϱ	$\dfrac{Kilogramm}{Kubikmeter}$	$\dfrac{kg}{m^3}$	$1\dfrac{g}{cm^3} = 1000\dfrac{kg}{m^3}$
		$\dfrac{Gramm}{Liter}$	$\dfrac{g}{l}$	$1\dfrac{g}{l} = 0{,}001\dfrac{g}{m^3}$
Druck	p	Pascal	Pa	$1\ Pa = 1\dfrac{N}{m^2}$ 100 Pa = 1 hPa
		Bar	bar	1 bar = 100 000 Pa 1 mbar = 100 Pa
Energie	E	Joule	J	$1\ J = 1\ N \cdot m = 1\dfrac{kg \cdot m^2}{s^2}$
Elektrizitäts-menge	Q	Coulomb	C	$1\ C = 1\ A \cdot s$
Anzahl	N			
Stoffmenge	n	Mol	mol	1 mol enthält $6{,}022 \cdot 10^{23}$ Teilchen
molare Masse	M	$\dfrac{Gramm}{Mol}$	$\dfrac{g}{mol}$	
Stoffmengen-konzentration	c	$\dfrac{Mol}{Liter}$	$\dfrac{mol}{l}$	
Temperatur	ϑ	Grad Celsius	°C	
	T	Kelvin	K	0 °C = 273,15 K

Umrechnungsfaktoren

Energie	J	cal	eV
1 J	1	0,2390	$6{,}242 \cdot 10^{18}$
1 cal	4,184	1	$2{,}612 \cdot 10^{19}$
1 eV	$1{,}602 \cdot 10^{-19}$	$3{,}829 \cdot 10^{-20}$	1

$1\ J = 1\ N \cdot m = 1\ W \cdot s = 1\ V \cdot A \cdot s$

Druck	Pa	atm	mm Hg	bar
1 Pa	1	$9{,}869 \cdot 10^{-6}$	$7{,}501 \cdot 10^{-3}$	10^{-5}
1 atm	$1{,}013 \cdot 10^{5}$	1	760,0	1,013
1 mm Hg (Torr)	133,3	$1{,}316 \cdot 10^{-3}$	1	$1{,}333 \cdot 10^{-3}$
1 bar	10^{5}	0,9869	750,1	1

100 Pa = 1 hPa; 1 mbar = 1 hPa; 1 mm Hg = 1 Torr; $1\ Pa = 1\dfrac{N}{m^2}$

Konstanten

Atomare Masseneinheit	u	$1{,}661 \cdot 10^{-27}$ kg
AVOGADRO-Konstante	N_A	$6{,}022 \cdot 10^{23}\ \frac{1}{mol}$
Molares Volumen eines idealen Gases (bei 1013 hPa und 20 °C)	V_m	$24{,}056\ \frac{l}{mol}$
Ladung eines Elektrons	e	$1{,}602 \cdot 10^{-19}$ C
Masse eines Elektrons	m_e	$9{,}109 \cdot 10^{-31}$ kg
Masse eines Protons	m_p	$1{,}673 \cdot 10^{-27}$ kg
Masse eines Neutrons	m_n	$1{,}675 \cdot 10^{-27}$ kg
FARADAY-Konstante	F	$96\,485\ \frac{C}{mol}$

Gehaltsangaben für Mischungen und Lösungen (nach DIN 1310)

Masse einer Stoffportion: m_i

Massenkonzentration: $\beta_i = \dfrac{m_i}{V}$

Volumen einer Stoffportion: V_i

Volumenkonzentration: $\sigma_i = \dfrac{V_i}{V}$

Stoffmenge einer Stoffportion: n_i

Stoffmengenkonzentration: $c_i = \dfrac{n_i}{V}$

Teilchenzahl einer Stoffportion: N_i

Teilchenkonzentration: $C_i = \dfrac{N_i}{V}$

(V: Gesamtvolumen **nach** dem Mischen)

Massenanteil (früher: Gewichtsprozent): $w_i = \dfrac{m_i}{m}$

Gesamtmasse $m = m_1 + m_2 + \ldots$

Volumenanteil (früher: Volumenprozent): $\varphi_i = \dfrac{V_i}{V_0}$

Gesamtvolumen $V_0 = V_1 + V_2 + \ldots$ (**vor** dem Mischen)

Stoffmengenanteil: $x_i = \dfrac{n_i}{n}$

Gesamtstoffmenge $n = n_1 + n_2 + \ldots$

Teilchenzahlanteil: $X_i = \dfrac{N_i}{N}$

Gesamtteilchenanzahl $N = N_1 + N_2 + \ldots$

Das Wort Gehalt wird als Oberbegriff bei der qualitativen Beschreibung verwendet. *Beispiel:* der Wassergehalt einer Probe

Dezimale Teile/Vielfache

Potenz	Vorsilbe	Symbol	Potenz	Vorsilbe	Symbol
10^{-1}	Dezi	d	10	Deka	da
10^{-2}	Zenti	c	10^{2}	Hekto	h
10^{-3}	Milli	m	10^{3}	Kilo	k
10^{-6}	Mikro	μ	10^{6}	Mega	M
10^{-9}	Nano	n	10^{9}	Giga	G
10^{-12}	Piko	p	10^{12}	Tera	T
10^{-15}	Femto	f			
10^{-18}	Atto	a			

Griechisches Alphabet

Buchstabe klein	groß	Name	Buchstabe klein	groß	Name
α	A	alpha	ν	N	nü
β	B	beta	ξ	Ξ	xi
γ	Γ	gamma	o	O	omikron
δ	Δ	delta	π	Π	pi
ε	E	epsilon	ϱ	P	rho
ζ	Z	zeta	σ	Σ	sigma
η	H	eta	τ	T	tau
ϑ	Θ	theta	φ	Φ	phi
ι	I	jota	υ	Υ	ypsilon
κ	K	kappa	χ	X	chi
λ	Λ	lambda	ψ	Ψ	psi
μ	M	mü	ω	Ω	omega

Griechische Zahlwörter

$^1/_2$	hemi		
1	mono	11	undeca
2	di	12	dodeca
3	tri	13	trideca
4	tetra	14	tetradeca
5	penta	15	pentadeca
6	hexa	16	hexadeca
7	hepta	17	heptadeca
8	octa	18	octadeca
9	nona	19	enneadeca
10	deca	20	eicosa

Eigenschaften von Gasen

Name	Dichte bei 20 °C (1013 hPa) in $\frac{g}{l}$	Schmelz-temperatur (1013 hPa)	Siede-temperatur (1013 hPa)	Löslichkeit bei 25 °C in 1 l Wasser in l
Wasserstoff (H_2)	0,084	−259	−253	0,019
Stickstoff (N_2)	1,17	−210	−196	0,015
Sauerstoff (O_2)	1,33	−219	−183	0,028
Fluor (F_2)	1,58	−220	−188	−
Chlor (Cl_2)	2,95	−101	−35	2,2
Helium (He)	0,17	−270	−269	0,09
Neon (Ne)	0,84	−249	−246	0,016
Argon (Ar)	1,66	−189	−186	0,032
Krypton (Kr)	3,48	−57	−152	0,071
Luft	1,20	−	−	0,0063* 0,012**
Ammoniak (NH_3)	0,71	−78	−33	680
Chlorwasserstoff (HCl)	1,52	−114	−85	466
Schwefelwasserstoff (H_2S)	1,42	−83	−62	2,41
Schwefeldioxid (SO_2)	2,67	−73	−10	35
Kohlenstoffmonooxid (CO)	1,17	−205	−190	0,023
Kohlenstoffdioxid (CO_2)	1,83	−78 (sublimiert)		0,80
Methan (CH_4)	0,67	−82	−162	0,032
Ethan (C_2H_6)	1,25	−183	−89	0,043
Propan (C_3H_8)	1,84	−188	−42	0,06
Butan (C_4H_{10})	2,47	−138	−1	0,14
Ethen (C_2H_4)	1,17	−169	−104	0,13
Ethin (C_2H_2)	1,06	−81	−84	0,95

* von Sauerstoff aus der Luft
** von Stickstoff aus der Luft

Gewinde und Farbkennzeichnung von Stahlflaschen für Gase

Gas	Gewinde	alte Farb-kennzeich-nung	neue Farbkennzeichnung („N")	
			Flaschenschulter	Flaschenmantel
Sauerstoff	rechts	blau	weiß	blau oder grau
Stickstoff	rechts	dunkel-grün	schwarz	grau, schwarz oder dunkel-grün
Druckluft	rechts	grau	leuchtend grün	grau
Argon	rechts	grau	dunkelgrün	grau oder dunkelgrün
Helium	rechts	grau	braun	grau
Kohlen-stoffdioxid	rechts	grau	grau	grau
Wasserstoff	links	rot	rot	rot
Acetylen	Spezial-gewinde	gelb	kastanienbraun	kastanien-braun, schwarz oder gelb

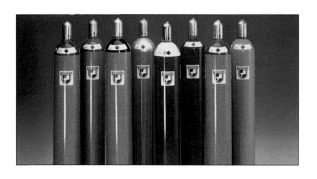

Reagenzlösungen

Chlorwasser (Xn): Destilliertes Wasser durch Einleiten von Chlor sättigen; in brauner Flasche aufbewahren.

Bromwasser (T, Xi): 10 Tropfen Brom in 250 ml destilliertem Wasser lösen.

Iodwasser: Einige Blättchen Iod in destilliertem Wasser kurz aufkochen.

Iod/Kaliumiodid-Lösung: 2 g Kaliumiodid in wenig Wasser vollständig lösen und 1 g Iod zugeben. Nach dem Lösen auf 300 ml auffüllen und in brauner Flasche aufbewahren.

FEHLING-Lösung I: 7 g Kupfersulfat ($CuSO_4 \cdot 5\,H_2O$) in 100 ml Wasser lösen.

FEHLING-Lösung II (C): 35 g Kaliumnatriumtartrat (Seignette-Salz) und 10 g Natriumhydroxid in 100 ml Wasser lösen.

Kalkwasser: 1 g Calciumoxid in 500 ml destilliertem Wasser schütteln und filtrieren (0,02 $\frac{mol}{l}$).

Silbernitrat-Lösung: 17 g Silbernitrat auf 1 Liter auffüllen (0,1 $\frac{mol}{l}$).

Bariumchlorid-Lösung (Xn): 24,4 g Bariumchlorid ($BaCl_2 \cdot 2\,H_2O$) auf 1 Liter auffüllen (0,1 $\frac{mol}{l}$).

Bleiacetat-Lösung (T): 9,5 g Bleiacetat ($Pb(CH_3COO)_2 \cdot 3\,H_2O$) auf 250 ml auffüllen (0,1 $\frac{mol}{l}$).

Indikatorlösungen:
Bromthymolblau: 0,1 g in 100 ml 20%igem Ethanol.
Methylrot (F): 0,2 g in 100 ml 90%igem Ethanol.
Phenolphthalein (F): 0,1 g in 100 ml 70%igem Ethanol.
Universalindikator für pH 2–10 (F): 300 mg Dimethylgelb, 200 mg Methylrot, 400 mg Bromthymolblau, 500 mg Thymolblau und 100 mg Phenolphthalein in 500 ml 90%igem Ethanol.

Farbstufen:
pH ≤ 2: rot   pH 8: grün
pH 4: orange   pH 10: blau
pH 6: gelb

BAEYER-Reagenz: 10%ige Sodalösung mit einer verdünnten Kalium-permanganat-Lösung versetzen, bis die Lösung kräftig violett gefärbt ist.

TOLLENS-Reagenz (ammoniakalische Silbernitrat-Lösung): Silbernitrat-Lösung (0,1 mol · l^{-1}) mit etwa einem Zehntel des Volumens verdünnter Natronlauge versetzen. Anschließend unter Schütteln Ammoniak-Lösung (25 %) zutropfen, bis sich der Silberoxid-Niederschlag gerade wieder löst. Die Reagenz-Lösung wird jeweils frisch zubereitet. Sie darf nicht aufbewahrt werden, da sich Silberazid bilden könnte (Explosionsgefahr). Reste der Reagenz-Lösung ansäuern und über den Behälter B2 entsorgen.

SCHIFF-Reagenz (fuchsinschweflige Säure): 0,25 g Fuchsin in 1 Liter Wasser lösen (Rotfärbung); unter ständigem Rühren schweflige Säure (oder angesäuerte Lösung von $Na_2S_2O_5$) zutropfen, bis Entfärbung eintritt.

Saure und alkalische Lösungen

Lösung	gelöster Stoff	*	verdünnt		konzentriert	
			Massen-anteil	Dichte bei 20 °C	Massen-anteil	Dichte bei 20 °C
Salzsäure	HCl (g)	2	7 %	1,033	36 %	1,179
Schwefelsäure	H_2SO_4 (l)	1	9 %	1,059	98 %	1,836
Salpetersäure	HNO_3 (l)	2	12 %	1,066	68 %	1,391
Phosphorsäure	H_3PO_4 (s)	1	10 %	1,05	85 %	1,71
Essigsäure	CH_3COOH (l)	2	12 %	1,015	99 %	1,052
Natronlauge	NaOH (s)	2	8 %	1,087	30 %	1,328
Kalilauge	KOH (s)	2	11 %	1,100	27 %	1,256
Kalkwasser	$Ca(OH)_2$ (s)		0,16 %**	1,001**		** Angaben für ge-
Barytwasser	$Ba(OH)_2$ (s)		3,4 %**	1,04**		sättigte Lösungen
Ammoniak-Lösung	NH_3 (g)	2	3 %	0,981	25 %	0,907

* Stoffmengenkonzentration in $\frac{mol}{l}$

Kleines Lexikon der Chemie

Absorption: Aufnahme von Energie aus elektromagnetischer Strahlung (Licht, Röntgenstrahlung, Mikrowellen).

Additionsreaktion: Reaktion, bei der aus zwei Molekülen ein neues Molekül gebildet wird.

Adsorption: Anlagerung von Teilchen an die Oberfläche eines porösen Feststoffs wie Aktivkohle.

Aktivierungsenergie: die Energie, die man benötigt, um eine Reaktion in Gang zu setzen.

Aldehyde: organische Verbindungen, deren Moleküle an einem Alkyl-Rest eine CHO-Gruppe (Aldehyd-Gruppe) besitzen; Oxidationsprodukte primärer Alkohole.

Alkane: gesättigte Kohlenwasserstoffe; allgemeine Molekülformel: C_nH_{2n+2}

Alkansäuren: organische Verbindungen, deren Moleküle an einem Alkyl-Rest eine COOH-Gruppe (Carboxyl-Gruppe) besitzen; Oxidationsprodukte der Aldehyde.

Alkene: ungesättigte Kohlenwasserstoffe mit einer C=C-Zweifachbindung; allgemeine Molekülformel: C_nH_{2n}

Alkine: ungesättigte Kohlenwasserstoffe mit einer C≡C-Dreifachbindung; allgemeine Molekülformel: C_nH_{2n-2}

Alkohole: organische Verbindungen, deren Moleküle eine oder mehrere Hydroxyl-Gruppen (OH-Gruppen) besitzen. Ist die OH-Gruppe an einen Alkyl-Rest gebunden, liegt ein **Alkanol** vor.

Aminosäuren: organische Verbindungen, deren Moleküle neben einer Carboxyl-Gruppe (–COOH) auch eine Amino-Gruppe (–NH₂) besitzen; Baustoffe der Eiweißstoffe.

Analyse: Ermittlung der Zusammensetzung eines Stoffes oder eines Stoffgemisches; ursprünglich Zerlegung einer Verbindung in die Elemente. → Synthese

aromatische Kohlenwasserstoffe: reaktionsträge, ungesättigte Kohlenwasserstoffe. *Beispiel:* Benzol

Atombindung: siehe Elektronenpaarbindung.

Atommasse: Masse eines Atoms; sie wird in der atomaren Masseneinheit 1 u angegeben; $1\ u = 1{,}66 \cdot 10^{-24}\ g$

Außenelektronen: Elektronen der äußeren Schale eines Atoms; sie bestimmen die chemischen Eigenschaften des jeweiligen Elements.

Basen: Teilchen, die Protonen aufnehmen können (Protonenakzeptoren).

Bindungsenergie: Energie, die man aufwenden muss, um eine Elektronenpaarbindung zu spalten.

Carbonsäuren: organische Verbindungen, deren Moleküle eine COOH-Gruppe (Carboxyl-Gruppe) besitzen.

Carbonyl-Gruppe: CO-Gruppe; funktionelle Gruppe der Aldehyde und Ketone.

Carboxyl-Gruppe: COOH-Gruppe; funktionelle Gruppe der Carbonsäuren.

Chromatografie: Verfahren zur Trennung kleiner Mengen von Stoffgemischen mittels eines Trägermaterials (Papier, poröser Stoff auf einer Platte oder als Säulenfüllung) und eines Lösungsmittels oder eines Gases.

Destillation: Trennverfahren für Flüssigkeitsgemische; die Trennung erfolgt aufgrund unterschiedlicher Siedetemperaturen.

Dipol: Molekül mit polaren Elektronenpaarbindungen, bei dem die Ladungen nicht symmetrisch verteilt sind.

Duroplast: Kunststoff, der sich durch Erhitzen nicht verformen lässt.

Edelgaskonfiguration: energetisch besonders stabile Elektronenverteilung: Die äußere Schale ist wie bei den Edelgasen mit 8 Elektronen besetzt (beim Helium 2 Elektronen). (→ Oktettregel)

Eiweißstoff: siehe Protein.

Elastomer: Kunststoff, der unter Druck die äußere Form verändert und anschließend wieder die alte Form einnimmt.

Elektronegativität: Maß für die Fähigkeit eines Atoms, Bindungselektronen anzuziehen.

Elektronenpaarabstoßungs-Modell: Modellvorstellung über den Bau der Atomhülle; danach werden die Außenelektronen der zu Molekülen verbundenen Atome zu Elektronenpaaren zusammengefasst. Sie bilden Elektronenwolken, die sich gegenseitig abstoßen und so den räumlichen Bau der Moleküle bestimmen.

Elektronenpaarbindung (Atombindung): Bindungstyp in Molekülen; der Zusammenhalt der Atome wird durch gemeinsame Elektronenpaare bewirkt. (→ Oktettregel)

Element: Reinstoff, der mit chemischen Mitteln nicht weiter zerlegt werden kann. Jedem Element entspricht eine bestimmte Atomart.

Eliminierungsreaktion: Reaktion, bei der von einem Molekül unter Ausbildung einer Mehrfachbindung ein anderes Molekül abgespalten wird.

Emulgator: vermittelt zwischen hydrophilen und hydrophoben Stoffen und ermöglicht so die Bildung stabiler Emulsionen.

endotherme Reaktion: Reaktion, bei der aus der Umgebung Wärme aufgenommen wird.

Energieumsatz: Kennzeichen chemischer Reaktionen. Bei exothermen Reaktionen wird Energie frei; Reaktionen, die nur unter Energieaufwand ablaufen, heißen endotherm.

Enzym: Eiweiß-Molekül, das als Biokatalysator wirkt.

Ester: organische Verbindungen, die bei der Reaktion eines Alkohols mit einer Säure unter Abspaltung von Wasser entstehen.

Estergleichgewicht: siehe Gleichgewichtsreaktion.

Esterspaltung: siehe Hydrolyse.

Ether: organische Verbindungen, deren Moleküle durch die Reaktion zweier Alkohol-Moleküle unter Abspaltung eines Wasser-Moleküls entstehen; zwei Kohlenwasserstoff-Reste sind über ein Sauerstoff-Atom verknüpft (R–O–R').

exotherme Reaktion: Reaktion, bei der Wärme frei wird.

Extrahieren: Trennverfahren, bei dem lösliche Stoffe aus einem Gemisch herausgelöst werden.

Fällungsreaktion: Chemische Reaktion, bei der Ionen ein schwer lösliches Salz bilden, das als Niederschlag ausfällt.

Fett: organische Verbindung, die aus Glycerin und Fettsäuren aufgebaut ist.

Fettsäure: langkettige Carbonsäure.

Flammenfärbung: Charakteristische Färbung einer Flamme durch Alkali- und Erdalkalimetalle und ihre Verbindungen.

funktionelle Gruppe: ein Molekülteil mit charakteristischem Reaktionsverhalten.

Gleichgewichtsreaktion: Chemische Reaktion, bei der sich nach ausreichender Zeit ein dynamischer Gleichgewichtszustand einstellt: Hinreaktion und Rückreaktion laufen mit gleicher Geschwindigkeit ab.

homologe Reihe: Reihe von organischen Verbindungen, deren aufeinanderfolgende Glieder sich jeweils durch eine CH₂-Gruppe unterscheiden.

Hydratation: Bildung einer Hülle von Wasser-Molekülen *(Hydrathülle)* um ein Molekül oder Ion während des Lösungsvorgangs.

Hydrolyse: Spaltung von Molekülen unter Aufnahme von Wasser-Molekülen. *Beispiel:* Spaltung eines Fetts in Glycerin und Fettsäuren.

hydrophiler Stoff: wasserlöslicher Stoff mit polarem Molekülbau.

hydrophober Stoff: fettlöslicher Stoff mit unpolarem Molekülbau.

Hydroxyl-Gruppe: OH-Gruppe; funktionelle Gruppe der Alkanole (Alkohole).

Indikator: ein Farbstoff, der durch seine Farbe anzeigt, ob eine saure, eine neutrale oder eine alkalische Lösung vorliegt. (→ pH-Skala)

Ionen: geladene Atome oder positiv oder negativ geladene Teilchen.

Ionenbindung: Bindungstyp in Ionenverbindungen; der Zusammenhalt wird durch die elektrostatischen Kräfte der entgegengesetzt geladenen Ionen bedingt. Daraus ergibt sich die dreidimensionale Struktur eines **Ionengitters.**

Ionenverbindungen: salzartige Stoffe; besitzen eine relativ hohe Schmelz- und Siedetemperatur und leiten in Schmelze und Lösung den elektrischen Strom.

Isomere: Stoffe mit gleicher Molekülformel, aber unterschiedlicher Molekülstruktur.

IUPAC-Nomenklatur: internationale Regeln zur Benennung von chemischen Verbindungen.

Katalysator: ein Stoff, der die Geschwindigkeit einer Reaktion erhöht und unverändert aus der Reaktion hervorgeht.

Ketone: organische Verbindungen, deren Moleküle zwischen zwei Alkyl-Resten eine CO-Gruppe (Keto-Gruppe) besitzen; Oxidationsprodukte sekundärer Alkohole.

Kohlenwasserstoffe: Kohlenstoff/Wasserstoff-Verbindungen; man unterscheidet: *gesättigte* Kohlenwasserstoffe mit C/C-Einfachbindungen und *ungesättigte* Kohlenwasserstoffe mit einer oder mehreren C/C-Mehrfachbindungen.

Kohlenhydrate: Verbindungen mit der Verhältnisformel $C_n(H_2O)_m$; je nach Molekülgröße unterscheidet man *Monosaccharide*, *Disaccharide* und *Polysaccharide*.

Kondensationsreaktion: Verknüpfung zweier Moleküle unter Abspaltung eines Wasser-Moleküls; *Beispiel:* Bildung eines Fett-Moleküls aus einem Glycerin-Molekül und drei Fettsäure-Molekülen.

Konzentration: siehe Stoffmengenkonzentration.

Kunststoffe: makromolekulare Stoffe, die aus kleineren Molekülen aufgebaut werden.

Laugen: Lösungen, die Hydroxid-Ionen enthalten. (→ Säuren)

LEWIS-Formel: Strukturformel, in der *bindende* und *freie* (nicht bindende) Elektronenpaare angegeben sind.

Löslichkeit: Masse eines Stoffes, die sich in 100 ml eines Lösungsmittels löst.

Makromolekül: Riesenmolekül, das aus regelmäßig wiederkehrenden Molekülteilen aufgebaut ist.

Mol: 1 mol ist die *Stoffmenge* einer Portion, die $6 \cdot 10^{23}$ Teilchen enthält.

molare Masse: stoffspezifische Größe zur Umrechnung zwischen Masse und Stoffmenge; ihr Zahlenwert entspricht dem der Teilchenmasse in u, die Einheit ist g/mol.

molares Volumen: Größe zur Umrechnung zwischen Volumen und Stoffmenge; bei normalem Druck und Raumtemperatur gilt für alle Gase $V_m = 24$ l/mol.

Moleküle: Atomverbände mit definierter Zusammensetzung.

Molekülmasse: ergibt sich durch Addition der jeweiligen Atommassen.

Nachweisreaktion: Eine für bestimmte Stoffe oder Teilchen typische chemische Reaktion, die zur eindeutigen Identifizierung genutzt wird.

Neutralisation: Reaktion von H^+-Ionen aus einer *sauren* Lösung mit OH^--Ionen aus einer *alkalischen* Lösung zu Wasser-Molekülen.

Normbedingungen: häufig gewählte Bedingungen für die Angabe von Gasvolumina: $\vartheta = 0\ °C$, $p = 1013$ hPa.

Oktettregel: Regel, nach der die Ausbildung von Elektronenpaarbindungen so erfolgt, dass die beteiligten Atome auf der äußeren Schale die Edelgaskonfiguration von 8 Elektronen erreichen.

organische Chemie: Chemie der Kohlenstoff-Verbindungen; Gegenteil: *anorganische Chemie.*

Oxidation: Reaktion, bei der ein Stoff Sauerstoff aufnimmt; im erweiterten Sinn Abgabe von Elektronen; die Umkehrung der Oxidation ist die **Reduktion.**

Oxidationsmittel: ein Stoff, der einen anderen Stoff oxidiert, ihm Elektronen entzieht; Gegenteil: **Reduktionsmittel.**

Oxidationszahl: Anzahl der Elektronen, die ein Atom in einer Verbindung im Vergleich zum elementaren Zustand formal aufgenommen oder abgegeben hat.

Paraffine: veraltete Bezeichnung für gesättigte Kohlenwasserstoffe (Alkane).

Periodensystem: tabellarische Anordnung der einzelnen Elemente; untereinanderstehende Elemente bilden eine *Gruppe*, nebeneinanderstehende eine *Periode*. Die Elemente sind nach ähnlichen Eigenschaften und dem Bau der Atome angeordnet.

pH-Skala: umfasst die Werte von 0 bis 14; der *pH-Wert* ist ein Maß für den Gehalt einer Lösung an H^+- oder OH^--Ionen. Bei pH 7 liegt eine *neutrale* Lösung vor, bei pH-Werten unterhalb von 7 ist die Lösung *sauer*, oberhalb von 7 *alkalisch.*

polare Elektronenpaarbindung: durch unterschiedliche Elektronegativität der Bindungspartner verursachte ungleichmäßige Ladungsverteilung entlang der Bindungsachse.

Polykondensation: Bildung von Makromolekülen durch den Reaktionstyp der *Kondensation.*

Polymerisation: Bildung von Makromolekülen, indem die Zweifachbindungen von *Monomeren* aufspalten; dabei entsteht aus den Monomeren ein *Polymer.*

Polyreaktion: Bildung von Makromolekülen durch Reaktion vieler Monomere. (→ Polykondensation; → Polymerisation)

Protein: makromolekularer Eiweißstoff, der aus *Aminosäure-Resten* aufgebaut ist.

Radikal: reaktives Teilchen mit einem ungepaarten Elektron.

Reaktionsgeschwindigkeit: pro Zeiteinheit umgesetzte Stoffmenge von Edukten (Konzentrationsänderung pro Zeiteinheit). Die Reaktionsgeschwindigkeit ist abhängig von den Konzentrationen, der Temperatur, dem Zerteilungsgrad der Stoffe sowie vom Wirken eines Katalysators.

Redoxreaktion: Reaktion, bei der Sauerstoff ausgetauscht wird; im erweiterten Sinn eine Reaktion, bei der Elektronen ausgetauscht werden.

Reduktion: Reaktion, bei der einem Stoff Sauerstoff entzogen wird; im erweiterten Sinn Aufnahme von Elektronen; die Umkehrung der Reduktion ist die Oxidation.

Reduktionsmittel: ein Stoff, der einen anderen Stoff reduziert.

Säuren: Molekülverbindungen, die beim Lösen in Wasser in H^+-Ionen und Säurerest-Ionen zerfallen; *Protonendonatoren.* (→ Laugen)

Säure/Base-Reaktion: Reaktion, bei der Protonen übertragen werden.

Schalenmodell: Modellvorstellung über den Aufbau der Atomhülle; die Elektronen bewegen sich in definierten Schalen, denen jeweils ein bestimmtes Energieniveau zugeordnet werden kann.

Seifen: Anionen der Fettsäuren; setzen die Oberflächenspannung des Wassers herab und wirken dadurch *benetzend* und *emulgierend.*

Spektroskop: Gerät zur Auftrennung des sichtbaren Lichts in die Spektralfarben. Dient in der Analytik zum Nachweis von bestimmten Alkali- und Erdalkalimetallen und ihrer Verbindungen.

Stoffklassen: Reihe von (chemisch ähnlichen) Stoffen mit gleicher funktioneller Gruppe (Alkohole, Aldehyde, Ether, ...).

Stoffmenge: Zählgröße für die Teilchenanzahl in einer Stoffportion. Einheit: 1 mol (1 mol $\triangleq 6 \cdot 10^{23}$ Teilchen)

Stoffmengenkonzentration: gibt an, wie viel Mol eines Stoffs in einem Liter Lösung enthalten sind. Einheit: mol/l

Substitutionsreaktion: Reaktion, bei der in einem Molekül ein Atom oder eine Atomgruppe durch ein anderes Atom oder eine Atomgruppe ersetzt wird.

Synthese: Bildung einer Verbindung aus einfach aufgebauten Ausgangsstoffen – ursprünglich Bildung einer Verbindung aus den Elementen.

Tetraederstruktur: Molekülstruktur, die sich ergibt, wenn vier Elektronenpaare um ein zentrales Atom angeordnet sind. *Beispiel:* Methan (CH_4).

Thermoplast: Kunststoff, der beim Erwärmen plastisch verformbar wird.

Titration: Verfahren zur Bestimmung des Gehalts einer Lösung durch allmähliche Zugabe einer anderen Lösung mit bekannter Konzentration.

VAN-DER-WAALS-Bindung: Anziehung zwischen unpolaren oder schwach polaren Molekülen.

Verbindung: Reinstoff, der durch chemische Reaktionen in Elemente zerlegt werden kann.

Veresterung: Bildung eines Esters aus Alkohol und Säure unter Abspaltung von Wasser.

Verseifung: Spaltung *(Hydrolyse)* von Fetten in alkalischer Lösung.

Wasserstoffbrückenbindungen: zwischenmolekulare Bindungen, die zwischen stark polar gebundenen Wasserstoff-Atomen des einen und freien Elektronenpaaren von Sauerstoff-Atomen oder Stickstoff-Atomen eines anderen Teilchens wirksam werden.

Stichwortverzeichnis

Bildquellenverzeichnis

Umschlag-Vordergrund: Bayer CropScience, Langenfeld; Umschlag-Hintergrund: IFA-Bilderteam, Ottobrunn; 8.1: Rich. Hengstenberg GmbH & Co. KG, Esslingen; 10.2: Heinrich Frings GmbH & Co. KG, Bonn; 14.1: Wellinghorst, Quakenbrück; 14.3: Heuer, Hannover; 17.1: I. Gebhard / picturemaxx; 17.4: Simper, Wennigsen; 17.5, 6, 8: atelier krebs, Hannover; 20.1: Handel Essenzen GmbH, Guntalingen, Schweiz; 21.2: N. Brueggemann / Bildagentur Schapowalow, Hamburg; 22.1: Deutsches Museum, München; 22.2: Gail Mooney / Corbis, Düsseldorf; 23.1: Marianne Rosenstiehl / Sygma / Corbis, Düsseldorf; 23.2: pi.cube fotografie, Hürth; 23.3: Owen Franken / Corbis, Düsseldorf; 23.4: Kaffeeröster Timm GmbH, Hamburg; 23.5: J. & C. Sohns / Arco Images; 24.2: Simper, Wennigsen; 25.1: Chemieschule Dr. Erwin Elhardt, München; 25.4: ICI Paints Deco GmbH; 25.5: Dräger Safety AG & Co. KGaA; 28.1: Creasource / Corbis, Düsseldorf; 29.1: Heuer, Hannover; 30.1: Mauritius, Mittenwald; 30.2: Katrin Friedrich, Hannover; 31.1: FreseniusKabi Deutschland GmbH, Bad Homburg; 31.2: Katrin Friedrich, Hannover; 31.3: Fullerton / NASA; 32.1b: Prof. Buchheim / Bundesanstalt für Milchforschung, Kiel; 34.1: F.-G. Mager, Gengenbach; 35.1, 2: Info-Zentrum Schokolade, Leverkusen; 36.1, 2: Informationsgemeinschaft Olivenöl, München; 37.2: Informationsgemeinschaft Olivenöl; 38.2: Tanita Europe GmbH, Sindelfingen; 38.3: Gödecke, Freiburg; 40.1: agrar press, Bergisch Gladbach; 47.2a: Dr. Tony Brain / Focus, Hamburg; 47.2b: Francis Leroy / Focus, Hamburg; 50.1: Spreeback GmbH, Wiesentheid; 50.2a: Teschner / Caro; 50.2b: eye of science / Focus; 53.1: Klaus G. Kohn, Braunschweig; 56.1: Boehringer Ingelheim Austria GmbH, Wien; 56.2: AKG, Berlin; 57.1: Boehringer Ingelheim; 57.2: Merck KGaA, Darmstadt, Deutschland; 58.1: Johann Spielmann GmbH Stiftsquelle; 59.1: Internationaler Feuerwerkswettbewerb in den Her-renhäuser Gärten Hannover / Hannover Tourismus Service e.V.; 62.1, 2: Klaus G. Kohn, Braunschweig; 64.1: Klaus G. Kohn, Braunschweig; 68.2: Klaus G. Kohn, Braunschweig; 72.1: Wolfgang Asselborn, Saarlouis; 74.1: Klaus G. Kohn, Braunschweig; 74.2: A. Berger, Hannover; 75.1, 2: Klaus G. Kohn, Braunschweig; 76.1: Simper, Wennigsen; 77.1: Dr. Bleich / Xeniel-Dia, Neuhausen; 78.1: Manfred Hinrainer / INTERNETZENTRALE, Grünwald b. München; 79.1: DENTAL-Kosmetik GmbH & Co. KG, Dresden; 79.2: SLUB Dresden / Abt. Deutsche Fotothek / Hans Jakob Erlwein; 79.3: Klaus G. Kohn, Braunschweig; 80.1: Astrofoto Koch, Sörth; 80.2: Westermann Kartographie; 80.3: Peter Schickert / Das Fotoarchiv, Essen; 81.1: Peter Turnley / Corbis, Düsseldorf; 81.2: Martin Meyer / zefa / Corbis, Düsseldorf; 81.3: Rogge, Hannover; 82.1: G. Fischer / Schapowalow, Hamburg; 82.3: A. Berger, Hannover; 83.1–3: Schweizerischer Verein des Gas- und Wasserfaches SVGW, www.svgw.ch; 86.1: Disc / IFA-Bilderteam, Ottobrunn; 87.1–4: BASF AG, Ludwigshafen; 87.5: creativ collection Verlag GmbH, Freiburg; 92.2: Henkel KGaA, Düsseldorf; 93.1: Pfletschinger / Tierbildarchiv Angermayer, Holzkirchen; 93.3a–c: Sympatex Technology GmbH, Wuppertal; 94.1: Fabian, Hannover; 95.1: Küppersbusch Hausgeräte AG, Gelsenkirchen; 95.2: Müller, Stolpen; 96.1: Imagine Fotoagentur, Hamburg; 97.1: Geisler / DB AG, Berlin; 100.1: Simper, Wennigsen; 100.2: Wacker-Chemie GmbH, München; 107.1: Westfalen AG, Münster

Es war uns leider nicht bei allen Abbildungen möglich, den Inhaber der Rechte ausfindig zu machen. Berechtigte Ansprüche werden selbstverständlich im Rahmen der üblichen Vereinbarungen abgegolten.

Das illustrierte Periodensystem

Hauptgruppen

I

1 Wasserstoff
- Raketentreibstoff
- Fetthärtung
- Entschwefelung von Erdöl
- Herstellung von Ammoniak
- x 1,008

VIII

2 Helium
- Füllung für Ballone und Zeppeline
- Tauchglockenatmosphäre
- Laser und Leckdetektoren
- Kühlmittel für Kernkraftwerke
- x 4,003

II

3 Lithium
- v Schmieröladditiv
- Batterien
- Legierungen für die Raumfahrt
- Laborglas
- x 6,94

4 Beryllium
- Fenster für Röntgenröhren
- Uhrfedern
- Funkenfreie Werkzeuge
- x 9,01

III

5 Bor
- v Moderator in Kernkraftwerken
- v Tennisschläger
- v Hitzefestes Glas
- v Bleichmittel
- x 10,81

IV

6 Kohlenstoff
- Diamanten, Bleistifte
- Färbemittel für Reifen
- Moderator in Kernkraftwerken
- Kunststoffe
- x 12,01

V

7 Stickstoff
- Kältetherapie
- Kühlmittel (flüssig)
- Ammoniakherstellung
- Düngemittel
- x 14,01

VI

8 Sauerstoff
- Verbrennungen
- Stahlproduktion
- Wasseraufbereitung
- Sand, Wasser, Beton
- x 16,00

VII

9 Fluor
- v Anreicherung von Uran-235
- v Kühlmittel
- v Zahnpasta
- v Teflon
- x 19,00

10 Neon
- Neonleuchten
- Scheinwerfer
- Laser
- Spannungsprüfer
- x 20,18

11 Natrium
- Straßenbeleuchtung
- Kühlmittel für Kernreaktoren
- Batterien
- Kochsalz, Soda, Glas
- x 22,99

12 Magnesium
- Unterwasserfackel
- Flugzeuge, Motorenteile
- Schamottsteine
- Pigmente, Filter
- x 24,31

13 Aluminium
- Fenster- und Türbeschläge
- Rohre, Kabel, Folien
- Feuerwerk
- Automobile, Raketen, Flugzeuge
- x 26,98

14 Silicium
- Elektronische Bauteile, Solarzellen
- Werkzeuge
- Zement, Quarzglas
- Silikonschmierstoffe
- x 28,09

15 Phosphor
- Feuerwerk, Zündhölzer
- v Düngemittel, Waschmittel
- v Zahnpasta
- v Pestizide
- x 30,97

16 Schwefel
- Zündhölzer, Feuerwerk
- Batterien
- Gummivulkanisierung
- v Haarfestiger
- x 32,06

17 Chlor
- v Wasseraufbereitung
- v Bleiche, Salzsäure
- v PVC
- v Rostentferner
- x 35,45

18 Argon
- Glühlampen
- Glasentladungsröhren
- Laser, Geigerzähler
- Schutzgas zum Schweißen
- x 39,95

19 Kalium
- v Düngemittel
- v Optische Gläser
- v Zündhölzer, Schießpulver
- v Kochsalzersatz
- x 39,10

20 Calcium
- Metallurgie
- Kabelisolierung
- Düngemittel
- Beton, gebrannter Kalk
- x 40.08

31 Gallium
- Quarzthermometer
- Informationsspeicher
- Transistoren, Laserdioden
- Lokalisierung von Tumoren
- x 69,72

32 Germanium
- Infrarotprismen
- Transistoren, Dioden
- Schmucklot
- Weitwinkelobjektiv
- x 72,59

33 Arsen
- Schrotkugeln
- Spiegelbeschichtung
- Leuchtdioden
- Glas, Laser
- x 74,92

34 Selen
- Belichtungsmesser
- Fotokopierer
- Solarzellen
- Anti-Schuppen-Shampoo
- x 78,96

35 Brom
- v Tränengas
- v Brandschutz
- v Desinfektionsmittel
- v Filme
- x 79,90

36 Krypton
- Leuchtröhren
- Blitzbirnen
- Wellenlängen-Standard
- UV-Laser
- x 83,80

37 Rubidium
- Fotozellen
- Gasfalle in Vakuumbehältern
- Herzmuskelforschung
- x 85,47

38 Strontium
- v Nuklearbatterien
- v Beta-Strahler
- v Leuchtfarbe
- v Feuerwerk
- x 87,62

49 Indium
- Solarzellen, Spiegel
- Moderator in Kernreaktoren
- Fotozellen, Transistoren
- Blut- und Lungenforschung
- x 114,82

50 Zinn
- Geschirr
- Münzen
- Orgelpfeifen
- Opalglas, Email
- x 118,69

51 Antimon
- Lot, Klischees
- Bleibatterien, Dichtungen
- Infrarotdetektoren
- Arznei gegen Parasiten
- x 121,75

52 Tellur
- Zündhütchen
- Gummivulkanisierung
- Batteriegehäuse
- Elektrische Widerstände
- x 127,60

53 Iod
- Desinfektionsmittel
- Halogenlampen
- Tintenpigmente
- v Kochsalzzusatz
- x 126,90

54 Xenon
- UV-Lampen, Solarien
- Farbentester
- Projektionslampen
- Elektronenblitze
- x 131,30

55 Caesium
- Fotozellen
- Gammastrahlenquelle
- Atomuhren
- Infrarotlampen
- x 132,91

56 Barium
- v Zündkerzen
- v Gasfallen in Vakuumbehältern
- v Feuerwerk
- v Fluoreszenzlampen
- x 137,34

81 Thallium
- Thermometer
- Infrarotdetektoren
- Herzmuskelforschung
- Insektizide
- x 204,37

82 Blei
- Strahlenschutz
- Bedachungen, Batterien
- Lot, Munition
- Farbstoffe
- x 207,2

83 Bismut
- Katalysator in der Gummiproduktion
- Sicherungen
- Sprinkler
- Glas, Keramik
- x 208,98

84 Polonium
- Nuklearbatterien
- Neutronenquelle
- Antistatikmittel
- Filmreiniger
- x (209)

85 Astat
- Keine kommerzielle Verwendung
- x (210)

86 Radon
- Erdbebenvorhersage
- Gesundheitsgefahr in Häusern, die auf Granit gebaut sind. Kommt in der Natur selten vor.
- x (222)

87 Francium
- Kommt in der Natur selten vor
- (223)

88 Radium
- v Neutronenquelle
- v Strahlentherapie
- x 226,03

Aggregatzustand bei Zimmertemperatur:

- **Gelb** — Gas
- **Rot** — Flüssigkeit
- **Weiß** — Feststoff
- **Grün** — Feststoff (radioaktiv)

Vorkommen in der Natur:

 nur in Verbindungen

 nur elementar

 in Verbindungen und elementar

Verwendung:

20 Calcium — Ordnungszahl und Name
- ○ elementar
- + in Legierung, Gemenge oder Beimischung
- v als Verbindung
- x — Atommasse in u (Nukleonenzahl des wichtigsten Isotops in Klammern)